现代高校教育管理模式的创新

方晓明 著

中国原子能出版社

图书在版编目（CIP）数据

现代高校教育管理模式的创新 / 方晓明著. --北京：
中国原子能出版社，2024.6
ISBN 978-7-5221-3386-7

Ⅰ．①现⋯ Ⅱ．①方⋯ Ⅲ．①高等学校–教学管理–
管理模式–研究–中国 Ⅳ．①G647.3

中国国家版本馆 CIP 数据核字（2024）第 093436 号

现代高校教育管理模式的创新

出版发行	中国原子能出版社（北京市海淀区阜成路 43 号 100048）
责任编辑	张　磊
责任印制	赵　明
印　　刷	河北宝昌佳彩印刷有限公司
经　　销	全国新华书店
开　　本	787 mm×1092 mm　1/16
印　　张	17.5
字　　数	280 千字
版　　次	2024 年 6 月第 1 版　2024 年 6 月第 1 次印刷
书　　号	ISBN 978-7-5221-3386-7　　　　定　价　**78.00 元**

在当前全球化和信息化快速推进的背景下，高校教育管理正迎来前所未有的重大挑战。传统管理模式已显现出明显的局限，难以应对现代社会的多元需求。面对全球化竞争的加剧、快速发展的科技和日趋多样化的学生需求，高校管理者迫切需要重新审视并创新其管理方式，以确保教育的时效性和前瞻性。

现代社会的复杂问题不再单一学科就能解决，因此，高校传统的学科孤立管理模式亟需改良。信息技术的高速发展也为教学带来了全新可能和巨大变革。本书致力于深入分析现代教学方法与在线学习平台，帮助管理者更好地整合技术资源以优化教学效果。将进一步探讨如何将人工智能、大数据及虚拟现实等先进科技融入教学，以创造更丰富和个性化的互动学习体验。

高校的终极目标是培养能够适应社会发展的优秀人才。然而，传统的人才培养模式是否能满足当下社会对多元化和创新性的需求，还需要进行深刻的反思。本书将从人才培养的角度提出一系列创新性方案，以应对现代社会对多层次、全方位人才的需求。拟探讨通过项目制学习、跨学科合作和国际交流等方式，全面提升学生的创新能力和全球化视野，使他们能在未来的复杂环境中脱颖而出。

此外，本书研究范围广泛，涵盖学科创新、教学方法、人才培养等多个领域，旨在从多维度审视高等教育的现状及其未来发展趋势。我们将深入研究如何优化管理结构，推动扁平化管理，减少决策层级，进而提高决策效率，以更好地应对外界环境的快速变化及内部需求的多样化。

全员参与的治理模式是现代高校管理的一大亮点。我们将探讨如何通过学生与教职工的广泛参与，建立制度创新和全员参与的决策流程，从而提高管理的透明度和科学性。信息化驱动的管理创新则强调将信息技术与高校管理深层次融合，借助大数据、云计算和智能化教务系统，提升管理效率和决策水平。

在跨学科合作的管理模式方面，本书倡导学科间的深度融合，通过组建跨学科团队推动课程设计及学科融合的创新。创新创业教育的嵌入与普及，也是高校提升学生综合素质和创新能力的重要途径。本书还将探讨在国际化视野下，高校管理模式如何进行创新，特别是在国际化战略、国际学术合作与管理机制等方面展开深入探讨与实践。

本书不仅旨在帮助高校管理者理解现代教育管理的挑战与机遇，也希望能为广大教育从业者提供建设性的思考和启示。通过结合实际案例和前沿研究，本书将为高校管理者提供实用的指导和战略建议，帮助他们在变革中找到目标和动力。

我们希望通过本书成为高校管理者深思与实践的起点，引领高校管理迈向新的创新方向，共同推动高校教育健康持续发展，培养更多适应未来的优秀人才。在这个充满挑战和机遇的新时代，让我们共同为高等教育的进步贡献智慧与力量。

著　者

2024 年 1 月

目录

第一章

现代高校管理模式概述

第一节　传统高校管理模式回顾

一、传统高校管理模式的特征与局限

（一）传统高校管理模式的特征

传统高校通常采用严格的层级管理结构，包括校长、院长、系主任等明确的职务层级。这种结构有助于维持组织秩序，但可能导致信息传递不畅、决策效率低下。高校的课程设置以学科为基础，各学科相对独立发展，专业设置相对固定。这有助于深耕学科领域，但也可能导致学科之间缺乏交叉融合，限制了学科发展的多元性。传统高校通常以学科为单位进行评价，科研成果和教学质量主要以论文数量、引用率和学科排名等为依据。这种评价体系有助于推动学术研究，但可能忽略了教学和实际应用的综合贡献。传统高校的教职人员通常拥有相对稳定的职业生涯，晋升过程相对固定。这有助于教师深入研究，但也可能导致创新不足、教学方法相对滞后。高校的财务体系主要依赖政府的财政拨款，使得高校在财务上相对缺乏自主性。这种依赖可能导致高校在经济压力下难以灵活应对，创新动力受到限制。

（二）传统高校管理模式的局限

传统高校管理模式存在一些局限性。首先，创新不足是一个突出问题。传统高校管理模式可能过于保守，难以迅速应对社会变革和科技发展。层级结构和固定的评价体系可能抑制了教师和学生的创新激情，使得高校在适应新兴领域和技术上表现较为保守。

其次，学科壁垒也是一个显著的局限。学科细分和专业设置的固化可能导致学科之间形成壁垒，难以进行跨学科合作。这限制了综合性研究和解决复杂问题的能力，与社会需要的综合性人才培养存在一定脱节。

评价体系狭窄同样是一个问题。面向学科的评价体系过于狭隘，主要以科研论文和学科排名为依据，对教学、科研应用和社会服务的贡献未能全面考量。这可能导致教师过度追求发表论文，而忽视实际应用和产出。

教职人员流动不足也是传统高校管理模式的局限之一。稳定的教职人员体制可能导致人才流动不足，难以引入新的思想和观念。缺乏教师的跨界经验和多元背景可能影响教学质量和学术创新。

最后，财务依赖不灵活的问题也不容忽视。高校依赖政府财政拨款，财务体系相对缺乏灵活性。在经济不景气或政策调整时，高校可能面临财政压力，难以迅速适应变化和创新发展。

这些局限表明，传统高校管理模式需要在创新、跨学科合作、评价体系、教职人员流动和财务管理方面进行改进，以更好地应对现代社会和科技发展的挑战。

（三）未来高校管理的可能方向

传统高校管理模式在一定程度上提供了秩序和稳定，但也面临诸多挑战。未来高校管理应朝着更加灵活、创新和综合素养培养的方向发展。具体而言，可以探索扁平化管理结构，促使信息更快、更直接地流通，提高决策效率；鼓励跨学科研究和合作，打破学科壁垒，促进知识交叉传播，培养具备综合素养的学生；建立多元化的评价体系，全面考量教学、科研应用和社会服务等多方面的贡献，激励教职人员全面发展；推动教职人员流动，引入具有不同背景和经验的人才，促进创新和思想碰撞；探索多元化的财务支持模式，减少对政府财政拨款的依赖，提高高校财务的灵活性，更好地适应市场和社会的变化。通过这些改革措施，高校可以更好地应对社会变革和科技发展的挑战，提升整体竞争力和影响力。

二、传统高校管理模式的历史演进与变革

中国传统高校管理模式的演进与变革深受社会、政治和经济发展的影响。这个演进过程不仅反映了国家教育理念的调整，还受到了国际教育趋势的影响。接下来，我们将全面探讨中国传统高校管理模式的历史演进与变革。

（一）早期的封建科举体制

科举体制下的管理：在封建社会，科举体制是选拔官员的主要方式，教育的目标主要是培养文官。高校在此背景下更侧重服务于统治者和社会的稳定。

儒家教育传统：教育以儒家经典为核心，学生的培养重在德育和礼仪。高校的管理主要通过官员选拔和学术考核来实现。

（二）近现代传统高校管理模式的演变

洋务运动与近代教育变革：随着洋务运动的兴起，中国逐渐接触到西方先进的教育理念。近代，一些新式学堂应运而生，试图突破传统的封建科举模式。

20世纪初的变革与危机：辛亥革命后，中国社会发生了剧变，教育体制随之进行了多次改革。然而，这一时期也伴随着战乱和政治动荡，教育管理受到极大冲击。

（三）新中国成立后的高校管理模式

社会主义教育体制的建立：新中国成立后，教育体制进行了大规模的改革，高校管理逐渐展现出社会主义的特点，强调培养社会主义事业的建设者和接班人。

大跃进与文化大革命的冲击：在大跃进和文化大革命期间，高校受到了严重影响，知识分子遭到迫害，管理陷入混乱。

（四）改革开放以来的高校管理变革

高校体制改革：20世纪80年代，中国启动了高校体制改革，实施了独立学院的分设，实行事业编制等一系列改革措施，提高了管理的灵活性。

人才培养模式的创新：随着社会需求的变化，高校开始探索多元化的人才培养模式，强调实践能力和创新精神的培养。

国际化发展：中国高校逐步融入国际教育体系，加强国际合作，吸引国际学生和教师，提升国际竞争力。

（五）中国传统高校管理模式的特征与局限

传统上，中国高校管理采用较为严格的层级结构，校长、院长等职位层级明确，这有助于维持秩序，但可能导致决策效率低下。学科细分的传统模式导致学科之间形成壁垒，限制了跨学科合作和人才培养的全面性。在某些历史时期，高校管理受到了过度的政治化影响，导致学术自由受到一定程度的限制。传统的评价体系主要以学科排名、科研经费和论文数量为主，可能导致对实际应用和教学质量的忽视。高校的财政主要依赖政府拨款，缺乏多元化的财务来源，使得高校在财务上相对缺乏自主性。

（六）中国传统高校管理模式的变革尝试

中国高校进行了多方面的体制改革，包括推动事业编制改革、建立独立学院、引入企业管理机制等，以提升高校管理的灵活性。这些改革旨在增强高校的自主性和应变能力，使其更能适应不断变化的社会需求。

在人才培养模式上，高校积极探索新的方法，注重实践能力的培养和创新创业教育，以帮助学生更好地适应社会需求，提高其就业竞争力。新的培养模式更强调综合素养和实际操作能力的提升。

为了促进学科间的交叉与合作，高校设立了跨学科研究机构，推动综合性研究。这种模式有助于解决复杂的现实问题，促进知识创新和技术进步。

在评价体系方面，高校尝试建立更加全面和多元的评价标准，不仅考量学术研究成果，还重视教学质量和社会服务贡献。这样的评价体系有助于全面衡量教职人员的多方面贡献，激励他们在多个领域发展。

此外，高校还加强了国际化发展，积极推进国际合作，吸引国际优秀师资和学生，提升教育的国际化水平。这种国际化战略有助于提升中国高校的全球影响力和竞争力。

总体而言，未来中国高校的管理模式将更加注重灵活性、创新性和综合素养的培养。通过一系列改革措施应对社会变革和科技发展的挑战，提升整体竞争力和影响力。

第二节　现代高校管理的新要求

一、社会发展对高校的新需求

随着社会的发展，高校作为培养人才、推动科技创新、服务社会的重要机构，必须不断适应时代的变化，以满足新时代的需求。下面将深入探讨社会发展对高校的新要求，涵盖人才培养、科技创新、社会服务等多个方面，以展示高校教育管理模式创新的重要性。

（一）人才培养需求的变化

随着社会的多元化和复杂性不断增加，高校的人才培养模式也面临新的挑战。当前社会对人才的需求已经超越了单一学科的知识框架，跨学科的综合能力成为高素质人才的重要标志。高校在人才培养中应更加注重学科之间的交叉与融合，使学生具备广泛的知识背景和跨领域的解决问题能力。这不仅有助于学生在面对复杂问题时能够灵活应对，也为其未来的职业发展奠定了坚实的基础。

除了跨学科能力，实践能力和创新精神也是当今社会对人才的重要要求。高校教育不应仅停留在理论知识的传授上，更应通过丰富的实践课程和实习机会，帮助学生将所学知识应用于实际工作环境中，培养其动手能力和创新思维。通过这一过程，学生不仅能够更好地适应快速变化的社会环境，还能在工作中发挥创新潜力，推动社会的进步与发展。

全球化的深入也对高校的人才培养提出了新的要求。培养具有国际化视野和跨文化沟通能力的人才，是高校在全球竞争中占据一席之地的关键。高校应进一步强化国际交流与合作，通过提供多样化的留学机会和国际项目，使学生能够在多元文化环境中成长，提升其国际竞争力。

（二）科技创新的推动力

科技创新是社会发展的重要引擎，高校在其中扮演着不可或缺的角色。随着新兴科技领域如人工智能、生物技术、信息技术的迅猛发展，高校必须及时调整专业设置，优化课程体系，以培养能够适应这些领域发展需求的高水平专业人才。这不仅是高校提升自身竞争力的关键，也是推动国家科技进步和产业升级的重要途径。

此外，高校还应加强创新创业教育，鼓励学生积极参与创新创业活动。通过提供创业孵化平台和丰富的创业资源，高校能够帮助学生将创新思维转化为实际行动，培养更多的创业领军人才。这不仅能够推动学生个人的发展，也为社会经济的多元化发展注入了新的活力。

高校的科研工作还应更加注重解决社会实际问题。科技不仅是产业发展的推动力，更是提高人民生活质量的重要手段。高校的科研成果应紧密结合社会需求，致力于解决现实中的种种挑战，从而更好地服务社会、造福大众。

（三）社会服务的广泛要求

高校不仅是知识和科技的创造者，还是社会服务的重要提供者。通过产学研的深度合作，高校能够有效促进科研成果的产业化，为社会提供更多的创新产品和服务。高校应积极参与产业发展，与企业紧密合作，共同推动社会的进步与繁荣。

社区服务与社会责任也是高校需要关注的重要领域。高校应通过组织社区实践和志愿服务活动，帮助学生更好地融入社会，提升社会影响力。这不仅有助于学生培养社会责任感，也为高校与社区的互动提供了新的契机。

作为文化传承和创新的中心，高校还应发挥文化引领的作用，为社会提供有深度和广度的文化服务。通过开展丰富的文化活动和研究项目，高校能够在文化传承和创新中扮演更为积极的角色，为社会的文化发展贡献力量。

（四）社会发展对高校管理的挑战与机遇

社会的快速发展对高校管理提出了新的挑战，也带来了新的机遇。首先，高校管理体制需要更加灵活，能够迅速应对社会需求的变化。无论是课程设置的调整，还是合作渠道的拓展，高校都应以更开放的态度迎接变化，以适应多样化的社会需求。

在科研方向的选择上，高校应具备前瞻性，密切关注社会发展的脉搏，尤其是新兴领域的发展。通过选准科研方向，高校不仅能够确保自身的科研成果更好地服务社会，还能在未来的发展中占据有利位置。

教学方法的创新也是高校管理面临的重要任务。为了更好地适应未来社会的发展需求，高校应注重培养学生的实际应用能力、团队协作精神和创新思维。这不仅能够提高教学质量，还能为社会培养出更多具备综合素质的人才。

（五）高校如何更好地满足社会需求

为了更好地满足社会的多样化需求，高校需要在人才培养、国际化视野、实践教育、产学研合作以及社区服务等方面做出持续努力。高校应注重学生综合素养的培养，包括学科知识、实践能力、创新精神等，以适应复杂多变的社会环境。同时，国际化视野的拓宽也是不可或缺的一环，通过加强国际交流与合作，引入先进的教育理念和资源，高校能够培养出具有全球竞争力的人才。

实践教育的强化也是高校应关注的重点。通过提供更多的实习机会和实际操作的训练，学生能够在真实场景中应用所学知识，提升解决问题的能力。在课程设置上，加入更多的实际案例分析和项目实践，将理论与实际紧密结合，使学生在毕业后能够迅速适应职场需求。

产学研一体化的深化也是高校应重点推进的方向。通过建立更紧密的产学研合作机制，高校不仅能够推动科技研发项目的发展，还能使产业需求直接影响课程设置，从而提高教育的实际应用价值。

此外，高校还应加强与社区的联系，积极参与社区发展规划，提供专业支持，促进社区的可持续发展。在此过程中，学生通过实践项目解决实际问题，不仅能够提高自身能力，还能为社会贡献力量。

二、科技与信息化对高校管理的冲击

在现代高校教育管理中，科技与信息化的发展已经成为不可忽视的影响因素。这一趋势不仅带来了教学、科研、管理体制等各方面的深刻变革，也为高校提供了前所未有的发展机遇。然而，在享受信息化带来的便利与优势时，高校也面临着诸如信息安全、技术更新等一系列挑战。因此，高校管理者必须审慎应对，积极推动数字化转型，提升管理与服务质量，以更好地适应信息化时代的需求。

（一）科技与信息化对高校管理方面的挑战

科技与信息化的迅猛发展已经在深刻改变高校的运作方式。从教学到科研，从管理到学生服务，信息化正以不可逆转的趋势渗透到高校的各个层面。在线教育的普及、虚拟实验室的兴起、大数据的应用，以及智能辅助教学的广泛采用，这些都表明传统的高校管理模式正在经历前所未有的挑战。与此同时，信息化还催生了新的教学和科研模式，推动高校向更加高效、更加精准的方向发展。然而，这一过程也伴随着管理难度的增加，尤其是在面对日益严峻的信息安全问题和技术更新压力时，高校管理者需要具备更强的应对能力。

（二）教学方面的变革与机遇

在线教育的兴起彻底改变了传统的教学模式，网络技术的快速发展使得在线教育成为学生获取知识的重要途径。高校在面对这一新兴趋势时，不仅要考虑与在线教育平台的竞争，还需要重新审视传统课堂教学的优劣。此外，大数据和人工智能技术的应用为个性化学习提供了可能。高校可以通过数据分析，深入了解学生的学习需求与习惯，从而定制化教学内容，提升学习效果。同时，虚拟实验室的引入为实践教学提供了新的解决方案，尤其在实验资源有限的情况下，虚拟实验室成为不可或缺的补充。智能辅助教学系统的应用则进一步提升了教师对学生学习情况的掌握能力，使教学更具针对性和有效性。

（三）科研方面的信息化变革

信息化不仅改变了高校的教学模式，也在深刻影响科研的方式。科研合作平台的建设打破了学科和机构的边界，使得跨学科、跨领域的科研合作成为可能。大数据技术的应用为科研数据的分析和挖掘提供了更为精准的工具，加速了科研进程，提高了科研效率。此外，科技的发展还使远程协作成为现实，不再受限于地理位置的科研团队可以更为灵活、高效地展开合作。开放获取的科研出版模式也推动了科研成果的传播，使研究更加开放透明，为全球学术界提供了共享和交流的平台。

（四）管理体制的变革与挑战

高校的管理体制在信息化的推动下也发生了显著变化。信息化管理系统的建立使得各类信息更加集中透明，提高了管理效率。然而，电子档案的普及虽然降低了纸质档案的存储和管理成本，但也对数据安全提出了更高的要求。信息化管理还延伸到招生与就业环节，人工智能技术的引入使得招生计划和就业服务更为精准，毕业生的就业率得到了提升。同时，信息化技术带来的在线办公与远程管理则为高校管理增添了灵活性，但也提出了新的管理挑战，尤其是在信息技术应用不成熟的情况下。

（五）学生服务的智能化转型

在学生服务领域，信息化技术的应用极大地提升了高校为学生提供服务的能力。智能图书馆系统、学生信息查询系统等智能化服务已经成为高校日常运营的重要组成部分，为学生提供了便捷、高效的服务体验。虚拟现实技术的发展则让虚拟校园成为可能，在线参观、实时沟通等功能为学生提供了全新的校园体验。此外，在线学习支持的广泛应用为学生提供了更多的学习资源和渠道，尤其是在传统课堂无法满足的情况下，在线学习成为学生提升学业的重要补充。大数据技术的应用还使得高校能够更加全面地掌握学生的学习和生活状况，从而提供更加个性化的服务与指导。

（六）信息化带来的挑战与应对策略

信息化虽然为高校带来了诸多机遇，但也伴随着一系列挑战。信息安全风险成为高校管理中的一大隐患，数据泄露、网络攻击等问题迫使高校加强信息安全管理和技术防范。数字鸿沟的存在也使部分学生群体由于经济条件、技术水平等原因无法充分利用信息化带来的便利，进而影响了教育的公平性。快速发展的科技还带来了技术更新的压力，高校必须不断升级设备、培养技术人才，才能跟上时代的步伐。此外，信息化技术的引入使得传统教育理念面临调整，高校必须更加注重培养学生的创新能力、实践能力和信息素养。管理层的信息化能力也成为一个关键问题，部分管理人员在信息化管理中可能面临适应困难，亟需进行培训和转型。

（七）信息化带来的全球化机遇

信息化技术的发展不仅局限于高校内部的管理和教学，它还为高校带来了全球化合作的机会。通过在线平台，高校可以与全球范围内的教育、科研机构展开合作，共同推动全球化进程。这种合作不仅促进了教育资源的共享，还为跨学科研究提供了更加广泛的平台，推动了创新成果的产生。在线教育和智能教育辅助系统的应用也使得高校能够更加有效地提升教学质量，实现教学的个性化与多样化，以满足不同学生的需求。

（八）高校应对信息化的策略

面对信息化带来的冲击与机遇，高校需要采取一系列策略以确保其管理模式能够与时俱进。首先，高校必须加强信息安全建设，建立完善的信息安全体系，以应对日益复杂的信息安全威胁。其次，推动数字化转型是高校管理的必然选择，管理层需要提升信息化素养，更新管理系统，构建数字化管理平台。此外，引入新技术也是高校保持竞争力的关键，如人工智能、大数据、虚拟现实等新技术的应用能够帮助高校在教学、科研和管理中保持创新活力。最后，提升师资水平是信息化背景下高校发展的根本保障，高校应加强教师的信息技术培训，鼓励他们更好地利用信息技术进行教学和科研。

第三节　国内外现代高校管理经验总结

一、国外高校的成功管理经验

国外高校通过应对复杂多样的挑战，积累了丰富的管理经验，这些经验在招生与人才培养、科研与创新、国际化合作、学术管理、学生服务、财务管理等多个方面，均为国内高校提供了宝贵的借鉴。下面旨在探讨这些成功的管理经验，并结合国内高校的发展需求，提出相应的对策和建议，以期推动国内高校教育管理模式的创新与优化。

（一）国外高校成功管理经验概述

国外高校在面对不断变化的社会和经济环境时，表现出了极强的适应能力。通过持续的创新和改革，这些高校不仅在招生与人才培养、科研与创新、国际化合作等方面取得了显著成效，还通过优化学术管理与治理结构、加强学生服务与发展、提升财务管理与资金筹措效率，打造出具有国际竞争力的教育模式。这些经验为国内高校提供了丰富的参考范例，值得深入探讨和学习。

（二）国外高校的招生与人才培养

国外高校在招生过程中强调多元化，致力于通过实施多样化的招生政策来吸引不同背景的学生，从而形成一个富有多样性的学生群体。这种多元化不仅体现在文化和国籍层面，也包括学生的学术背景和兴趣爱好。通过引入灵活的学分制度和选修课程体系，学生可以根据个人兴趣和职业规划自由选择课程，从而实现跨学科学习，培养出具有创新精神和广泛知识背景的人才。与此同时，将实习和实践环节纳入课程体系，是国外高校人才培养的另一大特色。这种教学模式不仅注重理论知识的传授，更强调实际操作和应用能力的培养，帮助学生在校期间积累宝贵的工作经验。此外，完善的导师制度也是国外高校成功的关键，通过个性化的指导和支持，帮助学生在学术、职业和个人发展上取得全面进步。

（三）国外高校的科研与创新

国外高校在科研与创新方面的成功经验主要体现在对跨学科研究的重视和产学研一体化的实践。通过鼓励和支持跨学科的科研合作，国外高校促进了不同学科领域之间的知识交流与融合，解决了许多复杂的现实问题。此外，产学研一体化模式的建立，使得科研成果能够更好地转化为社会生产力。国外高校还积极推动科研成果的开放获取和知识共享，鼓励学者通过开放式的合作来提高科研成果的影响力和社会价值。与此同时，为了激发学生和研究人员的创新创业意识，许多高校提供了包括创业孵化、技术转让等在内的创业支持服务，培养了一大批具有创新精神的创业领袖。

（四）国际化合作

国际化是国外高校提升全球学术声誉的重要途径之一。通过招聘和培养具有国际背景的教学和科研团队，国外高校不仅提高了学术研究的国际化水平，还促进了国际合作研究成果的产出。此外，这些高校通过营造多元文化的校园环境，为国际学生提供了良好的学习和生活条件，进一步加强了学生之间的国际交流与合作。国外高校还通过与全球各地的大学和研究机构签订合作协议，建立起稳固的国际伙伴关系，推动了跨国学术交流与合作项目的顺利开展。为了帮助学生更好地适应全球化的竞争环境，国外高校设计并提供了具有全球视野的课程，结合国际化的教材和教学方法，全面提升了学生的国际化素养。

（五）国外高校的学术管理与治理结构

国外高校在学术管理和治理结构方面的成功经验值得国内高校借鉴。通过建立更加民主和透明的治理结构，国外高校鼓励教职员工积极参与学校管理决策，从而形成共识，提高治理效率。此外，设立科学合理的评价和激励机制，不仅激发了教师和研究人员的创新活力，还提高了教育质量和科研水平。与此同时，国外高校还注重与当地社区的互动，建立了广泛的校地合作关系，进一步促进了学校与社会各界的联系。为了提高管理效率，许多国外高校引入了先进的信息化管理系统，通过加强对学校各方面信息的监测和分析，实现了管理过程的透明化和高效化。

（六）国外高校的学生服务与发展

国外高校在学生服务与发展方面采取了多项有效措施。首先，设立学生服务中心，为学生提供全方位的支持，包括心理健康、职业规划、就业服务等。心理健康服务旨在帮助学生缓解压力和焦虑，提高心理健康水平；职业规划服务则帮助学生明确职业目标，制订合理的职业发展计划；就业服务通过提供招聘信息和面试技巧培训，帮助学生顺利进入职场。其次，国外高校还鼓励学生参与各类社团和课外活动，培养团队协作和领导能力。通过参与这些活动，学生不仅能结识志同道合的朋友，还能提升沟通和组织能力，进一步提高社会适应能力。此外，国外高校还推行创新的教育模式，如项目式学习和实践教育，旨在通过实际操作和解决问题的方式，培养学生的实际操作能力和创新思维。最后，建立完善的职业规划和就业服务体系，为学生提供实用的职业指导和支持，帮助其更好地适应职场需求。

（七）国外高校的财务管理与资金筹措

财务管理是国外高校保持稳健发展的重要保障。通过多元化的筹资方式，包括政府拨款、学费收入、研究经费和校友捐赠，国外高校在财务管理上表现出极高的灵活性和可持续性。为了确保财务资源的合理利用，许多高校建立了科学的财务管理体系，强调预算编制、开支控制和资金监管。此外，积极开展校友关系工作，吸引校友捐赠，也是国外高校维持长期发展的关键。通过灵活的资源配置，管理层能够根据学校的发展战略目标，合理调配资源，进一步提高资源利用效益。

（八）国外高校的成功管理经验的启示

国外高校的成功管理经验为国内高校的发展提供了重要的启示。首先，多元化发展是提高高校竞争力的关键，无论是在学科建设、人才培养，还是在国际合作和招生模式上，都需要注重多元化的推进。其次，开放合作与创新是高校解决现实问题、提升社会影响力的有效途径。国外高校通过积极与企业、其他高校和研究机构建立合作，推动了学术创新和成果转化。再次，关注学生的全面发展是培养高素质人才的重要手段。国外高校强调个性化教育和实践经验的积累，帮助学生提高创新能力和就业竞争力。最后，科学的管理体制和治理结构、有效的财务管理是高校稳健发展的基础。通过民主治理和信息化手段，国外高校实现了管理过程的透明化和高效化，确保了学校的可持续发展。

二、国内高校的先进管理实践

（一）概述

在中国教育体系中，高校承担着培养高素质人才、推动科学研究以及服务社会的重要任务。近年来，国内高校在管理实践上取得了显著进展，积极探索和实施了多项创新管理模式。这些创新实践涵盖了多个方面，包括招生与人才培养、科研与创新、国际化合作、学术管理与治理结构、学生服务与发展等，为高校应对未来的挑战奠定了坚实基础。

（二）国内高校的招生与人才培养

国内高校在招生政策上进行了大胆的创新，摒弃了单一的录取标准，转而采用多元化的评价体系。这些高校不仅注重考生的学术成绩，还特别关注其综合素养和跨学科能力，从而吸引了更多具备创新思维和实践能力的学生。同时，人才培养模式也得到了改革与升级。通过引入实践课程、实习实训以及创新创业项目，高校有效提升了学生的实际操作能力和问题解决能力。此外，高校在导师制度上也进行了重要的改革，强调个性化指导，力求导师能够更好地关注学生的全面发展。国际化人才培养则是高校创新管理中的另一亮点。许多高校设立了国际化课程，积极鼓励学生参与国际交流项目，从而提升其跨文化交流能力和全球视野。

（三）国内高校的科研与创新

科研与创新是高校发展的核心动力之一。国内高校逐步加强了与企业和产业界的合作，推动了产学研结合的发展。这一举措不仅提升了科研成果的转化率，也加速了科研成果向实际生产力的转变。在科研项目管理方面，高校引入了更加严格和高效的管理机制，加强了对科研团队的管理和组织，从而提高了科研项目的执行效率和成果质量。创新平台的建设是科研创新的重要支撑，高校通过建设实验室、技术研发中心等创新平台，为科研人员提供了良好的研究条件，极大地促进了创新能力的提升。此外，一些高校还积极倡导开放获取，鼓励科研成果的自由传播，从而提高了学术研究的可见度和影响力。

（四）国际化合作

随着全球化的深入，高校的国际化合作成为提升学术声誉的重要途径。国内高校积极与国际顶尖高校和研究机构展开广泛的学术合作，通过组织国际性学术研讨会和交流活动，增强了在国际学术界的影响力。同时，高校也注重引进国际化的管理团队和教师队伍，推动国际化团队的建设和国际合作研究项目的发展。为了培养具有全球视野的人才，高校鼓励学生参与国际交流项目，提供丰富的国际化课程和实践机会，帮助学生在多元文化环境中成长与发展。与国际高校签订合作协议，建立稳固的国际伙伴关系，也是高校国际化进程中的重要环节，通过这些合作，国内高校的学术交流与合作项目得到了极大的推进。

（五）国内高校的学术管理与治理结构

在学术管理与治理结构方面，国内高校越来越注重民主治理的理念。通过建立学术委员会和教学委员会等机构，高校的管理更加民主化和透明化，提升了决策过程的科学性和合理性。此外，高校还致力于建立科学合理的教师评价与激励机制，激发教职员工的创新活力，提高教育质量和科研水平。信息化管理的引入，使得高校管理的效率得到了显著提升。通过信息化管理系统，高校可以对各类信息进行有效的监测和分析，从而为管理决策提供科学依据。与此同时，高校还加强了与社区的互动，通过社区参与，建立起与社会各界的紧密联系，形成共建共享的良好局面。

（六）国内高校的学生服务与发展

学生是高校的核心，高校在学生服务与发展方面进行了诸多创新。设立综合性的学生服务中心，提供心理健康支持、职业规划指导及就业服务等多元化服务，是高校支持学生全面发展的重要举措。学校还鼓励学生积极参与各种社团活动，以培养团队协作和领导能力，从而促进学生的全面发展。创新教育模式的推行，如项目式学习和实践教育，使得学生的实际操作能力和问题解决能力得到了显著提升。为了进一步提升学生的就业竞争力，高校还建立了完善的职业规划与就业服务体系，提供实用的职业指导和支持，帮助学生更好地应对就业市场的挑战。

（七）国内高校的财务管理与资金筹措

财务管理是高校可持续发展的基石。国内高校通过多元化的方式筹措资金，确保了财务的稳健性和多样性。资金来源包括政府拨款、学费收入、科研经费以及校友捐赠等，这为高校的各项发展提供了坚实的经济保障。

在财务管理方面，高校引入了高效的管理机制，加强了对各项经费的监控和管理，科学编制预算，从而提高了财务资源的配置效率。校友关系工作也是高校财务管理的重要组成部分，通过与校友保持紧密联系，吸引校友捐赠，形成了良好的资金支持体系。此外，高校还通过合理规划和管理投资项目，实施项目投资，以获取良好的经济和社会效益，增加学校的财政收入。

（八）国内高校的成功管理实践的启示

高校管理实践中的成功经验为中国教育的改革提供了有益的启示。首先，注重学科交叉和综合素养的培养，有助于应对复杂多变的社会需求。其次，产学研一体化的发展，使得科研成果能够更好地转化为实际生产力，推动了高校与产业界的深度合作。国际化视野的提升，通过引入国际化团队和国际合作，增强了学生的全球竞争力。此外，信息化管理系统的建设，使得高校的管理更加科学高效，为校园管理提供了有力支持。最后，通过社区参与，高校加强了与社会的联系，形成了校地合作的良性循环。

（九）国内高校的发展对策

展望未来，国内高校应进一步提升人才培养质量。通过拓宽招生渠道、创新培养模式、强化实践环节，培养更具实际应用能力的毕业生。同时，推动科研机制的创新，促进学术研究与实际应用的结合，鼓励跨学科合作，提高科研项目的实际效益。积极拓展国际合作，引进国际化团队，开展国际合作研究项目，提升学校在国际学术界的声誉。信息化建设方面，高校应引入更加先进的信息化管理系统，进一步提高管理的科学性和效率，为教学、科研和学生服务提供更好的支持。此外，高校还应强化社会责任感，通过参与社区建设、社会服务项目等方式，促进学校与社会的互动，形成共赢局面。

第四节 高校管理模式创新的必要性

一、适应时代变革的紧迫性

在当今全球化和信息化的推动下，社会各领域都在经历深刻的变革，高校教育管理也不例外。科技的迅猛发展，尤其是人工智能、大数据和信息技术的普及，正在不断改变着教育的模式与内容。这种变化不仅影响了高校的教学方式，还对管理模式提出了新的挑战。面对如此迅速的变革，高校管理模式的创新已经刻不容缓。

首先，传统的高校管理模式往往无法及时应对快速变化的社会需求。学生的学习方式、信息获取方式和就业市场的需求都在不断变化，传统的管理方式可能过于僵化，难以迅速适应这些新需求。为了保持高校在社会中的竞争力，管理模式必须更加灵活，能够快速响应时代的变化。

其次，科技的发展对高校管理提出了新的要求。例如，在线教育平台的普及使得课程管理、学生服务、教师评价等环节都需要依赖数字化手段。这要求高校管理者不仅要具备传统的管理技能，还要具备信息技术的应用能力，以实现更加高效的管理。

再次，全球化的推进使得高校必须面对更加多元化的学生群体和更加复杂的国际竞争环境。高校管理模式需要具备更强的包容性和国际化视野，能够为来自不同文化背景的学生提供适合的教育资源和支持服务。同时，高校还需要通过管理创新，提升自身的国际影响力，以应对全球化带来的挑战。

最后，社会对高校的期望也在不断提高。高校不仅被期望培养高素质的人才，还要在科研、社会服务等方面发挥更大的作用。这就要求高校管理模式能够有效整合各类资源，推动教育、科研与社会服务的协调发展，从而实现高校的多元化功能。

二、提高教育质量的迫切需求

随着时代的变革，传统高校管理模式正面临前所未有的挑战。全球化、信息化以及知识经济的迅速发展，要求高校在管理上进行深刻的革新，以适应社会对高素质、创新型人才的迫切需求。高校管理模式的创新不仅是时代的必然选择，更是提升教育质量、增强高校竞争力的关键途径。

（一）适应时代变革的紧迫性

在全球化的背景下，高校作为知识传播与创新的前沿阵地，必须紧跟时代步伐。传统的管理模式已逐渐无法应对当今社会瞬息万变的需求。首先，信息技术的迅猛发展加速了知识的更新，学生需要在短时间内掌握不断涌现的新知识，这对高校的教学管理提出了新的要求。传统的教学模式和管理体系，往往过于依赖固定的课程结构和僵化的教学方法，难以有效应对学生多样化的学习需求和社会对创新人才的培养要求。因此，创新高校管理模式，提升教育系统的灵活性和适应性，已成为迫在眉睫的任务。

其次，全球化带来的国际竞争，使得高校的管理创新显得尤为重要。高校之间的竞争已不再局限于国内，而是扩展到国际舞台。这种竞争不仅表现在教学质量和科研成果上，还体现在管理模式的现代化与国际化程度上。一个灵活、高效的管理体系可以帮助高校在全球教育市场中脱颖而出，吸引更多的国际学生和学术资源，提升其国际影响力。然而，许多高校仍然依赖传统的、缺乏灵活性的管理模式，难以迅速响应国际化竞争的需求。因此，通过管理模式的创新，提高管理效率和应对复杂环境的能力，成为高校在全球化背景下保持竞争优势的必然选择。

此外，社会的多样化发展趋势也对高校管理模式提出了更高的要求。随着社会经济的多元化发展，人们对教育的需求日益复杂化和个性化。传统的教育管理模式往往集中化程度过高，难以满足学生个性化发展的需求。通过管理模式的创新，高校可以更加灵活地调整教学内容和方式，支持学生的个性化学习路径，培养符合社会需求的多样化人才。

（二）提升教育质量的迫切性

高校管理模式的创新不仅关乎适应时代变革，还直接关系到教育质量的提升。教育质量的高低，不仅取决于教学内容的科学性和前沿性，还依赖于教育管理的有效性和合理性。传统管理模式在提升教育质量方面面临诸多挑战，如管理层与教学一线之间的沟通不畅，往往导致决策层无法及时反映教学实践中的问题，从而影响教学效果。这种管理模式下，教师的教学积极性和创新动力也可能受到抑制，进而影响到学生的学习体验和成长质量。

通过管理模式的创新，可以建立更加科学的教育评估和反馈机制，确保管理层能够及时了解和回应教学中的实际问题，促进教育质量的持续改进。同时，创新的管理模式还可以为教师提供更多的职业发展机会和支持，提升他们的专业水平和教学能力，从而进一步提高教育质量。在信息化时代，教育质量的提升还离不开技术的支持。通过整合先进的教育技术，创新的管理模式能够更好地支持个性化教学和在线教育，为学生提供多样化的学习资源和更灵活的学习方式，从而提升整体教育质量。

（三）应对国际竞争的战略选择

在全球化的背景下，高校管理模式的创新已成为提升国际竞争力的重要手段。国际竞争要求高校不仅在教学和科研上具备领先优势，还必须在管理上展现出前瞻性和灵活性。许多世界一流大学之所以能够长期保持领先地位，不仅因为其强大的科研能力和优秀的师资力量，还在于其创新的管理模式。一个高效、灵活、国际化的管理体系，能够帮助高校在激烈的国际竞争中吸引顶尖人才、获取更多资源、并开展广泛的国际合作。

管理模式的国际化改革不仅有助于提升高校的全球影响力，还能为学生提供更加国际化的教育体验，培养具有全球视野和跨文化能力的国际化人才。通过管理模式的创新，高校可以更好地整合国际教育资源，引进国际化课程，推动国际合作项目的发展，为学生提供更多的国际交流机会和多元文化学习环境。

同时，管理模式的创新还能够提升高校在国际学术界的地位和影响力。通过建立灵活的科研管理机制和国际合作网络，高校能够吸引更多的国际学术合作和科研项目，提升其在国际学术界的知名度和话语权。创新的管理模式还能帮助高校更好地应对国际教育市场的变化，及时调整战略方向和发展目标，确保在全球教育市场中保持竞争力。

（四）满足社会需求的管理变革

随着社会的不断进步，高校不仅肩负着培养高素质人才的责任，还需要回应社会各界对教育质量和管理效率的期待。传统的高校管理模式在应对社会多样化需求方面显得力不从心。社会对教育的需求日益多元化，不仅要求高校提供高质量的基础教育，还需要满足社会不同群体的特殊需求，如继续教育、职业培训、创新创业教育等。

为了更好地满足社会需求，高校需要在管理模式上进行深刻的变革，推动管理的多样化和灵活化。通过引入新的管理理念和方法，高校可以更有效地整合资源，优化教育供给结构，满足社会对多元化教育服务的需求。此外，管理模式的创新还可以帮助高校更好地应对外部环境的变化，如政府政策、经济形势、科技进步等，从而确保高校在不确定的社会环境中保持稳定和可持续发展。

创新管理模式不仅是高校提高自身竞争力的重要途径，也是满足社会需求、服务社会发展的必然选择。通过不断的管理创新，高校可以更好地履行其社会责任，为社会提供高质量的教育服务，推动社会的进步和发展。

三、面对未来发展的战略需求

随着全球社会的快速发展，科技、经济和社会结构都在经历着深刻的变革。这一变革不仅仅局限于技术的进步和经济的增长，还渗透到了教育领域，特别是高校的管理模式。在这个充满变动的时代，高校作为知识生产和人才培养的重地，面临着重新定义其角色和职责的紧迫需求。因此，现代高校教育管理模式的创新已成为必然，以应对全球化、数字化以及可持续发展的新挑战。

（一）未来发展的趋势

科技创新和数字化的推进是未来教育管理变革的重要动力。人工智能、大数据以及生物技术等领域的突破，将彻底改变传统教育的方式和内容。高校教育管理需要顺应这种趋势，通过引入先进技术，提升教育质量和效率。与此同时，全球化的进程将使得国际合作愈发重要。跨国教育项目、国际学生流动和全球学术合作将更加普遍，这要求高校管理层具备国际视野和跨文化沟通能力。此外，环境问题日益严重，可持续发展理念在全球范围内得到广泛认可。高校教育管理必须融入可持续发展的思想，培养学生的环境意识，并推动绿色校园建设。社会结构的变化，尤其是人口老龄化和城市化，也对高校提出了新的要求。如何调整教育资源配置，满足日益多样化的教育需求，是管理层必须面对的现实问题。

（二）面临的挑战

尽管科技的发展为高校教育管理带来了新的工具和方法，但也伴随着诸多不确定性。例如，技术进步虽然提升了教育的便捷性和覆盖面，但也加剧了教育资源的分配不均衡，可能导致社会不平等的加剧。同时，全球化进程虽然扩大了国际合作的机会，但也使得高校面临更加激烈的国际竞争。在这种情况下，高校需要在保持自身特色的同时，积极参与全球教育体系的竞争。资源有限和环境挑战是高校管理中的另一大难题。如何在资源有限的情况下，推动高校的可持续发展，是管理者必须解决的课题。社会结构的变化，例如人口老龄化和家庭结构的多样化，也给高校管理带来了新的挑战。这些变化要求高校调整现有的教育模式，以应对不断变化的社会需求。

（三）个体的战略需求

在未来的发展中，个体需要具备终身学习的意识和能力。高校教育管理应当为学生提供持续学习的平台，帮助他们在不断变化的社会中保持竞争力。个体还需具备创新思维和实践能力，能够在不确定的环境中，灵活应对各种挑战。国际化视野和跨文化沟通能力也是现代社会必不可少的素质。随着全球化的深入，个体必须具备在国际环境中工作的能力，能够有效地进行跨文化沟通。此外，健康生活和心理韧性是个体应对快节奏生活的重要保障。高校应通过多种途径，帮助学生培养健康的生活习惯和强大的心理素质，以应对未来的种种挑战。

（四）组织的战略需求

高校作为教育的组织主体，必须在管理模式上进行创新，以应对未来的发展需求。首先，创新管理理念和灵活的组织结构是高校应对快速变化环境的关键。高校管理层需要鼓励教师和学生提出新思路，并建立灵活的组织结构，以适应市场和技术的变化。数字化转型和信息安全是高校未来发展的重要方向。在数字化时代，高校必须通过数字化转型，提升管理和教学效率。同时，信息安全也需得到高度重视，确保数字化环境下的教育资源和个人信息的安全。人才培养是高校的核心任务，组织需通过内部培训和外部引进，确保教师具备应对未来挑战的知识和技能。此外，高校还应积极履行社会责任，推动可持续发展，提高学校的社会形象和影响力。

（五）国家的战略需求

国家层面上，政府应当通过制定创新政策和提供科技支持，推动高校教育的改革与创新。面对全球化的挑战，国家需要加强国际合作，积极参与全球治理，推动教育领域的国际化进程。环境可持续性战略和资源管理是国家教育政策中不可忽视的一环。国家应推动高校在环境教育和资源管理方面的创新，培养具有全球视野和可持续发展意识的学生。教育体系的优化和人才培养是国家战略的重要组成部分。国家应调整教育内容和方法，推动 STEM 教育和创新教育的发展，以培养适应未来社会需求的人才。此外，社会福利和公平机制的完善也是国家在教育管理中需重点关注的方面。国家应建立健全的社会福利体系，确保教育资源的公平分配，促进社会的和谐稳定。国际贸易和产业结构的调整也对教育提出了新的要求。国家应通过政策引导，推动高校加强与产业界的合作，提升教育的实用性和前瞻性。

（六）战略需求的整合与协同

面对未来的发展挑战，个体、组织和国家需要紧密合作，形成协同效应。高校作为知识和创新的发源地，应当在这一过程中发挥主导作用。通过跨界合作和资源共享，个体、组织和国家可以共同应对未来的挑战，实现互利共赢。数字化和创新是未来发展的核心动力，个体、组织和国家都需要在这一领域加大投入。高校应当成为数字化创新的先锋，推动新技术在教育中的应用，提高教学效率和教育质量。人才培养是未来发展的关键，无论是个体还是组织，抑或是国家，都需通过持续学习和教育，提升综合素质，适应复杂多变的环境。绿色可持续发展是未来社会的主旋律，个体、组织和国家应共同努力，推动环保事业的发展。高校在这一过程中，应当发挥教育和科研的双重作用，培养学生的环境意识，并推动绿色技术的研发和应用。社会责任是实现共同发展的重要保障，个体、组织和国家都应积极履行社会责任，推动社会的可持续发展。

第五节　高校管理模式创新的可行性

一、高校管理模式改革政策的支持与导向

高校管理模式改革是当今教育领域的重要议题之一，各国在高校领域的

管理模式不断进行调整，以应对社会变革和经济发展的挑战。在中国，这一领域的改革也得到了广泛的关注和支持。下面将从高校管理模式改革的背景、政策支持和导向等方面进行探讨，以全面了解中国高校管理模式改革的发展现状。

高校管理模式改革的背景主要包括社会发展的需求、全球经济一体化以及创新驱动发展。随着社会的不断进步和科技的飞速发展，高校面临着日益复杂和多样化的挑战。传统的高校管理模式已经难以满足当前社会对教育的需求，因此，进行改革以提升高校的适应性和竞争力变得尤为迫切。同时，全球经济一体化的趋势加剧了各国高校之间的竞争，各国高校需要不断提高教育质量和培养国际化人才，以应对这种竞争压力。高校管理模式的改革成为了应对全球竞争的必然选择。此外，创新是推动社会发展的核心动力之一，高校作为创新的重要源泉，其管理模式的改革需要注重激发创新活力，培育创新人才，以推动社会的持续发展。

在高校管理模式改革的政策支持方面，政府发挥了重要的引领和支持作用。政府通过颁布一系列文件和政策，明确了高校管理模式改革的方向，并为改革提供了政策支持。同时，改革需要大量的资金投入，政府通过财政支持，为高校改革提供资金保障，包括改善基础设施、提升教学设备以及改进教育资源配置等方面的投资。此外，建立健全的法规制度也是高校管理模式改革的基础。政府出台相关法规，以规范高校管理行为，为改革提供法律支持和制度保障。为了适应社会发展的需要，政府还制定了一系列人才培养政策，鼓励高校通过改革管理模式，培养更符合社会需求的人才。

高校管理模式改革的政策导向主要集中在提高教育质量、促进创新能力、加强国际化建设以及服务社会需求四个方面。提高教育质量是改革的重要导向之一，政府要求高校在管理模式改革中注重教育教学的质量，提升师资队伍水平，改进课程设置，推动高校教育水平的整体提升。促进创新能力也是高校管理模式改革的核心目标之一，政府通过引导高校改革，鼓励创新性的管理模式，激发师生的创新活力，推动科研水平和创新能力的提升。加强国际化建设是全球化背景下的重要任务，政府提出要加强高校的国际化建设，鼓励高校积极参与国际学术交流和合作办学，提升国际竞争力。服务社会需求也是改革的重要导向之一，政府鼓励高校通过改革管理模式，紧密结合社会需求，培养适应社会发展的人才，并提供解决社会问题的科研成果。

高校管理模式改革的实施挑战主要包括资金压力、制度创新难度、教育观念转变、师资队伍建设、市场化竞争压力以及教育资源配置不均衡等方面。高校管理模式改革需要大量的投入，部分高校可能面临资金短缺的问题。政府可以通过创新投资机制，引导社会资本参与高校改革，缓解资金压力。制度创新难度也是一个重要挑战，改变既有的制度往往会面临阻力，政府可以通过渐进式的改革措施，引导高校逐步实施制度创新，减轻改革难度。教育观念的转变是高校管理模式改革的关键，但由于传统观念的深刻影响，可能会面临教育观念转变的阻力。政府可以通过加强宣传和培训，引导师生树立现代教育理念，推动教育观念的积极转变。师资队伍的建设也是改革的重要方面，高校管理模式改革需要具备高水平的师资队伍支持，政府可以通过提高教育经费投入，优化师资培养机制，吸引和培养高水平的教师，确保改革得到专业人才的支持。此外，市场化竞争压力和教育资源配置不均衡也是改革过程中需要克服的挑战。政府可以通过建立公平的竞争机制，促进高校之间的合作共赢，避免竞争陷入零和游戏。同时，政府应制定政策，加大对某些地区或专业领域的支持，以促使教育资源更加均衡地分配。

展望高校管理模式改革的前景，可以预见，在政府的支持与导向下，高校将更加适应社会需求，教育质量和创新能力将得到显著提升。同时，高校的国际化水平也有望提高，为培养更多具有全球竞争力的人才创造条件。为了更好地推动高校管理模式改革，建议政府加强政策宣传教育，让各界更深入地理解和支持改革的必要性和意义。鼓励高校之间的跨学科合作，促使更多创新思维和方法的交流，推动高校管理模式的创新。此外，加大科研支持力度，鼓励高校加强科研投入，将科研成果与实际生产和社会需求更紧密地结合起来。建立科学合理的高校管理模式改革评价机制，通过对改革实施效果的评估，为未来的改革提供经验和指导。强化国际交流与合作，推动高校与国际的深度合作，融入国际先进经验和理念，提升高校的国际竞争力。

二、高校内部改革机制的构建

高校内部改革是推进教育体制变革、提高教育质量、培养创新人才的关键环节。构建合理、灵活、高效的内部改革机制，对于高校全面提升办学水平、适应社会需求和推动教育创新至关重要。以下将深入探讨高校内部改革机制的构建，包括机制的基本框架、重要组成部分及其面临的挑战与对策，力求为高校管理模式的创新提供全面而有针对性的分析。

（一）高校内部改革机制的基本框架

高校内部改革机制的基本框架包括管理体制改革、财务体制改革、教育教学改革和人才培养模式改革四个方面。首先，管理体制改革是内部改革的核心，其关键在于简化管理层级、优化管理结构，提高管理效率。通过推行学院制度、强化事业单位制度、建立学术委员会等方式，可以赋予高校更大的办学自主权，实现管理的精简与高效。其次，财务体制改革则是支撑高校发展的经济基础。改革的重点应放在财务公开透明、科研经费使用规范、激励机制建设等方面。建立科学的财务管理制度，推动资源的合理配置，提高高校经济运行效益是改革的主要目标。再者，教育教学改革直接关系到高校的根本目的，即教育教学质量的提升。改革需要关注教学内容、教学方法、评价体系等多个层面。通过建设弹性的课程设置，推动创新型教学方法的应用，以及构建多元化的评价机制，可以更好地适应学科交叉融合和学生个性发展的需求。最后，人才培养模式改革必须以人才培养为中心，构建符合时代发展要求的培养模式。这要求注重学科交叉和实践能力的培养，建立与社会需求相契合的培养目标和课程设置，从而推动学科专业结构的调整。

（二）高校内部改革机制的重要组成部分

在高校内部改革机制的构建过程中，决策机制、激励机制、监督机制和信息共享机制是至关重要的组成部分。首先，决策机制需要科学、民主和透明。通过建立学术委员会、教务委员会等专业决策机构，可以确保决策的科学性和专业性。同时，决策过程中应充分考虑学生和教职员工的参与，形成多元化的决策参与体系，增加决策的全面性和代表性。其次，激励机制是推动改革的重要动力。建立符合市场化原则的激励体系，合理激励教师和管理人员的工资、职称晋升、科研经费和荣誉等方面，可以激发个体和团队的创新潜力。再次，监督机制的建立有助于确保改革措施的贯彻执行和效果评估。通过设立独立的监察机构、强化学术评估、开展第三方评估等方式，可以形成多层次、全方位的监督网络，促进高校内部的自律和自我纠错。最后，信息共享机制是高校内部改革的基础。建设高效的信息管理系统，促进师生之间、学院之间以及高校与社会之间的信息共享，可以提高信息的透明度和可获得性，通过信息化手段推动管理决策的科学化和快速化。

（三）高校内部改革机制的挑战与对策

在高校内部改革的过程中，创新阻力、制度约束、资源短缺、人才培养难度和投入回报周期较长等挑战亟待应对。首先，内部改革常常受到传统观念和制度的阻力。对此，高校需要通过深入的宣传教育，引导全体师生认识改革的紧迫性和必要性。同时，建立奖励机制，鼓励教职员工提出创新性的改革方案，是解决这一问题的有效途径。其次，一些过时的管理制度可能成为改革的制约因素。高校需要审慎评估并逐步完善相关制度，确保改革与制度的有机衔接。改革过程中可以采取试点先行、渐进推进的方式，降低制度调整的冲击。再者，资源短缺问题在改革过程中也不容忽视。高校内部改革可能需要大量的人力、物力和财力投入，因此，政府和高校应共同努力，合理调配资源，通过吸引社会资本、开展产学研合作等方式，解决改革过程中的资源短缺问题。人才培养模式的改革还需要配套的师资队伍支持，高校可以通过提高教育经费投入、加大对优秀教师的培训力度，吸引具有实践经验的专业人士加入教育行业，以应对人才培养方面的难度。最后，投入回报周期较长是内部改革中常见的问题，一些改革举措可能在短期内难以见到显著成效。高校需要明确改革的长远目标，同时设立中期和长期的改革评估机制，通过逐步推进和逐步见效，增强改革的可持续性。

（四）高校内部改革机制的前景与建议

展望未来，高校内部改革机制的构建有望推动高校适应社会需求、提高教育质量、培养更符合市场需求的人才。一方面，通过管理体制改革，高校将更加具备活力和创新性；另一方面，激励机制的建立将促使教职员工更积极地参与科研和教学活动。为实现这些目标，建议深入推进管理体制改革，引入更多市场机制和企业管理经验，推动高校管理体制更加灵活、科学，提升自主办学水平。优化财务管理方面，建立健全的财务管理制度，提高财务透明度，使科研资金使用更加规范，确保资源的有效利用，促进高校经济的可持续发展。在教育教学创新方面，应加强对教师的培训，提倡探索性教学方法，建立灵活的课程设置和评价机制，提升教育教学质量。激励机制的多样化也是关键，应制定合理的激励政策，不仅关注科研和教学成果，还要注重社会服务、学科建设等方面的贡献，实行差异化激励。建立有效的监督机制，通过学科评估、教学评价等方式，持续关注改革进展，及时发现问题并进行纠正。加强信息化建设方面，应建立高效的信息共享平台，推动信息化建设，提高决策的科学性和时效性。促进多元化发展，通过鼓励高校实行多元化的发展战略，加强与社会各界的合作，推动高校更好地服务社会，满足不同层次和领域的需求。

三、高校师资队伍建设与培训

高校师资队伍的质量直接关系到教育质量的提升和学生的全面发展。随着时代的变革和教育创新的推进，高校师资队伍建设和培训显得尤为重要。在新时代背景下，如何提升师资队伍的素质，推动教育质量的提升和科研创新，将成为高校改革的重要任务。以下将深入探讨高校师资队伍建设的必要性、面临的挑战，以及有效的培训机制。

（一）高校师资队伍建设的必要性

适应时代需求是高校师资队伍建设的首要任务。随着科技的飞速发展和社会的不断变迁，高校的师资队伍需要不断提升自身的理论素养、科技创新能力和实践经验，以便更好地满足社会对各类人才的需求。教师不仅要具备扎实的学科知识，还需掌握最新的科技进展和行业动态，从而能够为学生提供前沿的教育内容和实践经验。

此外，促进学科交叉与融合也是高校师资队伍建设的重要任务。现代社会问题日益复杂，仅依靠单一学科的知识已无法有效应对。师资队伍的建设应当鼓励不同学科之间的交叉与融合，以形成新的知识结构和研究视角。这种跨学科的合作不仅有助于解决复杂的社会问题，也能够推动高校整体学科水平的提升，实现学科之间的互补和协同。

提高教育质量是建设优秀师资队伍的核心目标。教师的教育水平、教学经验以及教学方法的创新直接影响到学生的学术水平和实践能力。一支高水平的师资队伍能够通过先进的教学理念和方法，提高课堂教学的效果，促进学生的全面发展。因此，高校需要通过不断优化师资队伍，提升教育质量，以培养具有竞争力的高素质人才。

强大的师资队伍也是推动科研创新的关键。高水平的教师不仅能够开展前沿的科研项目，还能带动科研团队的建设，推动高校在学术研究领域取得突破。通过建设一支具有国际视野和创新能力的师资队伍，高校能够提升在全球学术界的影响力，推动科研成果的转化和应用，进而提升学校的综合实力。

（二）高校师资队伍建设面临的挑战

在师资队伍建设过程中，首先面临的是人才引进与培养的难题。某些学科领域存在高水平人才短缺的问题。引进国际一流的教育专家和科研骨干是一项重要任务，但引进人才的同时，也需要通过培训机制提升现有师资队伍的整体水平。如何在保证引进人才质量的同时，提高本校教师的综合能力，是当前亟待解决的问题。

其次，学科交叉融合的难度也是一个挑战。不同学科之间的交叉与融合需要师资队伍具备广泛的知识背景和综合能力。然而，传统的学科分类和管理模式可能成为推动学科交叉融合的障碍。需要创新性的改革来突破学科壁垒，促进学科间的交流与合作，以实现知识的综合运用和创新发展。

科研与教学之间的平衡也是师资队伍建设中的一大难题。一些教师可能在科研上投入过多时间，导致教学工作受到影响，而另一些教师则可能在教学上投入过多，忽视了科研活动。如何在科研与教学之间找到平衡点，确保师资队伍在两方面都能取得良好成绩，是高校需要解决的关键问题。

此外，教育理念与实际需求之间的不匹配也是一个困扰高校的难题。教育理念的变革通常需要较长的时间，而实际需求则往往较为迫切。高校师资队伍的建设需要与教育理念的更新同步进行，以确保师资队伍能够适应时代发展的要求，具备应对时代挑战的能力。

（三）高校师资队伍培训的有效机制

为应对以上挑战，高校应当建立和完善一套有效的师资培训机制。首先，制订全员培训计划是基础。高校应当根据不同教师的实际需求，制定覆盖教学方法、科研动态、学科交叉融合等方面的培训计划，以确保每位教职员工都有机会参与相关培训，提升整体师资水平。

其次，提供灵活多样的培训形式也是必要的。培训形式应当适应不同教师的需求，可以包括短期培训、定期学术沙龙、国际学术交流、在线课程等，以满足教师的学习兴趣和时间安排。这种多样化的培训方式能够帮助教师在繁忙的教学和科研工作中找到适合自己的学习方式，增强培训效果。

鼓励参与国际学术交流是提升师资队伍水平的有效途径之一。高校可以积极鼓励教师参与国际学术会议、访问国外高校、开展国际合作研究等活动，以拓宽教师的学术视野，提升其研究水平。国际交流不仅有助于教师了解全球教育的最新趋势，还能够促进国际知识共享和合作创新。

强化实践能力的培养也是师资培训的重要方面。培训内容应当不仅限于理论知识的传授，还需要通过实践性培训、校外实习、产学研合作等方式，帮助教师将理论知识应用于实际教学和科研工作中。这种实践性培训能够提升教师解决实际问题的能力，使其更好地适应教学和科研的实际需求。

建立导师制度是另一种有效的培训机制。通过健全的导师制度，新老教师之间可以进行交流、互助，实现经验的传承和培训的衔接。这种制度能够帮助新教师快速适应教学环境，并在经验丰富的导师指导下成长，提升其职业发展速度。

鼓励自主学习也是师资培训机制的重要组成部分。高校应当提供资源丰富的图书馆和网络学习平台，支持教师自主选择感兴趣的领域进行深入学习，培养其主动学习的能力。这种自主学习的模式能够激发教师的自我提升动力，提高其专业水平和教学能力。

最后，培训计划应当聚焦教育前沿和创新方法，引导教师关注教育领域的最新发展。通过分享教育案例、组织专业研讨会、邀请业界专家进行培训等方式，使教师能够跟上时代的步伐，不断创新教学方法，提高教育质量。

（四）高校师资队伍建设的前景与建议

展望未来，高校师资队伍建设将在多个方面取得显著成效。随着培训机制的不断完善，师资队伍的整体素质将显著提高，更多的教师将能够适应时代需求，具备更强的科研创新能力。这将有助于推动高校整体教育水平的提升，为学生提供更高质量的教育。

在此基础上，持续优化培训计划是提升师资队伍建设效果的重要举措。制订培训计划时，应根据不同学科、职务和教龄的教师提供个性化的培训内容，确保培训计划的全面性和精准性。同时，搭建学科交流平台，鼓励教师之间开展跨学科的交流与合作，通过学术讲座、研讨会等方式，促进不同学科间的知识共享和互动。

注重实际应用也是培训中的重要方面。培训内容应与实际应用紧密结合，通过案例教学、实践操作等方式，帮助教师将培训内容更好地应用于实际教学和科研工作中。此外，加强国际化合作，引进国际一流的教育资源和培训经验，将有助于推动高校师资队伍的国际化发展。

建设科学、公正的学术评价体系是激励教师参与科研活动的关键。科研成果应纳入绩效评价体系，形成积极向上的激励机制，以鼓励教师在科研和教学中取得更好的成绩。强化教育理念的培养，引导教师树立教育的社会责任感，也是提高师资队伍建设质量的重要措施。

四、科技与信息技术的有机融合

科技与信息技术的融合正在深刻影响各个行业，尤其是现代高校教育管理模式的创新。在当今信息化时代，科技与信息技术的迅速发展不仅推动了社会和经济的变革，也为教育管理模式的创新提供了新的机遇。下面将探讨科技与信息技术如何推动现代高校教育管理模式的创新，并分析这一过程中的优势、挑战及未来发展方向。

（一）科技与信息技术对现代高校教育管理模式的影响

随着互联网和信息技术的飞速发展，传统的高校教育管理模式正经历着深刻的变革。首先，互联网技术的应用使得高校管理工作更加数字化和智能化。通过建立信息化管理系统，高校可以实现对教学资源、学生信息和行政管理的高效管理。例如，学校的教学管理系统能够实时跟踪学生的学习进度，自动生成教学报告，优化课程安排，并提供个性化的学习建议。此外，互联网技术还促进了远程教育和在线课程的发展，使得教育资源能够跨越地理限制，提供更加灵活和便捷的学习方式。

人工智能技术的引入也为高校教育管理带来了新的机遇。人工智能可以通过数据分析和预测，帮助学校更好地了解学生的学习情况和需求，从而优化教学策略和管理决策。例如，智能辅导系统能够根据学生的学习数据提供个性化的学习支持，自动识别学生的学习困难并给予针对性的帮助。这不仅提升了教学的效率，也有助于改善学生的学习体验。

大数据技术的应用同样对高校教育管理产生了深远的影响。通过分析海量的教育数据，高校可以获得关于学生学习行为、课程效果和教学质量的深入洞察。这些数据驱动的决策能够帮助学校制定更加科学的教学政策和管理措施，提高教育质量和管理效率。此外，大数据技术还能够支持学校进行资源优化配置，减少教育资源的浪费，提高资源使用的精准性。

区块链技术的创新应用也在教育管理中展现出潜力。区块链的去中心化和安全性特点，使得教育数据的存储和传输更加透明和可靠。例如，区块链可以用于验证学位证书的真实性，防止学历造假，同时也可以记录学生的学术成就和个人发展，形成不可篡改的教育档案。这种技术的应用有助于提升教育管理的公正性和可信度。

（二）科技与信息技术在高校教育管理中的优势

科技与信息技术的融合为现代高校教育管理带来了显著的优势。首先，它提升了管理效率和教学质量。信息化管理系统的引入，使得学校的行政管理和教学安排更加高效。自动化的管理工具和智能分析系统，能够减少人工干预，提升工作效率，从而让教育资源得到更好的利用。此外，教学质量的提升也得益于科技的支持，例如，通过智能评估系统和数据分析，教师可以更准确地评估学生的学习成果和教学效果，从而不断优化教学方法。

其次，科技与信息技术的融合促进了教育创新。新技术的应用推动了教学模式的改革和创新。例如，虚拟现实技术可以为学生提供沉浸式的学习体验，人工智能可以帮助教师制订个性化的教学计划，而在线学习平台则使得学生能够随时随地获取学习资源。这些创新不仅丰富了教育内容和形式，也为学生提供了更多的学习选择和机会。

另外，信息技术的应用优化了资源配置。在传统的教育管理中，资源配置往往面临不均衡和浪费的问题。而大数据技术的应用，使得学校能够实时了解资源的使用情况和需求，从而实现资源的精准配置。例如，通过分析课程的选课数据和教室的使用情况，学校可以合理安排课程和教室，减少资源的闲置和浪费。

在服务质量方面，科技的应用也提高了教育服务的个性化和精准度。信息技术使得学校能够为学生提供更为个性化的服务，如定制化的学习计划、个性化的辅导建议和及时的反馈。这种个性化的服务不仅提升了学生的学习体验，也有助于提高学生的学习成绩和满意度。

（三）科技与信息技术在高校教育管理中面临的挑战

尽管科技与信息技术在高校教育管理中带来了许多好处，但也面临一些挑战。首先，隐私和安全问题是一个突出的问题。随着大量教育数据的收集和存储，如何保护学生的个人信息和教育数据的安全成为了重要的课题。学校需要加强数据保护措施，确保信息的安全性和隐私保护，防止数据泄露和滥用。

其次，技术标准和互操作性的问题也需要解决。不同高校和教育机构使用的信息技术系统各异，缺乏统一的标准和规范。这可能导致系统之间的兼容性问题，影响数据的共享和系统的协同工作。为了实现科技与信息技术的深度融合，需要制定统一的技术标准，推动不同系统和平台的互操作性。

此外，人才短缺与培训需求也是一个重要挑战。虽然信息技术的发展迅速，但相关领域的专业人才仍然不足。学校需要加大对信息技术人才的培养和引进力度，确保教育管理的创新和实施能够得到专业人才的支持。同时，也需要对现有教职员工进行信息技术的培训，提高他们的技术水平和应用能力。

数字鸿沟的问题也不容忽视。在科技与信息技术的应用中，一些地区和群体可能因为缺乏技术资源或技能，而无法享受到科技带来的便利。学校应致力于缩小数字鸿沟，确保所有学生和教职员工都能够平等地获得技术支持和资源。

（四）未来的发展方向

为了推动科技与信息技术在高校教育管理中的深度融合，未来的发展方向应包括多个方面。首先，需要加强技术标准的制定。建立统一的技术规范，推动各高校和教育机构的信息技术系统互通和协同工作。这将有助于提高管理效率，促进教育资源的共享和优化配置。

其次，信息安全保障应成为重点关注的问题。未来的发展需要注重加强信息安全技术的研发和应用，建立健全的数据保护机制。通过全球范围的合作，共享安全技术和经验，能够有效应对信息安全威胁，保护教育数据的安全性和隐私。

人才培养也是未来发展的关键。教育机构、政府和企业应加大对信息技术人才的培养和支持力度，构建完善的培训体系，培养具备信息技术知识和实践经验的复合型人才。这将有助于提升教育管理的技术水平和创新能力。

推动数字化服务平台建设也是未来的一个重要方向。这些平台能够整合各类教育资源和信息，为学生和教师提供更为便捷和高效的服务。政府和企业应共同推动数字化服务平台的发展，提升教育服务的质量和效率。

国际合作在科技与信息技术的融合中也发挥着重要作用。各国政府、教育机构和研究机构可以加强合作，共同解决技术标准、安全和隐私等问题，推动全球科技与教育管理的共同进步。

最后，推动研究与应用的结合也是未来的重点。政府和企业应加大对科技研究和创新的投入，将研究成果应用到实际教育管理中。通过推动研究与应用的深度结合，能够不断提升教育管理的效果和质量，为教育事业的发展提供更强有力的支持。

第二章

全员参与的治理模式

第一节　全员参与管理的理论基础

一、民主治理理论解读

现代高校教育管理模式的创新在当今社会中扮演着重要的角色，尤其是在科技迅猛发展的背景下。信息技术、人工智能、大数据等新兴技术不仅改变了高校的教学方法，也对教育管理提出了新的挑战和机遇。以下将详细探讨现代高校教育管理模式的创新及其实施中面临的机遇和挑战，并提出相应的应对策略。

（1）现代高校教育管理模式的变革

现代高校教育管理模式的创新主要体现在技术的广泛应用与管理理念的不断更新上。信息化技术的引入，尤其是大数据、人工智能和云计算等，已经深刻影响了教育管理的各个方面。高校利用信息化技术实现了数据的实时管理和分析，使得教育决策更加科学和高效。教学资源的数字化管理、智能化教学辅助系统、在线学习平台等，均为教育管理模式的创新提供了新的工具和途径。

在具体实践中，许多高校已经建立了综合性的教育管理系统，这些系统能够实时跟踪学生的学习情况和进展，优化课程设置和教学安排。例如，通过大数据分析，学校可以精准了解学生的学习行为和需求，从而制订个性化的教学计划，提升教学质量和学生满意度。此外，智能化系统还可以通过自动化工具处理日常的行政管理工作，减少人工干预，提高工作效率。

（2）信息技术带来的优势

信息技术在高校教育管理中带来了显著的优势。首先，信息化管理系统极大地提升了管理效率。学校通过集成各种信息系统，实现了对教学、科研、学生事务等的全面管理。这种系统化的管理不仅提升了工作效率，还帮助学校优化资源配置，减少了资源的浪费。例如，通过智能化的排课系统，学校能够根据教室的使用情况和课程需求进行合理安排，最大限度地利用教学资源。

其次，科技创新推动了教学模式的多样化。传统的课堂教学模式逐渐向线上学习、混合式学习等新型模式转变，这些变化为学生提供了更多的学习选择和灵活的学习方式。例如，在线教育平台允许学生在任何时间和地点进行学习，打破了传统课堂的时间和空间限制。此外，虚拟现实（VR）和增强现实（AR）技术的应用，能够为学生提供沉浸式的学习体验，增强学习的互动性和趣味性。

此外，信息技术的应用还促进了教学评价的客观化。通过数据分析和智能评估系统，教师能够对学生的学习成果进行精准的评估。这些系统能够自动生成学习报告，提供针对性的反馈，帮助教师及时调整教学策略，提高教学质量。

（3）面临的挑战及应对策略

尽管信息技术在高校教育管理中带来了许多优势，但也面临一些挑战。首先，数据隐私和安全问题日益突出。随着大量教育数据的收集和存储，如何保护学生和教职员工的个人信息成为一个重要问题。高校需要加强数据保护措施，确保信息的安全性，防止数据泄露和滥用。建立健全的信息安全管理体系，采用加密技术和访问控制措施，可以有效保护教育数据的安全。

其次，技术标准的缺乏和系统的互操作性问题也是一大挑战。目前，各高校和教育机构使用的信息系统往往缺乏统一的技术标准，这导致了系统之间的兼容性问题，影响了数据的共享和系统的协同工作。为了解决这一问题，应该制定统一的技术规范，推动不同系统和平台的互操作性，促进信息的流通和资源的共享。

此外，人才短缺与培训需求也是一个重要问题。虽然信息技术发展迅速，但相关领域的专业人才仍然不足。高校需要加大对信息技术人才的培养和引进力度，建立完善的培训体系，提高教职员工的信息技术应用能力。同时，政府和企业也应合作推动信息技术人才的培养和教育，以满足教育管理创新的需要。

（4）未来的发展方向

未来的高校教育管理模式应继续加强科技与信息技术的融合。首先，推动技术标准的统一和系统的互操作性，将有助于提高教育管理的效率和质量。制定统一的技术规范，推动系统间的数据共享和协同工作，可以提升管理系统的整体功能和效能。

其次，信息安全和隐私保护将继续成为未来发展的重点。随着技术的进步，信息安全的威胁也在不断增加。高校需要不断更新信息安全技术，加强数据保护，确保教育数据的安全性。同时，应该加强对师生的信息安全意识培训，提高大家的安全防范意识。

推动科技创新和应用也是未来的发展方向。新兴技术如人工智能、大数据、区块链等，仍有广泛的应用前景。例如，区块链技术可以用于验证学历和学术成就，提高教育管理的公正性和透明度。高校应积极探索这些新技术的应用，推动教育管理的智能化和现代化。

另外，国际合作和经验共享也是未来发展的重要方向。各国高校和教育机构可以通过国际合作，共享教育管理的经验和技术，提升全球教育管理的水平。通过参与国际组织和跨国合作项目，可以获取先进的管理理念和技术，促进教育管理的创新和发展。

二、教育机构中的全员参与理念

全员参与理念的核心在于鼓励教育机构的所有成员积极参与学校的各项活动和决策过程。传统的教育管理模式往往依赖于少数管理者的决策，而全员参与理念则强调通过每个成员的主动参与，汇聚集体智慧，形成全面的决策和管理策略。这种理念旨在打破传统管理模式的局限，促进学校内部的协同合作，从而提升教育质量和学校的整体效益。

（1）全员参与理念的重要性

全员参与理念首先通过促进集体智慧的发挥，为教育决策提供了更为全面和科学的依据。在一个全员参与的环境中，每个成员都可以提出自己的观点和建议，从而形成多样化的意见集合。这样，不同的视角和经验被汇集在一起，帮助学校在制定政策和解决问题时，能够考虑到更多的因素，做出更为科学合理的决策。例如，教师、学生和管理人员的不同视角可以帮助学校在课程设置、教学方法以及行政管理等方面进行全面的审视和优化。

其次，全员参与能够显著增强团队的凝聚力。通过鼓励每个成员的参与，学校能够形成共同的目标和共识。这种共同的目标感和归属感，有助于提升团队的整体凝聚力，使得学校在面对挑战时能够更加团结一致，推动机构朝着共同目标前进。在实际操作中，通过团队合作的方式，可以更加有效地完成各项任务和项目，提升整体工作效率。

全员参与理念还能够提升学校的整体效益。通过最大程度地发挥每个成员的潜能，优化资源配置，学校能够提高教育教学效果，为学校的长远发展提供更多的机会和优势。例如，在教学过程中，通过全员参与的方式，教师和学生的反馈可以帮助学校不断调整和改进课程内容和教学方法，进而提高教学质量和学生的学习成果。

此外，全员参与的实践有助于培养学生的参与意识。学生在参与学校决策和活动的过程中，可以学会如何倾听、表达自己的观点，并培养团队协作的能力。这些能力不仅对学生的学业有帮助，也为他们未来的社会生活和职业发展奠定了基础。学生在这样的环境中成长，能够更好地适应未来社会的需求，成为具有较强团队合作精神和创新能力的人才。

全员参与理念还能够强化学校文化，形成积极向上、鼓励创新的氛围。这种文化氛围不仅有助于吸引人才，还能够提高学校的声誉，为学校的品牌建设提供支持。通过鼓励每个成员的参与和创新，学校能够形成一个开放、包容的文化环境，推动学校的持续发展和进步。

（2）实施全员参与理念的方式

要实现全员参与理念，首先需要建立开放的沟通渠道。学校可以通过定期的会议、在线平台、意见箱等形式，让每个成员都有机会表达自己的看法和建议。这种开放的沟通机制不仅能够提高信息的透明度，还能够鼓励成员积极参与学校的决策过程。例如，通过在线平台，成员可以随时提交意见和建议，学校也可以及时回应和处理这些反馈，确保成员的声音被听到和重视。

此外，设立协作团队也是实施全员参与理念的一种有效方式。学校可以成立由不同部门和层级成员组成的协作团队，专门负责某个具体项目或决策。这种团队结构有助于集思广益，凝聚各方力量，共同推动项目的实施和决策的制定。通过跨部门的协作，可以更好地整合资源，提升工作效率和决策质量。

推行领导力下放也是实现全员参与的一种重要手段。通过让更多的成员参与到决策和管理中，能够激发他们的积极性和创造力，从而提高整个机构的效率。领导力下放不仅能够增强成员的责任感，还能够提高决策的全面性和科学性。例如，在制定学校政策时，通过让各个部门的成员参与讨论和决策，可以确保政策的实施能够兼顾到不同部门的需求和实际情况。

鼓励创新和提案也是实施全员参与的关键措施。学校可以建立鼓励创新的文化，设立提案奖励制度，激发全员提出新的观点和解决方案。这种奖励制度不仅能够提升成员的参与积极性，还能够帮助学校发现和解决问题。例如，学校可以定期举办创新大赛，鼓励成员提出改进意见和创意，评选优秀的提案，并给予奖励和支持。

为了更好地实现全员参与，学校还可以开展培训和沟通技能培养。通过提高每个成员的沟通、合作和团队建设技能，可以帮助他们更好地适应全员参与的工作环境。培训可以包括沟通技巧、团队合作方法、领导力发展等方面，帮助成员提升自身能力，促进全员参与的顺利实施。

（3）全员参与理念可能面临的挑战

尽管全员参与理念具有许多优点，但在实际实施中也可能面临一些挑战。首先，决策效率可能会下降。由于全员参与意味着需要汇集更多的意见和建议，这可能导致决策过程变得较为复杂和耗时。在一些紧急情况下，如何在保证广泛参与的同时，保持决策的高效性，是一个需要权衡的问题。例如，在处理突发事件时，学校可能需要快速做出决策，这时全员参与可能会影响决策的及时性。

信息不对称也是全员参与中的一个重要挑战。由于各个层级和部门之间的信息不对称，某些成员可能无法获取到足够的信息，导致参与程度的不均衡，从而影响决策的公正性。例如，高层管理者可能掌握的全局信息更多，而普通教职工可能只能了解部分信息，这种信息的不对称可能导致决策的偏差。

团队协作难度也是一个不容忽视的问题。部分成员可能对团队协作存在障碍，无法有效融入团队，影响团队的整体协作效果。这可能导致团队内部出现紧张氛围，影响项目的推进和目标的实现。例如，不同部门之间的协作可能因为沟通不畅而受到阻碍，影响整体工作效果。

抗拒变革也是全员参与理念实施中的一个常见问题。一些成员可能对新的参与方式持抵触态度，担心全员参与会带来混乱，影响原有的工作秩序。解决这种抗拒情绪需要通过宣传和培训来逐渐打破，让成员理解全员参与的益处，并逐步适应新的管理模式。

在全员参与的框架下，责任不明确的问题也可能出现。由于参与的人员众多，责任的界定可能变得模糊，导致一些问题的追责和解决变得复杂。

因此，需要建立清晰的责任体系，明确每个成员的职责和任务，确保责任能够追溯和执行。通过建立明确的责任分工和追责机制，可以有效解决这一问题。

（4）解决全员参与挑战的对策

为了解决全员参与中面临的挑战，可以采取以下对策。首先，强化沟通和信息共享，确保信息能够迅速、准确地传达给每个成员。建立信息共享的平台，减少信息不对称的问题，使所有成员都能获取到必要的信息。例如，学校可以设立内部信息系统，及时发布重要信息和决策，确保信息的透明度和共享性。

设立有效的决策机制也是应对挑战的重要措施。在全员参与的过程中，设立清晰、高效的决策机制可以确保决策过程既能充分参与，又能保持高效。可以采用适当的权责划分和流程设计，明确决策的步骤和时间节点，从而提高决策的效率和质量。例如，可以设置决策委员会，负责汇总各方意见，并制定最终决策，确保决策过程的科学性和高效性。

加强团队建设和培训也是解决挑战的有效措施。通过团队建设活动和沟通培训，提高团队协作能力，减少成员之间的障碍，促进团队的和谐发展。例如，可以定期举办团队建设活动，加强成员之间的互动和合作，提升团队的整体凝聚力和协作效果。

建立明确的责任体系是确保全员参与有效实施的关键。在全员参与的框架下，要明确每个成员的职责和任务，确保责任能够追溯和执行。通过制定详细的岗位职责和工作流程，明确每个人的角色和责任，确保责任的清晰和可追溯性。

引导变革心态也是解决抗拒变革问题的有效措施。学校可以通过引导变革心态，强调全员参与的积极性和益处，让成员更好地理解和接受变革。例如，可以通过案例分享和成功经验展示，让成员看到全员参与的实际成效，从而增加对变革的接受度。

三、激发教职员工参与的动力机制

激发教职员工参与的动力机制是推动现代高校教育管理模式创新的关键因素之一。面对教育环境的持续变化和管理需求的不断演进，如何有效调动教职员工的积极性、创造力和团队协作精神，以提升高校的整体绩效和推动教育创新，成为了当下教育管理的核心任务。以下将深入探讨激发教职员工参与的基本原理、实施方式、面临的挑战及解决策略，旨在为高校教育管理模式的创新提供切实的参考。

（一）激发教职员工参与的基本原理

激发教职员工的参与动机首先依赖于满足他们的基本需求。根据马斯洛的需求层次理论，教职员工的参与动机包括生理需求、安全需求、社交需求、尊重需求和自我实现需求。高校管理者需要深入理解教职员工的这些需求，并通过提供适当的奖励、认可和职业发展机会来回应。例如，提供公平的薪酬和稳定的工作环境，能够满足教职员工的生理和安全需求，而通过设立荣誉奖项和职业成长计划，则有助于满足他们的尊重需求和自我实现需求。

期望理论则强调了教职员工行为的动机来自于对预期结果的期望。设定明确的目标、提供相关的培训，并确保员工能够看到努力的成果，是激发教职员工参与的重要手段。明确的目标让教职员工清楚了解工作方向和预期成果，培训提升了他们的工作能力，而看到实际成果则增强了他们的参与感和成就感。例如，在高校中，通过设立具体的教学和科研目标，并提供相关的培训和资源支持，可以有效激励教职员工的参与和投入。

公平公正原则在激发教职员工参与中也起着至关重要的作用。教职员工需要感受到高校对他们的待遇是公平的，包括薪酬、晋升机会和其他福利方面。公平的待遇能够建立教职员工对高校的信任，从而提高他们的工作满意度和参与度。高校管理者应制定透明且公正的评价标准，确保所有教职员工在晋升和奖励方面享有平等待遇，避免因不公平待遇引发的不满和低效。

此外，任务特征和工作设计也是激发教职员工参与的重要因素。具有挑战性和有意义的任务能够激发教职员工的兴趣和投入。设计充实且具有具体目标的工作任务，可以提高教职员工的责任感和主动性。例如，在高校中，通过为教职员工设立具有挑战性的教学项目或科研任务，不仅能够提升他们的工作热情，也能促进他们的职业成长。

（二）激发教职员工参与的实施方式

为了有效激发教职员工的参与，设定明确的目标是至关重要的。高校应为教职员工设定可量化且具有挑战性的目标，使他们清晰地知道自己的努力将带来什么样的成果。目标的明确性不仅提供了方向感，还能激励教职员工为实现目标而努力。例如，可以为教学和科研设立具体的成果指标，并提供相应的支持和资源，帮助教职员工明确工作重点和方向。

提供及时的反馈是激发教职员工参与的有效工具。通过及时了解教职员工的表现并给予认可，可以增强他们的参与动机，激发更高水平的工作投入。反馈应及时且具体，帮助教职员工了解自身优点和不足，从而进行改进。定期的绩效评估和反馈会议是实现这一目标的有效方式，在这些会议中，教职员工可以获得来自管理层的建设性意见和建议。

建立开放的沟通渠道是激发教职员工参与的关键。高校应当建立畅通的沟通渠道，使教职员工能够自由表达意见、提出建议，并确保他们的声音被重视。开放的沟通渠道能够促进信息的流通，减少误解和冲突，使教职员工感到自己在高校中发挥了重要作用。例如，通过定期召开意见征集会或设立在线反馈平台，能够提高沟通效率，确保教职员工能够及时获得所需的信息和资源。

提供培训和发展机会是激发教职员工学习兴趣和投入的重要手段。教职员工感到高校愿意投资于他们的职业发展时，会更加愿意参与工作。通过定期的职业培训和发展计划，能够帮助教职员工提升技能，拓展职业发展空间，从而增强他们对工作的参与感和热情。比如，提供针对性的教学和科研培训，能够帮助教职员工提升教学效果和科研能力。

建立团队合作文化有助于激发教职员工的参与。强调团队合作的重要性，能够培养教职员工的协作意识，提高整体团队的绩效。通过组织团队建设活动，提升教职员工之间的互动和合作，能够增强团队的凝聚力和工作效率。例如，定期举办的教学研讨会和合作项目，可以促进教职员工之间的协作与交流。

提供灵活的工作安排是满足教职员工个性化需求的有效措施。这包括远程办公、弹性工作时间等灵活的工作方式，可以提高教职员工的工作满意度和参与度。灵活的工作安排能够帮助教职员工更好地平衡工作与生活，从而提升工作积极性和效率。例如，在高校中提供弹性工作时间或允许远程办公，有助于教职员工更好地安排自己的工作和生活。

（三）激发教职员工参与可能面临的挑战

在实施全员参与理念时，高校可能会遇到差异化需求的问题。教职员工具有不同的需求和动机，因此一种激励措施可能不适用于所有员工。针对这种情况，高校需要采取个性化的激励策略，确保每位教职员工的需求都得到适当回应。例如，通过定期的绩效评估和个人发展计划，能够制订符合教职员工个性化需求的激励方案，从而提升他们的工作热情。

管理层支持不足也是激发教职员工参与中常见的挑战。如果管理层对教职员工参与的支持不足，无法提供足够的资源和机会，教职员工可能会感到被忽视，从而降低参与度。为了应对这一问题，高校需要强化管理层的领导力，确保管理层理解并支持全员参与的理念，提供必要的资源和支持。通过领导力培训和管理层沟通策略，能够提高管理层对教职员工参与的支持力度。

文化和价值观冲突也是影响教职员工参与的重要因素。高校文化与教职员工的个体价值观之间的冲突，可能会影响员工的参与程度。高校需要平衡文化与个体价值观之间的关系，建立共同的目标，减少文化和价值观的冲突。通过组织内部活动和团队建设等方式，增强教职员工对共同文化的认同感，提升团队的凝聚力和合作精神，是解决这一问题的有效途径。

激励措施的短期效果也是一个需要关注的问题。某些激励措施可能在短期内产生效果，但随着时间的推移，教职员工的动机可能会下降。为保持激励措施的持久性，高校需要定期评估和更新激励策略，确保其长期有效。定期的反馈和调整，有助于维持激励的有效性和教职员工的持续参与。

信息传递不畅是激发教职员工参与中的另一个挑战。如果高校的沟通渠道不畅，教职员工可能无法了解组织的目标和期望，导致参与动机减弱。为解决这一问题，高校需要建立畅通的沟通渠道，确保信息的传递清晰明了。通过定期的团队会议、员工反馈机制和开放式沟通渠道等方式，可以提高沟通效率，确保教职员工能够及时获得所需的信息。

第二节　学生、教职员工全员参与的机制建设

一、学生参与决策的平台建设

在当今教育管理领域，学生参与决策已成为一种重要的理念和实践。建立有效的学生参与决策平台不仅有助于培养学生的自主意识和团队协作能力，还能提升教育管理的民主性和透明度。下面将深入探讨学生参与决策平台的建设，包括其背景、目标、实施方式以及可能面临的挑战和解决策略。

（一）学生参与决策的背景和意义

随着社会的发展和教育理念的不断更新，学校管理逐渐向平等、参与和开放的方向演进。传统的教育管理模式强调教师和行政人员的权威，而学生参与决策的兴起则反映了对学生主体地位的重新认识。传统模式中，学生常常被动接受教育和管理决策，而现代教育管理则提倡将学生纳入决策过程，使其成为教育管理的积极参与者。学生参与决策不仅能够提高学校治理效能，还能够培养学生的领导力和团队协作能力，使其在实践中学习自主思考和解

决问题的技巧。通过学生的参与，学校能够更好地满足学生的需求，调动学生的积极性，并提升他们的责任感和归属感。这种参与还促进了学校内部的良性互动，增强了校园文化的建设，为教育改革和创新提供了新的视角和思路。

（二）学生参与决策平台的目标

建立学生参与决策平台的首要目标是培养学生的自治能力。通过参与决策，学生能够学会自主思考、表达观点和协商解决问题，从而提高他们的领导力和团队合作能力。学生在参与决策的过程中，不仅能掌握决策的基本流程和技巧，还能在实践中培养解决实际问题的能力。另一个目标是促进学生对教育的主动参与和深度理解。学生通过参与决策，能够更深入地了解学校管理的方方面面，从而培养对教育事业的热情和责任心。此外，学生参与决策还能够提高学校治理的效能。通过学生的反馈和建议，学校管理层能够更加准确地了解学生的需求，快速响应问题，进而提升管理效率。最后，学生参与决策还有助于形成积极向上的校园文化。学生在参与决策的过程中，能够感受到自己对学校发展的重要性，增强对学校的归属感，从而促进校园文化的建设。

（三）学生参与决策平台的实施方式

建立学生议会是一种有效的学生参与决策平台。学生议会通过选举产生的学生代表组成，负责就学校事务提出建议和表达意见。学生议会的建立能够汇集学生的集体智慧，更好地体现学生的诉求。此外，可以在课程设置中融入学生参与决策的元素，让学生通过实际操作了解决策的流程和技巧。这种方式不仅能够在学科教学中培养学生的团队协作和问题解决能力，还能使学生对决策过程有更直观的认识。利用互联网技术搭建在线学生参与决策平台也是一种有效的方法。这样的在线平台可以提供论坛、投票系统等功能，方便学生随时随地参与学校决策，促进信息的畅通和反馈的及时性。定期组织学生座谈会和研讨会也是一种实践方式。通过面对面的交流，学校能够更好地了解学生的想法和需求，推动学生与管理层之间的沟通和理解。此外，在校园内设立专门的意见箱也是一种简单而直接的方式，鼓励学生以匿名形式提出建议和意见。这种方式虽然简单，但能有效收集学生的真实反馈。

（四）学生参与决策平台可能面临的挑战

学生参与决策过程中可能面临多种挑战。其中，学生参与程度不均衡是一个常见问题。一些学生可能因个人因素或对决策平台的不了解而不愿参与，为此学校需要采取措施促使更多学生积极参与，例如通过宣传活动或激励措施等。另一个挑战是决策结果的执行难题。如果学生提出的建议和意见未能得到有效执行，可能会降低学生参与决策的积极性。解决这一问题需要建立明确的执行机制，确保学生的参与能够真正影响学校决策和改进。信息不对称也是一个重要问题。学生可能因缺乏足够的信息而无法提出全面、合理的建议。为此，学校可以通过提供详细的决策信息、开展信息宣传活动等方式，确保学生具备充分的了解基础。此外，学生的能力和责任意识也是挑战之一。参与决策需要一定的能力和责任心，但并非所有学生都具备这些素养。学校可以通过培训课程和指导，帮助学生提升能力和培养责任心。教师和管理者的接受度也可能成为挑战。一些教师和管理者可能对学生参与决策存在疑虑，担心影响校园秩序或决策效率。解决这一问题需要通过宣传和培训等手段，提高教师和管理者对学生参与决策的理解和接受度。

（五）解决挑战的对策

为了应对这些挑战，可以采取多种对策。建立明确的激励机制是促进学生积极参与决策的一种有效方法。设立奖学金、荣誉称号等激励措施，可以提高学生的参与热情。强化信息透明度也是关键。提高学校决策的信息透明度，确保学生能够充分了解决策的过程和背景，可以减少信息不对称的问题。建立有效的执行机制同样重要。设立明确的决策执行机制，确保学生提出的建议得到有效执行，可以让学生看到自己的参与产生的实际效果。针对学生的能力和责任心进行培训也是必要的。通过培训课程，帮助学生更好地理解决策的本质和影响，提升他们的参与水平。加强与教师、管理者的沟通也是解决问题的有效途径。通过定期的沟通会议和研讨会等形式，增加教师和管理者对学生参与决策的理解和支持，有助于解决可能存在的疑虑。

二、教职员工参与机制的创新

教职员工在学校管理和发展中扮演着至关重要的角色，他们的积极参与对提升学校的管理水平和教学质量具有重要意义。传统的管理模式通常强调自上而下的控制和指导，而现代教育管理日益认识到，教职员工的广泛参与对提升学校综合素质至关重要。因此，探索教职员工参与机制的创新，包括其背景、目标、创新方式以及可能面临的挑战和解决策略，显得尤为重要。

（一）教职员工参与的背景和意义

随着社会的发展和教育理念的演变，传统的学校管理模式已经逐渐暴露出其局限性。在这种背景下，许多学校开始重新审视教职员工的角色，将他们视为决策过程中的重要参与者。传统管理模式中，学校的决策通常由行政层面制定，而教职员工主要负责执行。然而，这种模式未能充分发挥教职员工的潜力和智慧。随着管理理念的不断更新，越来越多的学校意识到教职员工在学校运营和发展中拥有独特的见解和经验，他们的参与可以显著提升决策的科学性和合理性。

教职员工参与的意义不仅在于增强学校治理的民主性，还体现在激发教职员工的工作热情和凝聚力。通过参与决策，教职员工可以更好地发挥集体智慧，推动学校向着更加民主、平等、开放的方向发展。此外，教职员工的参与能够使学校管理更加贴近实际需求，提升学校的综合管理水平。总之，教职员工的参与对于推动学校的全面发展、提高决策的科学性和增强组织凝聚力具有深远的意义。

（二）教职员工参与机制的目标

首先，教职员工参与机制旨在激发创新与协同。教职员工具有丰富的专业背景和实践经验，通过参与决策，他们能够提供更多具有创造性的决策方案，从而促进学校各层面的创新和协同。这种机制不仅能够汇集不同的观点，还能推动学校各项事务的优化和改进。

其次，提高决策的科学性是教职员工参与机制的核心目标之一。教职员工对教学、科研及管理等方面的实际情况有深入的了解，他们的参与能够确保决策更符合实际需求，提高学校管理的科学性和实效性。通过教职员工的反馈，学校能够及时了解存在的问题，并做出相应的调整和优化。

同时，增强员工的参与感也是教职员工参与机制的重要目标之一。通过建立有效的参与机制，教职员工能够感受到自己的意见和建议被重视，从而增强对学校事务的关注度。这种参与感和责任感不仅提升了教职员工的工作热情，还促进了学校整体工作的顺利推进。

最后，建立开放与透明的管理文化是教职员工参与机制的另一目标。通过透明的决策过程，教职员工能够对管理层的决策过程有更清晰的了解，这有助于增加员工对管理层的信任，形成更加和谐的组织氛围。透明的管理文化能够促进信息的流动，减少误解和矛盾，提高组织的整体效率。

（三）教职员工参与机制的创新方式

为了实现教职员工参与机制的创新，学校可以采取多种方式。首先，成立教职员工代表委员会是一种有效的创新方式。通过选举产生的教职员工代表组成委员会，负责讨论学校事务并提出建议。这样的委员会定期召开会议，能够保证教职员工的声音被有效听取，并在决策过程中发挥作用。

其次，开设决策研讨班也是一种创新方式。学校可以定期组织研讨班，邀请教职员工参与。在这些研讨班中，通过专业的培训和讨论，教职员工能够更深入地了解决策背景和流程，提高他们的决策水平和能力。这种方式不仅提升了教职员工的参与积极性，还促进了他们对学校事务的理解和掌握。

建立在线意见反馈平台是另一种有效的创新方式。利用现代技术手段，学校可以建立一个在线平台，供教职员工提出建议和意见，并进行在线讨论。这样的平台能够方便教职员工随时随地参与决策过程，促进信息的畅通和反馈的及时性。

此外，开展项目协同管理也是一种创新的机制。学校可以将各项事务划分为不同的项目，由教职员工自愿参与特定项目的决策和管理。这种方式能够充分发挥个体的专业优势，提高项目的执行效率，同时增强教职员工对项目的责任感和归属感。

推行共建共享模式也是一种值得尝试的创新方式。学校鼓励教职员工提出并推行共建共享的理念，通过共建共享，实现全员参与。这不仅有助于促进教职员工的积极性，还能够推动学校的全面发展，实现学校与教职员工之间的共赢。

（四）教职员工参与机制可能面临的挑战

在实施教职员工参与机制的过程中，可能会遇到一系列挑战。首先，领导层态度问题可能成为一个障碍。一些学校领导可能对教职员工参与持有疑虑，担心这会导致管理效率下降。解决这一问题需要通过沟通和培训，提高领导层对教职员工参与机制的理解和支持，从而推动机制的顺利实施。

其次，组织文化的转变难度也是一个挑战。将传统的管理模式转变为教职员工参与的模式需要克服文化上的障碍。这一过程可能需要时间和耐心，学校应当采取渐进的方式逐步推动文化的转变，确保组织文化的升级与教职员工参与机制的创新相辅相成。

信息不对称问题也是一个需要解决的挑战。教职员工在参与决策时，可能由于信息不足而无法提出全面、合理的建议。为了应对这一挑战，学校可以建立信息透明的机制，确保教职员工能够获得充分的决策信息，提高参与的有效性。

参与程度的不均衡也是一个常见的问题。不同的教职员工对参与机制的积极性存在差异，一些人可能更愿意参与，而其他人可能较为被动。学校可以通过提供激励、培训和引导，平衡教职员工的参与程度，确保每位教职员工都有机会参与决策过程。

最后，时间和资源的限制也是一个实际问题。教职员工在工作中可能面临时间和资源的不足，难以投入到决策参与中。为了解决这一问题，学校需要合理安排参与活动的时间，确保教职员工在参与过程中能够获得足够的支持和资源。

（五）解决挑战的对策

为了克服教职员工参与机制中的挑战，学校可以采取多种对策。首先，通过领导层培训与推动，使领导层更好地理解和接受教职员工参与机制。领导层的支持对于机制的成功实施至关重要，他们需要具备开放、包容的管理理念，并积极推动教职员工的参与。

建立信息沟通渠道也是解决挑战的一个关键对策。学校应设立多样化的信息沟通渠道，确保教职员工能够及时获得决策信息。这包括定期的会议、邮件通知、在线平台等，以满足不同教职员工的信息获取需求。

制定合理的激励机制是另一项重要对策。通过设立荣誉奖励、晋升机会、培训机会等激励措施，学校可以鼓励教职员工积极参与决策，提高参与的积极性和主动性。

建立交流平台也是解决挑战的有效对策之一。学校可以定期组织交流平台，让教职员工分享参与经验、交流心得。这不仅有助于建立共同的价值观和认知，还能够提高整体参与效果。

合理安排工作时间也是关键。学校可以通过灵活的工作安排、合理的任务分配等方式，确保教职员工在参与决策活动中能够获得足够的时间和支持，从而平衡工作与参与的关系。

教职员工参与机制的创新是一项重要的管理举措，有助于充分发挥教职员工的智慧和潜力，推动学校向更加民主、开放的方向发展。在实施过程中，学校需要积极克服领导层态度问题、组织文化转变难度、信息不对称、参与程度不均衡、时间和资源限制等一系列挑战。通过领导层的培训与推动、建立信息沟通渠道、设立激励机制、建立交流平台、合理安排工作时间等对策，学校可以实现教职员工参与机制的创新，推动学校的可持续发展。

三、管理团队与全员协同合作

在现代高校教育管理模式的创新中，管理团队与全员之间的协同合作成为提升整体绩效和推动教育创新的关键因素。高校教育管理模式的创新不仅要求优化管理结构，还需要有效整合教育资源和促进团队之间的深度合作。以下将详细探讨在现代高校教育管理中，管理团队与全员协同合作的重要性、实施方式、可能面临的挑战及其解决策略，以期为高校教育管理模式的创新提供深入的分析与建议。

（一）管理团队与全员协同合作的重要性

在现代高校教育管理中，协同合作的重要性体现在多个方面。首先，整合资源优势是协同合作的核心。在高校管理中，管理团队与各类教育工作者、行政人员和学生等全员各自拥有不同的知识和技能。通过有效的协同合作，可以将这些专业资源和智慧最大化地整合，从而提升教育管理的整体效率。例如，教师、科研人员和行政人员的合作可以促进教育资源的优化配置，提升教学和科研水平。

其次，协同合作能够促进创新和问题解决。在高校教育管理中，不同岗位的员工和学生能够提供多样化的思维方式和观点。通过加强管理团队与全员的合作，能够激发更多的创新思维和解决方案。例如，教师与学生的合作可以带来新的教学方法和学习方式，而管理团队与行政人员的合作可以改进学校的管理流程和制度。

再次，协同合作有助于增强团队的凝聚力。在高校教育管理中，管理团队和全员的协作可以增强集体的凝聚力和归属感。共同追求教育目标的过程中，团队成员之间的关系会变得更加紧密，从而形成一个积极向上的工作氛围。这种凝聚力不仅能提高员工的工作热情，还能改善学校的整体氛围，有助于营造一个更为和谐的教育环境。

最后，随着高校的快速发展和市场需求的不断变化，高校需要迅速适应变革。管理团队与全员的协同合作可以帮助高校灵活应对这些变化。例如，管理团队可以通过与教师和学生的合作，及时调整课程设置和教学模式，以适应新的教育需求和市场趋势。

（二）管理团队与全员协同合作的实施方式

在高校教育管理中，实施管理团队与全员的协同合作，需要采取一系列切实有效的措施。首先，建立协同合作平台是实现协作的基础。利用信息技术，创建一个集成的协作平台，能够为管理团队和全员提供一个共享信息和交流合作的虚拟空间。例如，学校可以引入在线教学管理系统、项目管理工具和交流平台，以促进教师、学生和行政人员之间的沟通与协作。

其次，制定明确的协同合作策略是成功实施协作的前提。管理团队需要明确协同合作的战略目标，并将这些目标传达给全员。例如，学校可以设定合作项目的具体目标和任务，明确各部门和个人的角色和责任，以确保每个人都清楚自己在协同合作中的作用和贡献。

开展跨部门协作培训也是提高协同合作效果的重要措施。通过组织针对性的培训课程，提升员工的跨部门协作能力，能够增强全员的协作意识。例如，培训可以涵盖团队沟通技巧、问题解决能力和创新思维等方面，以帮助员工更好地适应跨部门合作的要求。

建立协同文化是促进协作的关键。高校应当创造一种注重协作和分享的文化氛围，鼓励员工提出建议、分享经验和共同成长。例如，通过定期举行经验分享会和团队建设活动，学校可以促进员工之间的互动与合作，从而提升整体的协作氛围。

设立联络小组也是一种有效的实施方式。在各个层级设立联络小组，由管理团队成员领导，每个小组代表不同的职能部门或岗位。通过定期的联络小组会议，可以促进信息的共享和问题的解决，从而提高协作效率和效果。

（三）管理团队与全员协同合作可能面临的挑战

在高校教育管理中，实施协同合作可能会面临多种挑战。首先，文化差异可能会导致沟通障碍。在高校中，不同背景的教师、学生和行政人员可能会有不同的文化和工作方式，这可能会影响到沟通和理解。为了应对这一挑战，需要注重文化融合，建立共同的教育价值观和工作习惯，并通过文化交流活动增进相互理解。

沟通障碍也是协同合作中的常见问题。在高校管理中，由于信息沟通不畅、理解不清等原因，可能会影响工作的进展。为了解决这一问题，需要建立多样化的沟通渠道，包括定期的部门会议、在线沟通平台和反馈机制，以确保信息畅通无阻。

权责不明是另一个可能的挑战。如果在协同合作中，各成员的权责关系不明确，可能导致工作重复、责任推诿等问题。因此，在协同合作中，必须明确每个成员的权责关系，制定清晰的工作分工和管理流程，以避免产生混淆和冲突。

抵触情绪可能会影响到协同合作的效果。部分员工可能对管理团队的决策持有不同意见，从而产生抵触情绪。为此，鼓励开放的讨论氛围，建立平等的讨论平台，管理团队应以平等开放的态度对待各类意见，通过理性讨论解决分歧，是减少抵触情绪的有效方法。

技术难题也是实施协同合作平台时可能遇到的问题。例如，系统的不稳定性和使用难度可能影响协作效果。为了解决这一问题，需要提供充分的技术支持和培训，以确保所有成员能够熟练使用平台工具，从而提高协同合作的效果。

（四）解决挑战的对策

为克服在高校教育管理中实施协同合作时遇到的挑战，可以采取一系列对策。首先，通过文化融合，建立共同的教育价值观和工作习惯，可以帮助解决文化差异带来的问题。组织文化交流活动和团队建设活动，促进不同背景成员之间的理解和融合，是提升协作效果的有效手段。

其次，加强沟通渠道的建设，确保信息的畅通无阻，可以有效解决沟通障碍。设立定期的部门会议、在线沟通平台和反馈机制等，以满足不同成员的信息获取需求，从而提高协同合作的效率。

明确权责关系，制定清晰的工作分工和项目管理流程，能够避免权责不明带来的问题。确保每个人都清楚自己的责任和角色，减少混淆和冲突，从而提升工作效率。

提倡开放的讨论氛围，鼓励员工提出不同意见，并通过理性讨论解决分歧，可以缓解抵触情绪。管理团队应以平等开放的态度对待各类意见，推动协同合作的顺利进行。

在引入协同合作平台时，提供充分的技术支持和培训，以确保所有成员能够熟练使用平台工具，是解决技术难题的关键。通过技术支持和培训，帮助成员充分发挥平台工具的作用，提升协同合作的效果。

第三节　制度创新与全员参与的决策流程

一、创新的高校教育管理模式

创新的高校教育管理模式是指在确保高校正常运作的基础上，借助新理念、新技术和新管理手段，对高校的内部管理和外部环境进行调整和改进，以适应日益复杂的教育环境。该模式旨在提升高校的教育质量、管理效率和整体竞争力，推动高校的可持续发展。现代高校教育管理模式的创新通过优化现有管理结构、整合资源和智慧，帮助高校在日益激烈的教育竞争中保持领先地位。

在目标层面，创新的高校教育管理模式旨在实现多个方面的提升。首先，提高教育管理效率。引入先进的教育管理理念和技术手段可以简化管理流程、减少决策层次和执行成本，使高校的管理更加灵活高效。其次，创新的管理模式能够增强高校的适应能力，使其能够更快速、灵活地应对教育政策变化、市场需求和技术进步等外部环境的变化。此外，创新的管理模式还能够激发教育创新活力，鼓励教师和学生提出新的教育理念和方法，推动教育内容和形式的不断更新。最后，创新的管理模式应建立透明和负责任的管理体系，确保决策过程和结果的公正性，提升高校的管理透明度和责任感。

在设计现代高校教育管理模式时，需要遵循一些关键原则。首先，灵活性原则要求管理模式具备足够的灵活性，以便随着外部环境的变化进行调整和优化，而不是僵化固化。其次，参与性原则强调广泛的参与和意见吸纳，形成多元决策结构，以便更好地满足高校的实际需求。科技化原则是指引入信息化技术，提高教育管理效率，加强对信息的收集、分析和利用，以实现数据驱动的决策和管理。创新性原则要求管理模式具备创新性，突破传统思维，引入新的理念和机制，推动高校管理的不断创新。最后，透明度原则要求建立透明度机制，确保决策过程和结果对全体师生可见，提升决策的公正性和合法性。

在实施现代高校教育管理模式的过程中，首先，需要对现有管理模式进行全面分析与诊断。这一阶段的工作重点在于深度挖掘管理运行中的关键问题，形成详尽的分析报告，为创新提供明确的方向。接下来，根据分析结果，制订创新管理模式的设计方案，包括相关的规章制度、流程和标准。科学的设计能够有效解决现有问题，并提升管理效能。设计方案应考虑各方面的需求和平衡，确保其可操作性和长效性。随后，将新管理方案与高校内部进行充分沟通，解释方案的意义和目标，并开展相关培训，确保全体师生理解和接受新模式。沟通和培训环节旨在增强执行的自觉性，提高操作能力和遵从度。之后，新模式需要进行试行，根据试行过程中的实际效果和反馈进行必要的调整和优化。试行阶段的反馈信息对于最终的模式成型和完善至关重要。最后，设立评估机制，对新模式进行定期评估，收集反馈信息，进行总结和分析，并根据评估结果进行持续改进。评估和持续改进确保管理模式的实际效果符合预期，并能够适应新的形势和要求。

实施现代高校教育管理模式时，可能面临组织文化障碍、技术应用难题、管理层推动不力、员工参与度不足及外部环境变化等挑战。组织文化障碍是主要问题之一。高校员工习惯于传统的文化和管理模式，对新模式的接受需要时间。克服这一障碍需要进行文化变革管理，逐步引导员工接受新的价值观和行为准则。技术应用难题也不可忽视，包括技术成本和技能匹配问题。解决技术应用难题的关键在于合理规划、分阶段实施，并提供充足的支持和培训。管理层推动不力可能导致模式实施困难。管理层在模式变革中起着重要作用，他们的态度和行动直接影响全体师生的响应和执行力度。要确保管理层的全力支持，并通过有效的沟通和激励机制来增强推动力。员工参与度不足会影响模式的实施效果。提高员工参与度需要通过各种互动和反馈机制，鼓励员工积极参与模式的设计和改进过程，并及时采纳和回应他们的建议。外部环境变化也可能对管理模式的实施产生影响。制度设计需要具备一定的灵活性，并设立与外部环境变化同步的监测机制，及时调整模式以适应新的挑战和需求。

二、决策流程的透明化与优化

在现代高校教育管理中，决策的透明化与优化是推动高校组织高效运作、增强师生参与感和促进教育创新的重要手段。决策透明化和优化的过程涉及多个方面，从定义到实施，每一步都对高校的整体管理和发展起着至关重要的作用。下面将深入探讨这一主题，包括其定义、目标、设计原则、实施步骤以及可能面临的挑战和解决策略。

决策流程的透明化是指通过清晰、公开的方式呈现决策的过程、原则和结果，使相关利益相关方能够充分了解决策的形成过程及其依据。这种透明化不仅提高了决策的公信力，还能增强利益相关方的信任感。与此同时，决策流程的优化则是指通过精简和高效的手段进行决策，旨在减少决策所需的时间和成本，提高决策的质量和适应性。优化后的决策流程能够有效缩短决策周期，提高决策的执行力，从而提升整体教育管理的效率和效果。

决策流程的透明化与优化具有明确的目标。首先，提高决策效率是最核心的目标之一。通过简化烦琐的决策步骤，减少不必要的决策环节，可以显著降低决策所需的时间和资源消耗。这不仅提高了决策的迅速性，也增强了决策的响应速度。其次，促进员工参与是透明化和优化的重要目标之一。透明的决策流程能够使员工更清楚地了解决策依据，增强他们对决策过程的信任，激发其参与热情，从而促进团队的协同合作。此外，确保决策质量也是关键目标之一。通过优化决策流程，可以减少主观偏见，提高决策的科学性和合理性，从而提升决策的整体质量。最后，透明的决策流程还能够满足利益相关方的知情权和参与权，增强组织的社会责任感和公信力。

在设计决策流程的透明化与优化时，应遵循一些基本原则。首先是信息公开原则，要求决策流程中的信息应当充分公开，以确保所有利益相关方能够获取到必要的决策信息。其次，参与机制原则强调在设计决策流程时应引入广泛的参与机制，包括员工、管理层、业务部门等，以确保多元化的意见得到充分表达。透明度原则要求决策流程应具备足够的透明度，使得决策的步骤、标准和结果对所有相关方都清晰可见，避免信息不对称。效率优化原则则要求在保障决策质量的前提下，尽可能简化决策流程、减少层级，提高决策的效率。最后，数据驱动原则强调决策流程应基于数据和事实，避免主观臆断，确保决策的科学性和客观性。

实施决策流程的透明化与优化需要经过几个关键步骤。首先，进行制度分析与诊断是必不可少的。这一阶段的主要任务是对当前决策流程进行全面的分析和诊断，识别存在的问题和瓶颈，为优化提供明确的方向。其次，在制度分析的基础上，需要设计新的决策流程。新流程应当符合透明、参与、适应和效率的设计原则，以解决现有流程中的问题。组织沟通与培训是实施过程中的重要环节。新流程需要与组织内部充分沟通，解释流程的意义和目标，并开展相关培训，确保所有成员理解和接受新流程。试行与调整阶段是将新流程投入实际操作中，根据试行过程中的效果和反馈进行必要的调整和优化。最后，设立评估机制，对新流程进行定期评估，收集反馈信息，进行总结和分析，并根据评估结果进行持续改进。通过这些步骤，可以确保决策流程的有效性和持续改进。

在实施决策流程透明化与优化过程中，组织可能会面临一些挑战。文化惯性是一个主要问题，组织内部可能存在对传统决策方式的固有习惯，这需要时间去适应和改变。信息不对称也是常见挑战之一，在流程优化过程中，可能出现部分利益相关方对新流程的不理解和不信任。抵制变革情绪也是需要关注的，部分员工可能对变革持有抵制态度，担心变革会影响个人利益或工作方式。技术应用难题则包括技术成本、员工技能匹配等问题，尤其是在新流程涉及技术应用时，这些问题尤为突出。

针对这些挑战，可以采取一些对策。变革管理是关键，对此可以引入变革管理的理念，设立专门的变革管理团队，制订详细的变革计划，并及时解决员工的疑虑，提高其对变革的接受度。加强沟通也是解决挑战的重要措施。在整个流程优化过程中，需要加强与组织内外的沟通，充分解释新流程的合理性和必要性，主动回应员工的关切，消除信息不对称。建立激励机制，通过激励措施来激发员工的参与积极性，使其在新决策流程中看到个人和团队的价值。针对技术应用难题，应提供必要的培训和技术支持，确保员工能够适应新的技术应用，解决技术方面的困扰。

三、制度实施中的问题与调整

在现代高校教育管理模式的创新过程中，制度的设计与实施扮演着至关重要的角色。这不仅涉及提高管理效率，还直接影响到员工的协同合作和组织的整体运作。然而，制度实施往往面临诸多挑战，这些挑战可能源于外部环境的变化、组织文化的阻力以及制度自身的不完善。有效应对这些挑战需要深入分析问题，并制定相应的调整和改进策略。以下将详细探讨制度实施中可能出现的问题，并提供针对性的解决策略。

（一）制度实施中可能出现的问题

在高校管理中，制度实施的过程中常常会遇到多种问题，其中包括抵制与不适应、沟通不畅、文化冲突、资源匮乏以及监督与执行困难等。首先，员工对新制度的抵制和不适应是最常见的问题。这种抵制可能来源于对新规范和流程的不熟悉，或对变革的不信任。其次，沟通不畅也是一个主要问题。不清晰的沟通和信息传递可能导致员工对制度的误解，从而影响制度的执行效果。此外，制度的实施有时会与组织原有的文化发生冲突，员工可能受到文化惯性的影响，导致新制度的贯彻不到位。资源匮乏也是一个不可忽视的问题，制度实施往往需要大量的人力、物力和财力，但组织在实际操作中可能面临资源短缺。最后，监督与执行的困难也是制约制度效果的重要因素。制度实施后，监督不到位或执行中出现问题可能导致制度未能达到预期效果。

（二）制度实施问题的调整与改进策略

面对上述问题，组织需要采取多种措施进行调整和改进，以确保制度的有效实施。首先，对于抵制与不适应的问题，组织可以通过调查员工的反馈和意见，了解抵制的具体原因。这些原因可能包括对制度的误解、担心个人利益受损或对变革的不信任。为了提高员工对新制度的接受度，组织应鼓励员工参与制度的制定过程，通过集体智慧制定更符合实际需求的制度。此外，提供有针对性的培训，帮助员工更好地理解制度的背后逻辑和意义，也有助于减少他们的抵制情绪。

针对沟通不畅的问题，建立多层次的沟通渠道至关重要。组织应设立多样化的沟通渠道，包括会议、内部通信、在线平台等，确保信息能够及时传递给所有员工，避免信息失真和滞后。透明的沟通也是关键，组织应公开制度设计的背景、目标和预期效果，让员工对制度实施的过程和意义有更清晰的认识。同时，定期反馈机制的建立也是解决沟通问题的重要手段。鼓励员工提出问题和建议，及时解答疑虑，有助于确保员工对制度的理解和认同。

关于文化冲突，组织在制度设计中应尽量融入原有的文化元素，使新制度更好地与组织文化相契合，从而减少冲突感。制度的实施应逐步推进，给予组织成员充分的适应和接受时间，避免因推进过快导致文化冲突。此外，开展文化培训活动，加强对组织文化的理解，也有助于员工在制度实施中更好地融入和适应。

对于资源匮乏的问题，组织需要在制度设计前明确制度实施所需的各项资源，包括人力、物力和财力。优化资源的分配，灵活调整资源的使用，确保关键环节的资源得到优先满足，也是解决资源匮乏的有效策略。外部资源合作也是一种可行的方式，例如与外部培训机构、咨询公司等进行合作，以获取专业支持和帮助。

在监督与执行的困难方面，建立完善的监督体系至关重要。设立专门的监督机构或监察团队，对制度执行进行监督，确保制度得到有效贯彻。此外，明确各级管理者和员工的责任与义务，强调各方对制度执行的共同责任，也是提升执行效果的重要措施。定期评估与调整机制的建立，可以帮助组织及时发现问题并进行调整，确保制度不断优化。

制度的设计与实施是组织管理的基石，但实施过程中常常面临各种问题。有效的解决这些问题，能够推动组织更好地适应变化，提高整体运营水平。在实施过程中，透明的沟通和广泛的参与是解决问题的关键。通过建立良好的沟通机制，并鼓励员工参与制度的制定和调整，可以提高员工的理解和接受程度。此外，逐步推进变革，充分考虑组织文化的特点，有助于减少文化冲突。资源规划和优化使用是应对资源匮乏的有效策略，而建立完善的监督机制则有助于提高制度执行效果。

第四节　全员参与管理的挑战与应对策略

一、激发教职员工积极参与的难点分析

在现代高校教育管理中，激发教职员工的积极参与是提高教育质量和促进学校创新发展的关键。然而，这一目标的实现并不简单，涉及组织文化、领导风格、激励机制等多个方面的复杂因素。下面将深入探讨激发高校教职员工积极参与的难点，包括教职员工的心理障碍、组织文化的制约、领导风格的影响以及激励机制的不足，并提出具体的解决策略，以帮助高校管理者有效应对这些挑战，提升学校的整体运行效率和创新能力。

（一）教职员工的心理障碍

在高校环境中，教职员工的心理障碍是激发积极参与的一大挑战。首先，恐惧与不信任是常见的问题。高校中的教职员工可能因为过去的经历或学校内部的不良文化氛围而对管理层产生恐惧感或不信任感。这种心理状态会导致教职员工对学校活动的回避，并对管理层产生抵触情绪，从而影响他们的参与意愿。此外，不确定感也是一个重要因素。教职员工在面对学校的改革或未知的变革时，常常感到不安和不确定，这种情绪可能会阻碍他们的积极参与，因为他们害怕未知的风险和可能带来的负面影响。尤其在高校中，改革的频繁和政策的变化可能让教职员工对未来感到迷茫，从而降低参与积极性。再者，教职员工之间的个体差异也导致了参与程度的不同需求。例如，某些教师可能因为内向性格而对参与大型教研活动感到压力，而另一些教师则可能更为外向，愿意更积极地投入教学和科研工作。这些心理障碍如果没有得到有效处理，将会严重影响高校的整体工作效率和教育质量。

（二）组织文化的制约

组织文化在激发高校教职员工积极参与方面发挥着重要作用。某些高校可能存在过度强调层级关系和权威的文化，这种文化可能导致教职员工感到不自在，不愿意提出建议或参与决策，因为担心引起校领导的反感。例如，在一些传统的高校中，学术委员会或决策部门的权威地位过高，导致普通教职员工在面对政策制定时缺乏发言权和参与感。惩罚文化也是一个重要的制约因素。如果学校内部存在惩罚性的文化，教师可能因为担心犯错而不敢提出新教学方法或参与创新活动，他们更倾向于遵循已有的教学模式，而不是尝试新的教学策略。此外，过度正式化的组织文化也可能对教职员工产生负面影响。如果高校过于强调正式的程序和规章制度，教职员工可能会感到受限，从而减少了他们的创造性和主动性。例如，严格的行政程序可能使教师在提出教学改革建议时面临诸多障碍，从而影响他们的创新积极性。这些文化制约因素可能抑制教职员工的积极性，影响学校的创新能力和发展潜力。

（三）领导风格的影响

领导风格对高校教职员工的积极参与有着深远的影响。控制型领导风格常常会让教职员工感到受限，降低他们的积极性。在这种领导下，教师可能会感到缺乏自主权和创造性空间，进而减少了对学校工作的投入。例如，过度集中的决策权力可能使教师在教学和科研中缺乏必要的自主权，影响他们的工作积极性。缺乏有效的激励也是一个重要问题。如果学校领导未能及时给予肯定、奖励和认可，教师可能会感到自己的努力得不到应有的回报，从而减少参与的动力。此外，沟通不畅也是一个领导风格中的问题。如果领导未能清晰地传达学校的目标、期望和重要信息，教师可能对学校的方向感到困惑，进而降低参与的热情。有效的领导风格应当能够激发教师的积极性，提升他们的参与度，并推动学校的整体发展。

（四）激励机制的不足

激励机制的设计和实施对于激发高校教职员工积极参与至关重要。如果激励机制设计不明确或奖励机制不公平，教师可能对积极参与失去信心。当教师感到付出与回报不成比例时，他们的参与积极性会显著降低。过于功利的激励机制也是一个问题。如果激励措施过于强调经济奖励和个人利益，教师的参与行为可能会变得过于功利化，忽视了学校的整体利益。此外，激励不个性化也是一个常见问题。如果激励措施缺乏个性化，不能满足教师个体差异的需求，就难以激发他们的积极参与。例如，不同的教师对奖励的期望和需求不同，个性化的激励措施能够更好地激发他们的参与热情，提高学校的整体表现。

（五）解决激发积极参与的难点策略

为克服上述难点，学校管理者需要采取一系列具体的策略。首先，建立开放包容的组织文化至关重要。高校应当营造一种鼓励开放交流、接纳不同意见的文化氛围，打破层级限制，建立平等、开放的沟通机制，让教师感受到学校对多元观点的欢迎。例如，定期举办全员参与的教学研讨会，鼓励教师提出创新的教学建议，这有助于减少教职员工的心理障碍和文化制约，激发他们的积极参与。

其次，培养领导力和沟通技能也是关键。学校领导应当具备激发教师参与热情的能力，成为鼓励和启发教师的引导者，而非仅仅是指挥者。有效的沟通能够清晰地传达学校的目标和期望，使教师对学校的方向有明确的认知，从而提高参与度。领导者应定期与教师进行面对面的交流，了解他们的需求和意见，及时调整管理策略，以促进教师的积极参与。

设立积极激励机制是另一个重要策略。高校需要建立明确的激励机制，包括薪酬激励、晋升机会、培训发展等方面。激励措施应根据教师的个体差异和表现情况进行个性化设计，以提高激励效果。例如，针对不同学科的教师设置专项奖励，并为优秀教师提供更多的科研支持和发展机会。此外，强调目标共鸣也是必要的。确保教师对学校的目标有共鸣感，学校领导应清晰地传达学校的愿景和战略目标，使教师能够理解并认同学校的方向，从而更有动力地参与实现这些目标。

鼓励创新与失败容忍也是有效的策略。高校应为教师提供创新的空间，鼓励他们提出新教学方法，并允许试错。学校需要塑造一个容忍失败的文化，让教师敢于尝试新方法，从失败中吸取经验教训。例如，设置创新奖项，鼓励教师进行教学改革，并对失败的尝试给予理解和支持。建立透明的决策过程也是必要的，让教师参与到决策过程中，建立透明的决策机制。这不仅有助于教师理解决策的合理性，还能增加他们的参与感和责任心。例如，设置教师代表委员会，让教师在政策制定中发挥作用，提高他们的参与感和归属感。

定期反馈与认可也是激发积极参与的重要手段。提供及时的反馈和认可，教师需要知道自己的工作表现被认可，同时也需要了解自己的不足之处以便改进。通过建立团队合作氛围和提供发展机会，可以进一步激发教师的积极性。通过组织团队建设活动和合作项目，培养教师的团队合作精神，让他们感受到团队协作的重要性。此外，为教师提供继续学习和发展的机会，激发他们的职业发展动力，这可以通过培训、导师制度、晋升机会等方式实现。

激发高校教职员工的积极参与是教育管理中的关键任务，但也是一个充满挑战的过程。教职员工的心理障碍、组织文化的制约、领导风格的影响以及激励机制的不足等都是激发积极参与过程中的难点。然而，通过建立开放包容的组织文化、培养领导力和沟通技能、设立积极激励机制、强调目标共鸣、鼓励创新与失败容忍、建立透明的决策过程等策略，高校可以逐步克服这些难点，激发教职员工的积极参与，提升学校的整体绩效和创新能力。

二、处理多元利益的管理智慧

在现代高校教育管理中，利益相关者的多元性日益凸显，各方利益交织在一起，形成复杂的利益体系。为了实现高校的长期可持续发展，管理者需要在这种多元利益中找到平衡点，进而做出明智的决策、有效的沟通，并注重社会责任与可持续性发展。以下内容将详细探讨如何在高校管理中处理多元利益，并提出相应的策略与挑战应对方法。

（一）多元利益的识别与平衡

在现代高校中，利益相关者不仅包括校内成员，如教师、学生和管理人员，还涵盖外部的合作伙伴、社会公众以及政府机构等。这些利益相关者对高校的期望和诉求各不相同，甚至可能相互冲突。全球化进程和社会责任的崛起使得高校面临的利益相关者更加多元和复杂。

管理者首先需要建立一个全面的利益识别机制，对高校内外的利益相关者进行系统分析，了解他们的期望和需求。这一过程可以通过定期的调查和反馈机制来实现。同时，识别出对高校发展至关重要的关键利益相关者，并重点关注他们的需求和影响力。为了应对利益相关者需求的变化，管理者还需进行趋势分析，及时调整管理策略。例如，随着社会对环境保护的关注增加，高校可能需要在其战略中更加强调可持续发展。

在处理多元利益时，管理者需要在各方利益之间进行权衡。这不仅仅是一个技术性的问题，更是一个战略性决策的过程。在这个过程中，高校管理者需要进行深入的风险评估和影响分析，以确保决策既能满足当前的需求，也能支持高校的长远发展。共赢方案的制定是其中的关键，这意味着在决策过程中，管理者要尽量满足各方利益，以减少潜在的冲突和不满。

（二）决策过程中的透明性与合作

透明性是现代高校管理中的一项重要原则。在决策过程中，高校管理者应保持高水平的透明度，向各方利益相关者清晰解释决策的背景、原因及可能的影响。这种透明度不仅有助于建立信任，还能有效减少因信息不对称导致的误解和冲突。

此外，高校管理者还应注重灵活的沟通与合作，尤其是在涉及多个利益相关者的复杂决策中。高校可以通过建立多种沟通渠道，如定期的会议、公开的讨论平台等，来倾听各方的声音。这种双向沟通不仅可以传递管理层的决策信息，还可以接收到来自各方的反馈，从而在决策过程中进行及时调整。

高校与外部利益相关者之间的合作也是至关重要的。通过建立战略性伙伴关系，管理者可以在决策过程中邀请这些外部合作伙伴共同参与，以形成更为紧密的合作关系。例如，与企业的合作不仅可以为学生提供更多的实习机会，还可以在科研项目上实现资源共享，推动高校的学术和技术创新。

（三）社会责任与可持续发展

随着社会责任意识的提高，现代高校必须将社会责任纳入其核心战略。这不仅体现在高校的教学和研究活动中，还涉及到其在社会和环境方面的影响。高校应积极推动社会公益活动，参与环境保护项目，并在校园中倡导可持续发展的理念。

可持续性发展是高校管理中的另一个重要课题。为了实现长期可持续发展，高校管理者必须在制定战略时充分考虑到经济、社会和环境三方面的因素。这意味着，管理者需要在追求短期经济利益的同时，兼顾长期的社会和环境影响。例如，在资源分配和校园建设中，高校应优先选择可持续的方案，以减少对环境的负面影响。

社会责任与可持续性发展的融合，不仅能增强高校的社会影响力，还可以为其带来更多的发展机会。通过在教学和科研中引入社会创新的理念，高校可以利用其学术资源和创新能力，积极应对社会挑战，创造更多的共同价值。这种价值不仅体现在高校自身的发展中，也在于其对社会的贡献和影响。

（四）管理智慧的挑战与应对策略

处理多元利益并非易事，其复杂性体现在多个方面。首先，管理者需要在多方利益之间进行权衡，而这往往是一个艰难的过程。为了应对这一挑战，高校管理者可以通过建立明确的决策原则和评估标准，确保每一项决策都能体现出公平性和合理性。

其次，信息不对称的问题在高校管理中也是一个常见挑战。不同的利益相关者可能由于信息获取渠道的差异，产生误解或不满。为了解决这一问题，高校管理者需要建立透明的沟通机制，确保信息的及时共享和公开。这不仅能增强各方对决策的理解，还能有效减少由于信息不对称导致的冲突。

再次，短期利益与长远发展的冲突也是高校管理者面临的一个重要问题。在处理这一冲突时，管理者必须明确高校的长期目标，并将可持续发展纳入其战略规划中。同时，通过积极的沟通，向利益相关者解释这一战略的重要性，获得他们的理解和支持。

最后，全球化背景下的文化差异使得多元利益的管理更加复杂。不同文化背景的利益相关者可能有着不同的价值观和行为方式，管理者需要对这些差异有深入的理解，并在管理机制上进行适应性调整。设立灵活的管理机制，能够帮助高校更好地应对全球化带来的挑战，同时促进多元文化的融合。

三、突破传统管理障碍的策略

随着社会的快速发展，传统的高校管理模式已无法有效应对新环境下的挑战。为了推动高校的持续发展，管理者必须突破传统管理的障碍，引入创新意识、灵活性和开放性思维。下面将探讨在现代高校管理中如何通过领导力转变、组织文化创新、技术应用以及教职员工参与等方面，实现管理模式的创新。

（一）领导力的转变

在现代高校管理中，领导力的转变是推动管理模式创新的关键。传统的指令性领导已经不再适用，现代高校需要一种能够激发创新的领导力。管理者不仅需要成为决策者，还要成为激励者和推动者，鼓励教师、学生和行政人员提出新想法，进行实验和学习。

扁平化组织结构的引入也是领导力转变的重要方面。传统的层级式管理结构限制了信息的流通和决策的灵活性，而扁平化的结构可以提高信息传递的速度和质量，增强教职员工的参与感。管理者应逐步打破层级壁垒，建立更加开放的沟通渠道，鼓励各级教职员工积极表达意见。

此外，现代高校应强调共享领导和团队协作。共享领导意味着领导者不再是唯一的权威，而是团队中每个人都有领导的潜力和责任。这种模式有助于激发团队的合作精神，打破传统的单一领导者模式，使团队在多变的环境中更加灵活和高效。

（二）组织文化的创新

组织文化的创新是实现高校管理模式创新的重要路径。传统的高校管理往往强调稳定性和规章制度，而现代高校必须倡导学习型组织文化。学习型组织注重教职员工和学生的持续学习、适应和创新，鼓励他们不断更新知识和技能，以应对快速变化的社会需求。

在这种文化中，失败不再被视为负面因素，而是学习和创新的一部分。管理者应鼓励一种积极面对失败的文化，使教职员工和学生敢于尝试新的方法，勇于探索未知领域。通过从失败中汲取经验教训，组织可以在不断的尝试和调整中找到最优的解决方案。

同时，高校的价值观也需要发生转变。传统的价值观可能更倾向于安全和稳定，而在现代社会中，灵活性、适应性和创新性应成为高校文化的核心。这种转变不仅可以帮助高校更好地应对外部环境的变化，还能激发内部的创新动力。

（三）技术的应用

技术应用的革新是推动高校管理模式创新的另一重要因素。随着数字化转型的深入，高校可以利用新技术如大数据分析、人工智能和云计算等，优化管理流程，提高工作效率，并为学生和教师提供更优质的服务。

智能决策支持系统的引入使管理决策变得更加科学和精准。通过数据分析和预测工具，管理者能够更好地理解学生和教师的需求，预测未来的发展趋势，从而做出更加明智的决策。

远程协作工具的应用也为高校管理带来了新的可能性。传统的管理模式要求团队在同一地点办公，而现代技术的进步使得跨地域的协作成为可能。远程协作工具不仅打破了时间和空间的限制，还提高了团队的工作效率和合作水平。

（四）教职员工参与的强化

在现代高校管理中，教职员工参与的强化是提升管理效果的关键。开放的沟通渠道是实现这一目标的重要手段。传统的自上而下的沟通方式限制了信息的流动和反馈，而现代高校应建立双向的沟通机制，鼓励教职员工和学生自由表达意见，提出建议。

将教职员工和学生纳入决策过程也是增强参与感的有效策略。通过让他们参与目标设定和策略制定，管理者可以提高决策的质量，同时增强教职员工和学生对决策的认同感。这种参与不仅激发了他们的责任心和创造力，还可以形成更具凝聚力的校园文化。

此外，高校应致力于培养团队协作文化。传统的管理模式往往过于强调个体绩效，而现代管理则应鼓励知识共享和互相支持，以实现团队的整体成功。通过提供发展机会，如培训和学习计划，高校可以激发教职员工和学生的学习欲望和职业发展动力，从而推动整体的进步和创新。

（五）跨文化与多元团队管理

全球化的背景下，高校管理者必须具备跨文化沟通的能力，理解不同文化背景下教职员工和学生的思维方式和行为模式。这种能力有助于建立更加和谐的跨文化团队，提升团队的协作效率。

多元团队建设也是突破传统管理模式的重要手段。通过构建由不同背景、经验和技能组成的团队，高校可以在问题解决和创新方面获得更多的视角和思路。包容性领导风格的采用则能够尊重并充分利用团队中的多样性，确保每个成员都感到被重视和尊重，从而最大限度地发挥其潜力。

（六）建立学习型组织

现代高校应将建立学习型组织作为管理模式创新的核心任务之一。在学习型组织中，持续学习被置于组织文化的核心，教职员工和学生被鼓励不断更新知识和技能，以应对外部环境的变化。

知识共享是学习型组织的另一重要特征。通过建立开放式的知识传递机制，高校内部的信息可以更加自由地流通，从而促进创新和合作。反馈文化的建立则让教职员工和学生能够自由表达对工作和学习的看法，帮助组织更快地发现问题，并采取相应的改进措施。

（七）持续创新与灵活性

在现代高校管理中，持续创新和灵活性是组织保持竞争力的重要因素。管理者应努力营造一种鼓励创新思维的氛围，激发教职员工和学生的创造力。通过设立创新奖励和创新孵化器，管理者可以引导创新的产生和实施。

灵活的组织结构是支持创新和变革的基础。传统的僵化结构往往限制了组织的应变能力，而灵活的结构则可以帮助高校更好地适应外部环境的变化，提升管理的效率和效果。敏捷管理的引入则进一步强调了快速响应和及时调整策略的重要性，确保高校能够在快速变化的市场中保持领先地位。

（八）有效沟通与信息共享

有效的沟通和信息共享是现代高校管理成功的基石。管理者应强调透明沟通，确保教职员工和学生了解学校的目标、战略和决策过程。这种透明度有助于建立信任，减少不确定性带来的焦虑。

信息共享平台的建立则为高校内部的信息流通提供了技术支持。通过利用现代技术，高校可以创建一个高效的信息共享平台，使得信息能够在组织内部更加顺畅地传递，从而提高整体的管理效率和参与度。

（九）反思与持续改进

在现代高校管理中，反思与持续改进是管理模式创新的重要组成部分。管理者应定期评估管理实践的效果，收集教职员工和学生的反馈意见，及时调整管理策略。勇于改变和接受变革是突破传统管理模式的必要条件，管理者应具备推动变革的决心，而教职员工和学生则应具备适应变化的能力。

第三章

信息化驱动的管理创新

第一节 信息化与高校管理的融合

一、信息化时代高校管理的新特征

随着信息技术的迅猛发展，高校管理也逐渐迎来了信息化时代。信息化不仅改变了管理方式，更深刻地影响了高校的教学、研究和行政等各个方面。下面将探讨信息化时代高校管理的新特征，包括数字化教学、智能化研究、数据驱动决策、创新型治理等方面的变革。

（一）数字化教学的新面貌

在线教育的普及：信息化时代，高校不再局限于传统的面对面授课，而是通过在线教育平台，实现了课程的数字化和全球范围内的教学资源共享。学生可以通过互联网参与在线学习，大大提高了教育的普及性和灵活性。

虚拟实验室和实践：利用虚拟实验室技术，高校可以为学生提供更丰富的实践经验。学生可以在虚拟环境中进行科学实验、工程项目，这不仅节省了实验室资源，还提高了学生的实践能力。

个性化学习路径：基于学生数据的分析，高校可以为每个学生定制个性化的学习路径。通过智能化的教育平台，根据学生的学科兴趣、学习风格和能力水平，提供定制化的学科内容和教学活动，提高学生学习效果。

远程协作和团队项目：信息化时代促使高校开展远程协作，通过在线协同工具，学生可以跨越地域限制，参与国际性的团队项目。这有助于培养学生的跨文化沟通和团队协作能力。

（二）智能化研究的推动

大数据驱动科研：在信息化时代，高校拥有更多的科研数据和信息，通过大数据技术分析这些信息，能够更好地理解科研趋势、预测研究方向，并提高科研效率。

智能实验设备和仪器：利用人工智能技术，高校可以建设智能化的实验室，实现实验设备和仪器的自动化控制和数据采集。这有助于提高实验的准确性和效率，同时减轻教师和学生的实验压力。

科研成果智能推广：通过智能化推广平台，高校可以更好地推广科研成果。这包括科研论文、专利、技术成果等的数字化展示和宣传，为产学研结合提供更多可能性。

开放式研究合作：信息化时代使得高校之间的科研合作更加便捷。通过开放式的合作平台，高校可以共享研究资源、数据和设备，促进跨校的科研团队的形成。

（三）数据驱动决策的趋势

学生信息管理的优化：高校可以通过信息化系统更好地管理学生信息，包括学业表现、兴趣爱好、社会活动等多方面的数据。这有助于制定个性化的教育方案，提高学生的学业成绩和发展潜力。

财务与资源的智能分配：通过财务管理系统，高校可以实现对资源的智能化分配。通过对学科、项目、研究方向的数据分析，高校管理层可以更明智地决策，确保资源的合理利用和科研、教学等方面的平衡发展。

招生与就业数据分析：信息化时代，高校可以利用大数据分析招生数据，更准确地预测学生需求、优化招生计划。同时，对学生就业情况的数据分析也可以帮助高校更好地调整教学方向，提高毕业生的就业竞争力。

教学质量评估与改进：利用学生学习数据、教学评价等信息，高校可以实现对教学质量的全面评估。通过数据分析，发现教学中的问题和不足，从而进行有针对性的改进，提高教学效果。

（四）创新型治理的实践

数据驱动的决策体系：在信息化时代，高校管理层逐渐建立起以数据为基础的决策体系。管理者可以通过对各类数据的分析，做出更准确、科学的管理决策，提高高校的治理效能。

开放式参与决策：创新型治理注重开放和参与。高校可以通过在线平台、社交媒体等方式，开展校内外广泛的讨论和建言献策，让师生、校友等各方参与到决策中来，促进治理的多元化和民主化。

领导层的数字素养：为了适应信息化时代，高校领导层需要具备数字化素养。他们需要了解并熟练运用信息技术，更好地指导和推动高校信息化的发展。

教育治理的网络化：创新型治理倡导教育治理的网络化。高校可以通过建设数字化平台，整合校内外资源，促进信息的共享和协同，实现高效的教育治理。

（五）安全与隐私的重要性

信息安全体系：高校在信息化时代需要建设完善的信息安全体系，保护学生、教职员工等各类信息的安全。这包括加强网络安全、数据加密、权限管理等方面的措施，以防范各类信息安全风险。

隐私保护机制：高校应建立健全的隐私保护机制，确保学生、教职员工的个人信息不被滥用。这包括合规的数据收集、存储和使用，以及严格的隐私政策和权限控制。

（六）挑战与应对策略

数字鸿沟：部分学生、教师可能在信息化时代面临数字鸿沟，即对数字技术的使用能力不足。高校需要提供培训和支持，以确保全体成员都能够充分参与到信息化管理中。

数据质量与真实性：信息化时代，高校面临大量的数据收集和处理，而数据的质量和真实性对决策至关重要。建立数据质量管理体系，确保数据的准确性和可信度，防范错误决策。

网络安全风险：高校信息化带来了网络安全的威胁，如数据泄露、网络攻击等。建立健全的网络安全系统，加强对网络攻击的监测和应对能力，保障高校信息的安全。

管理者素养不足：部分高校管理者可能在信息化管理方面缺乏足够的素养。开展培训和引进专业人才，提高管理层对信息化管理的认识和应对能力。

信息化时代高校管理的新特征体现在数字化教学、智能化研究、数据驱动决策和创新型治理等方面，这不仅为高校的发展带来了新的机遇，也带来了一系列的挑战。高校需要充分认识信息化时代的新特征，采取积极有效的应对策略，以推动高校管理水平的不断提升，更好地服务教育事业的发展。

二、技术与管理的深度融合

（一）高校中技术与管理深度融合的必要性

在信息技术迅猛发展的背景下，技术与管理的深度融合已经渗透到高校的各个层面。传统的高校管理模式往往难以应对现代教育中的复杂挑战，而技术的引入则为高校管理提供了新的工具和方法，提升了教学和管理的效率。因此，技术与管理的深度融合成为高校在快速变化的教育环境中取得成功的关键策略。通过这一融合，高校能够优化教学资源的配置，提升学生的学习体验，增强学校的整体竞争力。

（二）高校数字化转型的关键实践

在高校中，数字化转型是技术与管理深度融合的核心步骤之一。

第一，构建数字化校园文化是推动技术与管理融合的基础。这不仅要求高校在硬件设施上进行投入，还需要从文化层面提升教职工和学生的数字化素养，鼓励创新和适应教育变革。通过构建这样的文化，高校可以更顺利地将技术融入教学和管理活动中，从而形成具有竞争力的教育模式。

第二，教学和管理流程的数字化改造也是关键。传统的教学管理流程往往依赖于人工操作，效率低下且易出错。而通过信息系统的应用，高校可以实现教学和管理流程的优化，将招生、学籍管理、教学评估等环节数字化。这种转型不仅提高了效率，还为高校带来了更灵活的应对能力。

第三，学生体验的数字化提升同样是高校数字化转型的重要组成部分。通过利用数字化工具，高校能够更精准地了解学生需求，提供个性化的教学和服务，从而增强学生的满意度和学习效果。这不仅提升了高校的教学质量，也为学校的声誉和学生的就业前景带来了积极的影响。

（三）智能化管理在高校中的应用

随着人工智能和大数据技术的不断发展，智能化管理成为高校技术与管理深度融合的一个重要方向。智能决策系统的引入，使高校能够对大量教育数据进行实时分析，为管理层提供更为精准的决策支持。这种智能化的决策方式，不仅降低了决策的风险，也显著提高了高校管理的效率和精准度。

在教学资源配置和科研管理方面，智能化技术的应用使高校能够实现对教学过程和科研项目的全程监控和优化。通过物联网和传感器技术，高校可以实时获取教学和科研中的关键数据，从而及时进行调整，优化教学和科研流程。这种智能化管理方式不仅提升了教学质量，还促进了科研创新的效率和成果转化率。

智能人力资源管理也是高校智能化管理的重要体现。通过大数据和人工智能，高校能够更精准地进行教职工招聘、培训和绩效评估。这种智能化的管理方式，不仅提高了人力资源管理的效率，也使高校能够更好地激发教职工的潜力，形成一个高效、创新的学术团队。

（四）数据驱动决策在高校中的应用

数据驱动决策是技术与管理深度融合的核心理念之一。在现代高校中，数据的收集和整合能力决定了学校能否在竞争中占据优势地位。高校需要建立完善的数据收集系统，将来自教学、科研、管理等各个环节的数据整合成一体，为决策提供全面的数据支持。

然而，数据本身的价值只有在经过深入分析和挖掘后才能得到充分发挥。通过使用先进的数据分析工具和算法，高校能够从数据中发现隐藏的趋势和模式，为管理层提供更为深刻的洞察。这种基于数据的决策方式，不仅使决策更加科学，也降低了管理的不确定性。

实时监控和反馈机制是高校数据驱动决策的重要组成部分。高校需要建立实时的数据监控系统，以便管理层随时了解教学和管理的运营情况，并根据实时反馈做出必要的调整。这种动态的管理方式，使高校能够更加敏捷地应对教育环境的变化，保持竞争优势。

（五）高校技术与管理深度融合面临的挑战与应对策略

尽管技术与管理的深度融合为高校带来了诸多优势，但这一过程也面临着多重挑战。首先，技术人才的培养和招聘是高校面临的首要难题。随着技术的不断发展，市场对技术人才的需求也在不断增加，导致高校在技术人才的引进上面临激烈的竞争。为应对这一挑战，高校可以通过加强内部培训、与科技企业合作等方式来培养和引进合适的技术人才。

安全与隐私保护是高校技术与管理融合过程中不可忽视的问题。随着学校数据量的增加，信息安全和隐私保护变得尤为重要。高校需要投入更多资源建设完善的安全体系，确保数据在传输和存储过程中的安全性，同时也要遵守相关的隐私保护法规，以防止数据泄露和滥用。

组织文化的变革也是高校技术与管理深度融合的关键因素。技术的引入往往会带来管理模式的变化，这要求高校在组织文化上进行相应的调整。管理层需要通过积极倡导学习、创新和适应变革的价值观，培养教职工和学生对技术与管理融合的积极态度，使其能够主动参与到融合过程中。

此外，技术与管理深度融合还需要高校在投资与预算方面做出合理规划。技术的引入和管理模式的变革往往需要大量的资金投入，高校需要在预算上做出合理安排，确保投资能够带来长期的效益。变革管理也是确保技术与管理深度融合顺利进行的重要手段。通过科学的变革管理方法，高校可以有效减少变革过程中可能出现的阻力，确保变革顺利推进。

（六）技术与管理深度融合为高校带来的优势与效益

技术与管理深度融合的最大优势在于能够显著提升高校的运营效率。通过自动化和智能化工具的应用，高校可以减少人工操作，提高教学和管理各个环节的效率，减少资源浪费。同时，这种融合还大大增强了高校的创新能力。技术的不断更新和管理模式的灵活调整，使高校能够更迅速地响应教育环境的变化，推出新的教学模式和研究成果，从而保持竞争力。

数据驱动的决策方式使高校能够更加准确地把握教育和科研动态，降低了管理的不确定性。通过全面的数据分析，学校管理层能够更好地理解教学和科研状况，为战略决策提供有力支持。

此外，技术与管理的深度融合还显著提升了学生体验。通过技术手段，高校能够更好地理解学生需求，提供个性化的教学和服务，从而提高学生的满意度和学习效果。这种以学生为中心的服务理念，使高校能够在竞争激烈的教育市场中脱颖而出。

最后，技术与管理深度融合还培养了高校的持续创新文化。通过鼓励教职工和学生提出新的想法和解决方案，高校能够不断探索新的学术领域，保持长久的创新能力。这种持续的创新不仅为高校带来了新的发展机遇，也增强了学校在学术界和教育市场中的长期竞争力。

三、信息化对高校文化的影响

随着信息技术的迅猛发展，高校文化也在不断发生变革。信息化时代的到来使得信息和知识的传播变得更加迅速和广泛，这给高校文化带来了全新的挑战和机遇。下面将探讨信息化对高校文化的影响，包括数字化教学、学术交流、学生管理等方面的变革。

（一）数字化教学的崭新面貌

在线教育的兴起：信息化时代，高校教学不再局限于传统的面对面授课。在线教育平台的兴起使得学生可以随时随地获取教育资源，不再受制于地理位置和时间限制。这对传统的课堂文化提出了全新的挑战。

虚拟实验室的应用：利用虚拟实验室技术，高校能够为学生提供更丰富的实践体验。学生可以通过计算机模拟实验，进行各种科学实验，这不仅节省了实验室资源，也提高了学生的实践能力。

个性化学习路径的设计：基于信息化技术，高校可以更好地实现对学生学习过程的个性化管理。通过学生数据的分析，可以为每个学生定制个性化的学习路径，提供定制化的学科内容和教学活动，增强学生的学习体验。

（二）学术交流的全球化趋势

学术资源的数字化分享：信息化时代，高校的学术资源得到了数字化和全球范围内的分享。学者可以通过网络平台分享自己的研究成果、论文等学术资源，促进了学术知识的快速传播和共享。

国际合作的便利性：信息技术的提升使得国际合作变得更加便利。高校可以通过网络平台轻松地与国外高校、研究机构进行合作，推动国际学术交流，促进文化融合。

多媒体演示与在线研讨：传统的学术交流方式受制于时间和空间，而信息化时代的多媒体演示和在线研讨使得学者能够更灵活地进行学术交流。这有助于促进不同文化背景下的学术对话和碰撞。

（三）学生管理的数字化革新

学生信息管理系统：信息化时代，高校可以通过学生信息管理系统更好地管理学生信息。包括学业表现、兴趣爱好、社会活动等多方面的数据可以被数字化记录和分析，为学生提供更精准的个性化服务。

在线辅导和反馈机制：高校可以通过在线辅导平台提供学生更灵活的学习支持。学生可以随时随地获取在线辅导，同时通过数字化的反馈机制及时获得老师的建议和评价。

数字化校园生活：信息化时代的高校生活不仅限于课堂学习，还包括各种数字化的校园活动。通过移动应用，学生可以方便地参与社团、活动报名等校园生活，促进校园文化的多样性和活跃度。

（四）信息化对高校文化的挑战

数字鸿沟的存在：在信息化时代，部分学生和教职员工可能面临数字鸿沟，即对数字技术的使用能力不足。这导致在信息化的高校文化中，存在一些人员无法充分参与数字化教学和学术交流的问题。

信息安全与隐私问题：随着信息化的深入，高校面临着信息安全和隐私保护的挑战。学校需要加强信息系统的安全性，同时建立健全的隐私保护机制，确保学生和教职员工的个人信息得到有效保护。

文化认同与传承：高校在信息化时代面临如何保持和传承传统文化的问题。随着数字化教学和全球化学术交流的增加，一些传统文化元素可能受到冲击。高校需要思考如何在数字化时代保持文化认同，促进文化传承。

（五）信息化促进高校文化的创新

跨学科研究的崛起：信息化时代促使高校在不同学科之间进行更紧密的

合作。数字化的学术资源和在线研讨使得跨学科研究变得更加容易，创新的思维和方法得到了更好的发挥。

学术思想的开放性：高校在信息化时代更容易接触到全球范围内的学术思想，吸收外部优秀的教育理念和管理经验。这促使高校文化变得更加开放，追求创新和多元化。

全球视野的培养：通过在线研讨、国际合作等方式，高校培养学生具备更广泛的全球视野。这有助于拓展学生的思维边界，促进跨文化交流，使得学生在信息化时代更具国际竞争力。

第二节　大数据在高校决策中的应用

一、大数据在招生与留学生管理中的应用

随着社会信息化的加速发展，大数据技术在各行各业的应用日益广泛，教育领域也不例外。在高校的招生与留学生管理中，大数据技术的应用为学校提供了更精细、智能的管理手段。下面将探讨大数据在高校招生与留学生管理中的应用，包括招生市场分析、学生招募与评价、留学生服务等方面。

（一）大数据在招生市场分析中的应用

招生预测模型：利用大数据技术，学校可以分析历年招生数据、学科热门度、社会经济因素等多方面信息，建立招生预测模型。这有助于学校更准确地预测未来的招生趋势，合理制订招生计划。

招生市场细分：大数据分析可以对招生市场进行精准细分，了解不同学生群体的需求和特点。通过深入了解市场细分情况，学校可以更有针对性地开展招生宣传和推广活动。

竞争对手分析：大数据技术使得学校可以对竞争对手的招生情况进行深入分析。了解竞争对手的优势和劣势，有助于学校制定更有竞争力的招生

策略。

（二）大数据在学生招募与评价中的应用

招生材料智能筛选：利用大数据技术，学校可以开发智能招生系统，对学生提交的招生材料进行智能筛选。这有助于提高招生效率，减轻工作负担，同时确保招生流程的公平和透明。

学生画像分析：大数据分析可以为学校构建学生画像，包括学术成绩、兴趣爱好、社会活动等方面的信息。通过对学生画像的分析，学校可以更好地了解每位学生的特点，为其提供个性化的招生服务。

招生效果评估：大数据技术使得学校能够更全面、客观地评估招生效果。通过分析招生数据、学生表现等信息，学校可以了解不同招生策略的效果，为未来的招生工作提供经验教训。

（三）大数据在留学生服务中的应用

留学生招募与留存：大数据技术可以帮助学校更好地招募和留存留学生。通过分析不同国家和地区的留学生需求、喜好和挑战，学校可以调整招募策略，提高留学生的招募效果。

个性化留学生服务：大数据分析为学校提供了更深入的留学生信息。通过了解留学生的学业状况、生活需求、心理状态等方面的信息，学校可以为留学生提供更个性化、有针对性的服务。

留学生流失预测：大数据技术可以帮助学校预测留学生可能的流失情况。通过分析留学生的学业成绩、参与活动情况、生活满意度等因素，学校可以及早发现潜在的问题，采取措施防止留学生流失。

（四）大数据在校园管理中的综合应用

校园安全管理：大数据技术可被用于校园安全管理，通过监测校园的各个角落，分析人员流动情况，及时发现异常情况并采取措施。这有助于提高校园的安全性。

学生行为预警：大数据分析可以对学生的行为进行实时监测，识别出异常行为并进行预警。这有助于学校及时干预，帮助学生解决问题，提高学生的学习和生活质量。

校园资源优化：大数据技术可以分析校园内各类资源的使用情况，包括图书馆、实验室、教室等。通过优化资源分配，学校可以提高资源利用效率，为学生提供更好的学习环境。

（五）挑战与应对策略

数据隐私与安全：大数据应用中涉及大量个人信息，因此数据隐私与安全是一个重要的挑战。学校需要建立完善的数据保护体系，加强信息安全管理，确保学生和留学生的个人信息不受侵犯。

技术与人才：大数据应用需要专业的技术支持和人才配备。学校需要加强对技术团队的培训，提高其大数据分析、人工智能等领域的专业水平。同时，引进和培养相关领域的人才，确保学校拥有足够的技术支持。

合规性和伦理问题：在大数据应用中，需要严格遵守相关法规和伦理准则。学校在制定和执行大数据应用策略时，应确保合规性，关注数据的合法获取和使用，以及在数据处理过程中保护学生隐私。

数据质量与准确性：大数据的质量和准确性对于决策的有效性至关重要。学校需要确保数据采集的准确性，对数据进行有效清洗和验证，以避免因为不准确的数据而导致的错误决策。

（六）未来展望

随着大数据技术的不断发展和应用，高校在招生与留学生管理方面将迎来更多机遇和挑战。未来的发展趋势可能包括：

智能化招生与留学服务：随着人工智能的发展，学校可以进一步实现招生与留学服务的智能化。通过智能招生系统，自动化处理招生流程，提高效率。智能留学服务则可以根据留学生个性化需求，提供更精准的服务。

更多维度的数据分析：随着数据源的增多，未来的大数据分析可能会更加注重多维度的数据分析，深入挖掘学生的学科偏好、社交网络活跃度等信息，为更精准地招生和留学生服务提供更多参考。

区块链技术的应用：区块链技术具有分布式、不可篡改的特点，可用于确保学生和留学生的个人信息安全。未来，区块链技术可能会在招生与留学生管理中得到更广泛的应用，提高数据的透明性和安全性。

合作与共享：未来，高校可能会加强与其他高校、教育机构的合作，共享招生与留学生管理方面的大数据资源。通过共享数据，高校可以更好地了解整个教育生态系统，提高对市场和学生需求的洞察力。

大数据在高校的招生与留学生管理中发挥着越来越重要的作用，为学校提供了更精细、智能的管理手段。通过招生市场分析、学生招募与评价、留学生服务等方面的应用，学校能够更好地理解学生需求，提高服务水平。然而，在迎接大数据时代的同时，学校也需注意数据隐私、技术与人才培养等方面的挑战，制定有效的管理策略，确保大数据的应用对招生与留学生管理产生正面的影响。随着技术的不断发展，大数据将继续在高校管理中发挥更为重要的作用，为提高教育质量和服务水平提供更多创新性的解决方案。

二、大数据在教学评估与质量管理中的实践

随着信息技术的飞速发展，大数据技术在教育领域的应用逐渐成为一个热门话题。在高校教学中，教学评估与质量管理是关键的方面，而大数据技术的引入为提高教学质量、个性化教学提供了新的可能性。下面将探讨大数据在教学评估与质量管理中的实践，包括学生学业数据分析、教学效果评估、个性化教学等方面。

（一）学生学业数据分析

学生成绩分析：大数据技术可以收集并分析学生的学科成绩数据。通过

深入挖掘学生成绩的趋势、优势和劣势，学校可以及时发现学科教学中的问题，并采取有针对性的改进措施，提高学科教学质量。

学生学业轨迹分析：大数据可以追踪学生的学业轨迹，包括选课情况、课程完成情况、课外活动等。通过对学业轨迹的分析，学校可以更好地了解学生的兴趣和发展方向，为学生提供更个性化的学业指导。

学生参与度分析：大数据技术可以分析学生在课堂、线上学习平台上的参与度。通过了解学生的学习行为，学校可以调整教学策略，提高学生的学习积极性和参与度。

（二）教学效果评估

课程评价分析：大数据可以收集学生对课程的评价数据，包括课程满意度、难度评价等。通过对这些评价数据的分析，学校可以了解每门课程的教学效果，及时调整教学内容和方式。

教师评价分析：大数据技术还可以用于收集和分析学生对教师的评价数据。通过综合评价教师的授课风格、教学方法、学科专业水平等方面，学校可以为教师提供有针对性的培训和支持。

课程资源利用效率分析：大数据可以分析课程资源的利用情况，包括教材使用率、在线资源点击率等。通过评估课程资源的利用效率，学校可以优化教材选择和在线资源的提供，提高课程的实效性。

（三）个性化教学实践

学习路径个性化设计：大数据分析学生的学科兴趣、学科优势和弱势，可以为学生设计个性化的学习路径。通过推荐适合学生水平和兴趣的课程和学科，提高学生的学科学习动力。

个性化作业和测验：大数据技术可以分析学生的学科水平和学习特点，为每个学生设计个性化的作业和测验。通过调整作业和测验的难度和形式，更好地满足学生的学习需求。

学习进度跟踪：大数据可以实时跟踪学生的学习进度，了解每个学生在学科学习上的表现。通过学习进度的跟踪，教师可以及时发现学生的学科困难，提供个性化的辅导和支持。

（四）挑战与应对策略

数据隐私和安全：教育领域的大数据应用涉及到学生的个人信息，数据隐私和安全成为一个重要挑战。学校需要加强数据的安全保护措施，合规地收集和使用学生数据，确保数据不被滥用或泄露。具体措施包括建立严格的数据访问控制机制、定期进行安全审查和风险评估、采用先进的加密技术保护数据传输和存储。此外，学校应制定详细的数据隐私政策，明确数据收集、使用和共享的范围和目的，确保学生和家长对数据隐私的知情权和选择权。

技术和人才：大数据技术的应用需要专业的技术支持和数据分析人才。学校需要投资培训教师和技术人员，提高其大数据分析和应用的能力，确保大数据技术能够顺利应用于教学评估与质量管理中。这包括开设相关的培训课程、邀请专家进行讲座和研讨、鼓励教师和技术人员参加外部培训和认证项目。同时，学校可以通过引进高水平的数据分析人才和与专业机构合作，提升自身在大数据技术领域的实力。

教师和学生接受度：引入大数据技术可能会对教师和学生的教学和学习习惯产生影响，教师和学生可能对新技术存在一定的抵触心理。学校需要开展相关的培训和宣传工作，提高教师和学生对大数据技术的接受度。可以通过展示大数据技术在教学中的实际应用案例和成效，增强他们对新技术的信心。定期举办技术培训和工作坊，帮助教师和学生熟悉和掌握大数据工具和方法，并提供技术支持和帮助，确保他们能够顺利过渡到新的教学和学习模式。

（五）未来展望

更深度的学科挖掘：未来，大数据技术将更加深入地挖掘学生在不同学科中的学科偏好和潜能,为学科选取、教学设计提供更精准的参考。

多元化数据源整合:未来,大数据分析可能会更多地整合多元化的数据源,包括社交媒体数据、学生参与活动数据、心理健康数据等,从而综合分析学生在学术、社交、心理等多个方面的综合情况,更全面地了解学生,为个性化教学提供更多层面的支持。

教育智能化发展:未来,大数据与人工智能的结合将推动教育智能化的发展。通过大数据分析,结合人工智能技术,实现对学生学习行为、认知水平的智能化监测和预测,为学生提供更为智能、个性化的学习体验。

教育生态系统建设:大数据在教学评估与质量管理中的应用将有助于建设更加完善的教育生态系统。学校、教师、学生及家长之间的信息共享与互动将更加密切,形成一个更具协同效应的教育生态环境。

大数据在教学评估与质量管理中的实践为高校提供了更多可能性,通过对学生学业数据的深度分析、教学效果的科学评估以及个性化教学的实践,有望进一步提升教学质量和满足学生个性化学习需求。然而,随之而来的挑战也不能忽视,包括数据隐私与安全、技术和人才培养、教师与学生接受度等问题需要认真应对。在未来,随着技术的不断创新和应用场景的不断拓展,大数据在教育领域的作用将不断深化,为构建更加智能、个性化的教育体系提供有力支持。通过高校、教育机构和政府的共同努力,大数据技术将在教学评估与质量管理中发挥更为重要的作用,促进教育的创新与发展。

三、大数据对校园管理的全面优化

随着信息技术的飞速发展,大数据技术在各个领域都产生了深远的影响,而在教育领域,尤其是校园管理方面,大数据的应用正在逐渐成为推动高校管理和服务的重要手段。下面将深入探讨大数据对校园管理的全面优化,包括招生管理、学生服务、设施管理、安全监控等多个方面。

（一）招生管理的优化

招生预测与市场分析：大数据技术可以通过分析历年招生数据、社会经济因素、学科热门度等信息，建立招生预测模型，提前预测招生趋势。这有助于学校更精准地制订招生计划，并根据市场需求调整招生策略。

招生渠道优化：大数据分析可以深入了解不同招生渠道的效果，包括线上平台、宣传活动、合作学校等。通过评估招生渠道的质量和效果，学校可以调整资源配置，优化招生渠道的选择和利用。

个性化招生服务：基于大数据对学生信息的个性化分析，学校可以提供更精准的招生服务。从招生资讯推送到面试安排，个性化招生服务有助于提高学生满意度，增加招生成功率。

（二）学生服务的优化

学生学业辅导与指导：大数据分析学生的学科成绩、学业轨迹、参与活动等数据，为学生提供个性化的学业辅导和指导。这有助于及早发现学生学科困难，提供有针对性的帮助，提高学业成绩。

就业指导与匹配：大数据技术可以分析学生的专业背景、兴趣爱好、实习经历等信息，帮助学生找到更匹配的职业方向。通过个性化的就业指导，学生更容易找到符合自身发展规划的工作机会。

个性化校园生活服务：大数据分析学生在校园中的行为习惯、兴趣爱好，为学校提供更多关于学生生活需求的信息。学校可以基于这些信息，提供个性化的校园服务，包括食堂菜单推荐、社交活动组织等。

（三）设施管理的优化

设备维护与更新：大数据可以分析校园内各类设施的使用情况、维护记录等信息，帮助学校合理规划设备维护计划。通过预测设备的寿命和性能，学校可以及时进行设备更新，提高设备利用效率。

空间利用优化：大数据分析可以帮助学校了解校园内不同空间的利用率，包括教室、图书馆、实验室等。通过优化空间利用，学校可以提高教室使用效率，减轻图书馆和实验室的拥挤程度。

能耗管理与环保：大数据可以监测校园内各类设施的能耗情况，为学校提供能源管理的数据支持。通过分析能耗数据，学校可以制定合理的能源使用政策，提高能源利用效率，实现校园的环保目标。

（四）安全监控的优化

校园安全预警：大数据技术可以整合校园内各类监控设备，实现对校园安全的实时监控。通过分析监控数据，学校可以建立安全预警系统，及时发现异常情况并采取措施，提高校园安全水平。

人流与交通管理：大数据分析可以帮助学校了解校园内人流情况、交通流量等信息。通过优化校园内道路设计和交通管理，学校可以提高校园交通流畅度，减少拥堵和事故发生的可能性。

校园网络安全：大数据分析可以监测校园内网络流量，及时发现网络安全威胁。通过建立网络安全预警系统，学校可以加强对校园网络的保护，防范网络攻击和数据泄露风险。

（五）挑战与应对策略

数据隐私和安全问题：随着大数据应用的扩展，学校需要加强对学生和教职员工个人信息的保护。制定严格的数据隐私政策，采用安全加密技术，确保大数据应用过程中的信息安全。

技术和人才：大数据技术的应用需要专业的技术团队和数据分析人才支持。学校应投资培训现有员工，引进和培养具备大数据分析能力的专业人才，确保校园管理团队具备足够的技术素养。

系统集成和互联互通：大数据的全面优化需要各个校园管理系统的有效集成和互联互通。学校应投资于建设先进的信息技术基础设施，确保各管理系统之间的数据流畅传递，实现全面信息共享。

教职员工和学生接受度：引入大数据技术可能会改变教职员工和学生的工作和学习习惯，因此需要充分考虑用户的接受度。开展培训和宣传活动，帮助他们理解大数据的优势，并主动参与到新的管理方式中。

（六）未来展望

智慧校园的构建：随着大数据技术的不断发展，未来的校园管理将朝着智慧校园的方向发展。学校可以整合各类先进技术，包括物联网、人工智能等，构建更为智能、高效的校园管理系统。

学生体验的深化：大数据的全面优化将进一步深化学生的校园体验。通过提供个性化服务、精准的学业辅导、智能化的校园生活服务，学校可以增强学生对校园的融入感和满意度。

绿色、可持续发展：大数据在设施管理和能耗管理中的应用将有助于推动校园绿色和可持续发展。通过实时监控能耗情况、优化设施利用，学校可以降低资源浪费，推动校园实现更为环保的管理方式。

安全管理的智能化：未来，大数据技术将进一步加强校园的安全管理。基于大数据分析的智能化监控系统，能够更准确地预测潜在安全风险，提前采取措施防范，确保校园安全。

大数据在校园管理中的全面优化是一项复杂而有前景的任务。通过对招生管理、学生服务、设施管理、安全监控等多个方面的优化，学校可以提高管理效率，优化资源利用，增强校园安全，提升学生体验。然而，伴随着大数据应用而来的隐私安全问题、技术与人才瓶颈等挑战需要学校和管理团队保持敏锐的意识，制定科学的政策与措施。

第三节 云计算与高校管理的创新模式

一、云计算在学术研究中的作用

在现代高校领域，云计算作为一种先进的信息技术模式，对学术研究的推动作用日益显著。它不仅优化了数据存储与管理，还提高了计算资源的利用效率，促进了全球协同研究，并提升了资源利用效率。下面将深入探讨云计算在高校研究中的应用，包括数据存储与管理、计算资源共享、协同研究与创新等方面。

（一）数据存储与管理

大规模数据存储：在高校的学术研究中，处理大规模的数据是常见的需求，例如实验数据、文献资料和科研数据等。传统的存储方式往往难以应对这些庞大的数据量。云计算提供了弹性、高度可扩展的数据存储服务，使研究人员能够便捷地存储和管理海量数据，解决了传统存储方式无法满足需求的问题。

数据备份与恢复：高校研究中的数据往往具有高度的价值，因此数据的安全性和可靠性至关重要。云计算平台通常提供自动化的数据备份和恢复机制，确保数据在遭遇系统故障或其他问题时能够迅速恢复。研究人员可以无需过多担心数据丢失的风险，更加专注于研究工作。

数据共享与开放：云计算平台为学术研究提供了便捷的数据共享渠道。研究人员可以将自己的数据存储在云端，并与团队成员、合作伙伴甚至全球范围内的其他研究者共享。这种开放的数据共享方式不仅促进了合作研究，还提高了数据的利用率，加速了科研进程。

（二）计算资源共享与弹性计算

高性能计算：许多高校科研项目需要大量的计算能力，例如，模拟、仿真和数据分析等任务。云计算平台提供了强大的计算资源，使研究人员能够在短时间内完成复杂的计算任务。这种高性能计算能力显著提高了科研效率，缩短了研究周期。

弹性计算：云计算的弹性计算特性使研究人员能够根据实际需求动态调整计算资源的规模。在科研项目的不同阶段，研究人员可以迅速获取所需的计算资源，并在项目完成后及时释放，避免了资源的浪费。这种灵活的资源配置方式极大地提高了资源的利用效率。

分布式计算：云计算环境支持分布式计算，使研究人员能够同时运行大量计算任务，充分发挥云计算平台的分布式架构优势。这对于需要大规模并行计算的研究项目尤其重要，能够显著提升计算效率和研究成果的生成速度。

（三）协同研究与创新

全球协同：云计算为全球范围内的学术研究提供了便捷的协作平台。来自不同地区和学科的研究团队可以通过云端资源进行数据共享和协同计算，促进了跨地域、跨学科的研究合作。这种全球协同模式极大地拓宽了研究视野，推动了跨国研究的深入开展。

实时协作：现代云计算平台通常配备了多种在线协作工具，包括文档共享、实时编辑和视频会议等。这些工具使得研究团队能够在全球范围内进行实时协作，提高了团队的工作效率，促进了创新研究的产生。

开放创新：云计算为学术研究提供了开放创新的平台。研究人员可以通过云计算平台访问全球范围内的开源工具和数据集，从而利用他人已经完成的实验数据和研究方法。这种开放创新的模式不仅避免了重复劳动，还推动了科研成果的快速传播和应用。

（四）资源利用效率的提高

灵活的资源配置：云计算提供了灵活的资源配置选项，使研究人员能够根据实际需求选择适当的计算、存储和网络资源。这种灵活性避免了传统计算设施中资源配置不当导致的浪费问题，提高了资源的利用效率。

成本效益：云计算采用按需付费的模式，研究人员无需投入大量资金购买和维护硬件设备，而是根据实际使用情况支付费用。这种计费方式不仅降低了研究项目的运营成本，还使资源利用更加经济。

持续优化：云计算服务商不断对其硬件设备和系统进行升级和优化，保持了计算资源的最新性和性能。研究人员可以在不必担心硬件过时的情况下，始终获得高效的计算支持，从而更专注于科研工作。

（五）面临的挑战与应对策略

数据隐私与安全：在高校研究中，涉及大量敏感数据，数据隐私和安全成为重要问题。为应对这一挑战，云服务商需加强数据加密和访问控制等安全措施，同时，研究人员在上传数据前也应进行适当的脱敏处理，以保护数据的隐私。

技术标准与互操作性：云计算行业尚未形成统一的技术标准，不同云服务商之间存在互操作性问题。为解决这一挑战，研究机构和行业组织应加强合作，推动云计算标准的制定和推广，以实现不同平台间的无缝对接。

人才培养：云计算的应用涉及多领域的技术知识，研究人员需要具备相应的技术能力和背景。高校机构应加强相关领域的人才培养，培养具备云计算知识的跨学科专业人才，以满足科研需求。

（六）未来展望

边缘计算的崛起：随着物联网技术的普及，边缘计算作为云计算的延伸，将在高校研究中发挥越来越重要的作用。边缘计算通过将计算资源和数据存储推向物联网设备附近，提高了数据处理的效率和实时性，为学术研究提供了新的可能性。

人工智能与云计算的深度融合：云计算与人工智能的结合将进一步推动学术研究的创新。利用云计算平台提供的强大计算能力，研究人员可以更深入地开展人工智能算法研究，推动前沿领域的突破。

多云环境的发展：未来，高校研究者可能会更多地利用多个云服务商的资源，构建跨平台的多云环境。这将带来更大的灵活性和选择性，提高学术研究在不同云环境中的适应性。

总之，云计算在高校研究中扮演着越来越重要的角色。通过优化数据存储与管理、计算资源共享、促进协同研究和提升资源利用效率，云计算为学术研究提供了高效、灵活、安全的解决方案。尽管在应用中仍面临一些挑战，但随着技术的不断进步和应用场景的拓展，云计算在高校领域的作用将进一步深化，推动学术界取得更多创新成果。

二、云计算在校园服务中的运用

随着信息技术的不断发展，云计算作为一种先进的计算模式，逐渐渗透到各个领域，为校园服务带来了新的可能性。下面将深入探讨云计算在校园服务中的运用，包括教育信息化、学生服务管理、教学资源共享等多个方面。

（一）教育信息化

学校管理系统云化：通过将学校管理系统搭建于云计算平台上，学校能够实现对学生信息、教学计划、考勤等数据的高效管理。云化的学校管理系统使得校园工作人员可以随时随地通过互联网访问系统，提高了工作的便捷性和灵活性。

在线教育平台：利用云计算技术，学校可以搭建弹性、高可用的在线教育平台。教育资源、课程内容可以存储在云端，学生和教师可以通过云服务随时随地获取学习资料，进行在线学习和教学。

虚拟教室与远程教学：云计算支持虚拟化技术，学校可以建立虚拟教室，实现远程教学和在线会议。这对于跨地区、跨校区的合作教学以及突发事件下的在线教学都具有重要意义。

（二）学生服务管理

学生信息管理：通过云计算平台，学校能够建立全面、动态的学生信息数据库。学生的个人信息、成绩记录、健康信息等可以实时更新，学校工作人员可以随时查询和更新学生信息，提高学生服务的效率。

一卡通与支付服务：云计算技术可以将一卡通和支付服务整合到云端，实现校园卡的多功能化。学生可以通过手机 App 或线上平台完成课程缴费、图书馆借阅等服务，提升了校园服务的便捷性。

在线选课系统：利用云计算，学校可以搭建弹性、高可用的在线选课系统。学生可以通过网络平台实现选课、调课等操作，提高了选课过程的效率，同时降低了选课系统维护的成本。

（三）教学资源共享

数字图书馆与资源库：云计算支持大规模的数据存储与共享，学校可以建立数字图书馆和教学资源库。师生可以通过云平台轻松访问到丰富的教学资源，包括电子书籍、学术论文、多媒体教材等，提高了教学资源的可及性。

在线作业和评价系统：学校可以利用云计算搭建在线作业和评价系统，教师可以在线布置作业、学生可以在线提交作业，同时云平台还支持自动评分和评价。这不仅提高了作业和评价的效率，也减轻了教师的工作负担。

实验室与设备共享：云计算支持虚拟化技术，学校可以建立虚拟实验室，使得学生无需亲自到实验室，就可以通过云端平台进行实验操作。这不仅提高了实验室设备的利用率，还为学生提供更加便捷的学习方式。

（四）安全与隐私保护

数据加密与隐私保护：在云计算中，学校的教育数据可能涉及学生的个人隐私，因此数据的安全和隐私保护至关重要。云计算平台通常提供强大的数据加密和隐私保护机制，确保教育数据在传输和存储过程中得到充分的保护。采用加密技术可以有效防止敏感信息被未经授权的访问。

身份认证与访问控制：云计算平台可以通过强大的身份认证和访问控制机制来管理用户对教育数据的访问权限。只有经过授权的用户才能获取特定数据，从而保障数据的安全性。

灾备与容灾机制：为应对数据丢失和系统故障等风险，学校可以借助云计算平台提供的灾备与容灾机制。云服务商通常会在多个地理位置备份数据，确保即使出现灾难性事件，教育数据依然能够安全可靠地恢复。

（五）成本与资源管理

按需付费模式：云计算采用按需付费的模式，学校只需支付实际使用的计算、存储等资源费用，无需提前大量投入硬件设备和维护人员。这种灵活的计费模式为学校带来了成本上的节约和管理的便利。

资源弹性配置：云计算平台支持资源的弹性配置，学校可以根据实际需求灵活调整计算和存储资源的规模。这种资源弹性配置使得学校能够更加高效地利用资源，避免了传统IT设备因配置不足或过剩而导致的浪费。

系统性能监控与优化：云计算平台通常提供系统性能监控和优化工具，帮助学校实时了解系统运行状态，及时发现并解决性能瓶颈问题。这有助于提高系统的稳定性和可靠性。

（六）面临的挑战与应对策略

网络安全问题：云计算涉及数据的网络传输，存在一定的网络安全隐患。学校需要加强网络安全意识教育，采取有效的加密措施和防火墙等安全设施，保障教育数据在传输过程中的安全性。

供应商选择与数据所有权：学校在选择云服务供应商时需谨慎，了解供应商的数据安全措施和隐私政策。同时，明确数据的所有权和归属关系，确保在合作关系中学校对数据有充分的掌控权。

技术培训与人才储备：引入云计算需要学校的管理人员和教职工具备相应的技术知识。学校应该加强技术培训，培养一支熟悉云计算技术的专业团队，以确保系统的正常运行和高效管理。

（七）未来展望

边缘计算与 5G 技术的应用：随着边缘计算和 5G 技术的逐渐普及，校园服务可以更好地利用边缘计算节点和高速网络，提供更为快速、低延迟的服务。这将推动校园服务的智能化和高效化。

人工智能与智能校园建设：云计算与人工智能的深度融合将促使智能校园建设。通过云计算平台支持的大数据分析和机器学习算法，学校可以更好地理解师生需求，提供个性化、智能化的校园服务。

社交化校园服务：未来，校园服务将更加注重社交化，通过云计算平台构建社交化的教学和学习环境。师生可以通过云服务平台分享资源、交流心得，促进校园社区的建设和学术交流的繁荣。

云计算在校园服务中的运用为学校提供了更加灵活、高效、安全的信息化解决方案。通过教育信息化、学生服务管理、教学资源共享等方面的创新，学校能够更好地满足师生需求，提高服务质量和效率。然而，面对网络安全、技术培训等挑战，学校需要积极采取相应的应对策略，确保云计算在校园服务中的顺利应用。未来，随着技术的不断发展，云计算将在校园服务中发挥越来越重要的作用，为教育领域带来更多创新和便利。

三、构建高效的云计算平台

在现代高校环境中，随着信息技术的飞速发展，云计算作为一种灵活、高效且可扩展的计算模式，正日益成为推动高校教学、科研和管理工作的关键工具。构建高效的云计算平台对于高校而言，不仅能够提升教学和科研效率，还能优化校园管理和资源配置。下面将深入探讨构建高效的云计算平台在高校中的应用，包括架构设计、性能优化、安全保障等多个方面。

（一）架构设计

分布式架构：对于高校而言，分布式架构是构建高效云计算平台的基础。在高校的科研和教学过程中，往往涉及大量的计算任务和数据处理需求。通过将计算、存储和网络资源分布在多个节点上，可以实现高度的可伸缩性和可用性，确保系统能够支持来自不同学科、不同实验室的需求。分布式架构还有助于负载均衡，避免因单一节点过载而导致的性能下降，确保教学和科研活动的顺利进行。

弹性计算：高校的云计算平台需要具备弹性计算能力，以便根据不同时间段的需求动态分配和释放计算资源。例如，在期末考试期间，计算资源需求会急剧增加，而在假期期间则相对较低。通过弹性计算，平台能够根据实际需要调整资源配置，提高资源利用率，降低运营成本，同时避免因资源不足而影响教学和科研工作的效率。

虚拟化技术：虚拟化技术在高校中尤为重要，因为它能够将物理资源抽象成虚拟资源，提高系统的灵活性和资源利用率。例如，虚拟机（VM）可以为不同的实验室和研究团队提供隔离的计算环境，而容器化技术（如Docker）能够简化应用程序的部署和管理。这种灵活性使得高校能够更高效地分配和管理计算资源，满足不同学科和研究项目的需求。

（二）性能优化

资源优化与监控：在高校的云计算平台中，实时监控系统资源的使用情况是确保性能的关键。通过采用自动化工具和监控系统，能够及时发现性能瓶颈和不足之处，从而进行优化调整。例如，科研数据的处理和分析可能需要大量计算资源，实时监控能够确保这些资源在高负载时能够稳定运行，不影响科研进度。

缓存技术：合理使用缓存技术可以显著提升系统性能。在高校中，学生和教职工频繁访问的教学资源、课程资料和研究数据可以通过缓存技术提高访问速度。例如，将常用的教学视频或研究数据缓存到内存中，可以减少对存储设备的访问次数，降低响应时间，提升用户体验。

负载均衡：在高校的云计算平台中，负载均衡能够有效分配请求到多个服务器，避免单一节点的过载。这对于高访问量的教学系统或科研平台尤为重要。例如，在进行大规模在线考试或学术会议时，通过负载均衡能够确保系统稳定运行，提高整体性能和可用性。

（三）安全保障

数据加密与隐私保护：高校的云计算平台处理大量的敏感数据，包括学生个人信息、科研数据和财务记录。因此，必须采取有效的数据加密措施，保障数据的安全性。例如，使用 SSL/TLS 协议对数据传输进行加密，同时在存储阶段采用加密算法保护数据。制定严格的隐私保护政策，确保用户信息的安全，并符合相关法规要求。

身份认证与访问控制：在高校的云计算平台中，强化身份认证和访问控制是保障系统安全的重要措施。采用多因素身份认证、单点登录（SSO）等技术，可以有效防止未经授权的访问。同时，建立细粒度的访问控制策略，确保教职工、学生和外部合作伙伴只能访问其授权的资源，防止数据泄露和滥用。

网络安全防护：高校云计算平台的网络安全同样需要重视。通过部署防火墙、入侵检测系统（IDS）和入侵防御系统（IPS）等设备，能够增强对平台的边界防护。此外，虚拟专用网络（VPN）可以保障内部通信的安全，防止数据在传输过程中被截获。

（四）成本管理

按需付费模式：云计算的按需付费模式使得高校能够根据实际使用的资源支付费用，避免了传统硬件购置的高成本。例如，某些课程和科研项目在特定时间段需要更多计算资源，而在其他时间段则可以减少资源投入。按需付费模式有助于高校合理控制预算，提高资金的使用效率。

资源利用效率：确保资源的充分利用是成本管理的关键。通过实时监控和优化系统资源使用，可以避免资源的闲置浪费，提高资源的经济效益。例如，使用弹性计算和自动化工具，根据实际需求调整资源规模，避免在高峰时段资源不足，在低谷时段资源浪费。

开源软件与工具利用：利用开源软件和工具可以降低系统构建和维护的成本。开源社区提供了许多高质量的工具，如 OpenStack 和 Kubernetes，这些工具能够帮助高校构建高效且成本低廉的云计算平台，同时也支持学术研究的开放性和共享性。

（五）容灾与备份

分布式备份策略：高校的云计算平台必须建立完善的容灾和备份机制，以防止因硬件故障、自然灾害等导致的数据丢失。通过采用分布式备份策略，将数据备份到不同地理位置，可以确保数据的可靠性和持久性。例如，将重要的科研数据和教学资源备份到多个数据中心，确保在主站点发生故障时能够迅速恢复。

灾备方案设计：制订详细的灾备方案是确保云计算平台高可用性的关键步骤。选择不同地理区域的数据中心作为灾备站点，能够在主站点发生故障时快速切换到备用站点，保障教学和科研活动的连续性。

定期演练和测试：对灾备方案进行定期演练和测试，能够确保在实际故障发生时，灾备系统能够快速而可靠地启动。这有助于发现潜在问题，提高系统的容灾能力，确保高校的核心业务不受影响。

（六）面临的挑战与应对策略

安全挑战：高校的云计算平台面临各种安全威胁，如数据泄露和网络攻击。应对这些挑战，需要建立完善的安全策略，定期进行安全审计，并采用最新的安全技术和工具。例如，实施数据加密、访问控制和网络安全防护，确保平台的整体安全性。

性能瓶颈：随着用户量的增加和业务规模的扩大，云计算平台可能会出现性能瓶颈。采用分布式架构、缓存技术和负载均衡等手段，可以有效优化系统性能，提高处理能力。例如，在考试期间可能会面临大量并发请求，通过负载均衡能够确保系统的稳定运行。

合规性要求：高校在构建云计算平台时，需要遵循不同地区和行业的数据安全和隐私合规性要求。了解并遵守相关法规和标准，确保平台符合法规要求，避免潜在的法律风险。例如，符合 GDPR 或其他数据保护法规的要求，保障用户数据的合法使用。

（七）未来发展趋势

边缘计算的整合：随着物联网技术的发展，边缘计算作为云计算的延伸，将成为高校云计算平台的重要组成部分。边缘计算通过将计算资源推向物联网设备附近，提高数据处理效率和实时性，能够更好地支持校园智能设备和应用。

人工智能的应用：未来，云计算平台将更加深度融合人工智能技术，支持复杂的数据分析、机器学习和深度学习任务。这将推动高校在智能化教育、科研分析等领域的应用，提供更丰富的服务和支持。

区块链技术的整合：区块链技术的引入将增强云计算平台在数据安全和信任建设方面的能力。通过区块链的去中心化和不可篡改特性，能够提高数据的透明性和可追溯性，为高校的数据管理和共享提供新的解决方案。

第四节　智能化教务系统的建设与优化

一、智能教务系统的设计与实施

随着信息技术的飞速发展，教育领域也逐渐迎来了数字化转型的浪潮。智能教务系统作为现代高校管理的核心工具之一，其设计与实施对于提升教育管理效能、优化教学流程至关重要。下面将深入探讨智能教务系统的设计原理、关键功能以及实施过程。

（一）设计原理

系统整体架构：智能教务系统的设计应以分布式、模块化为基础。采用微服务架构，将系统拆分为多个独立的服务模块，使系统更具灵活性和可扩展性。这有助于系统的快速部署和维护。

用户体验设计：注重用户体验是智能教务系统设计的关键。通过人机交互界面的优化，确保用户能够轻松、直观地使用系统。采用响应式设计，使系统适应不同终端设备，提高用户满意度。

大数据与分析：利用大数据技术对教务数据进行采集、存储和分析。通过对学生学习行为、课程效果等数据的深入挖掘，为教学决策提供数据支持，促进教育质量的提升。

智能算法应用：引入机器学习和人工智能算法，通过对学生学科兴趣、学习风格等方面的分析，实现个性化教育服务。智能推荐系统可以为学生提供更符合其需求的选课建议，优化教学资源配置。

（二）关键功能

学籍管理：包括学生档案信息、选课信息、成绩记录等的管理。通过智

107

能教务系统，学校可以更加高效地管理学生的学籍信息，为学生成绩、奖惩等提供全面的记录。

课程管理：提供在线选课、课程表查询等功能，支持学生根据个人兴趣和专业方向灵活选择课程。教务系统可以根据学生选课情况进行智能排课，避免课程冲突。

教学计划与评价：学校可以制订课程计划，并通过系统对课程质量和教学效果进行评估。智能教务系统还能够提供学生评教功能，促进教学质量的不断提升。

考试与成绩管理：支持在线考试安排、成绩录入和查询。系统能够自动计算学生成绩，提供成绩分析报告，帮助学校更好地了解学生学业发展状况。

学生服务：提供学生在线咨询、请假申请、学籍证明等服务。系统可以自动处理一些常见的学籍变更流程，提高学生服务效率。

教职员工管理：管理教师档案、授课安排、科研任务等信息。教师可以通过系统提交教学计划、查询学生信息，实现教职员工信息的一体化管理。

（三）实施过程

需求分析与规划：在实施智能教务系统之前，进行全面的需求分析，了解学校管理的具体需求。制定详细的实施规划，包括系统上线时间、人员培训计划等。

系统选择与定制：根据学校的实际情况选择合适的教务系统，可以选择现成的商业系统或进行定制开发。在选择的基础上，进行二次开发或定制化，以满足学校个性化的管理需求。

数据迁移与系统集成：将学校已有的学籍、成绩等数据迁移至新系统，并确保数据的一致性和完整性。进行系统集成，与其他学校管理系统（如人事系统、财务系统等）进行对接，实现信息共享。

培训与推广：对学校教职员工进行系统培训，使其熟练掌握系统的使用方法。同时，进行学生和家长的推广工作，提高他们对智能教育系统的认知和使用率。

上线与监测：在培训完成后，逐步上线智能教务系统。实施初期，需要进行系统监测，及时发现和解决可能出现的问题，确保系统的稳定运行。

持续改进与升级：智能教务系统的实施并非一次性的工作，学校需要建立健全的系统运维团队，定期进行系统的性能评估、用户满意度调查，及时进行系统的升级和优化。通过不断改进系统功能，引入新的技术和理念，确保系统始终保持与时俱进的状态。

（四）面临的挑战与应对策略

数据安全挑战：教务系统涉及大量敏感信息，数据安全是系统实施中的重要问题。建立健全的数据加密和访问控制机制，定期进行安全审计，以应对潜在的数据泄露和网络攻击。

用户培训困难：教职员工和学生可能对新系统的使用产生抵触情绪，导致培训难度加大。制订详细的培训计划，提供多样化的培训方式，包括在线培训、面对面培训等，以减缓用户学习曲线。

系统集成问题：在教务系统与其他管理系统集成过程中，可能会遇到数据不匹配和接口不兼容等问题。因此，在实施之前需要进行充分的系统集成测试，以确保各系统之间能够顺畅通信，避免形成信息孤岛。通过这些测试，可以及时发现并解决潜在问题，确保系统的稳定和高效运行，从而提升整体管理效能。

用户体验挑战：如果系统界面复杂，操作烦琐，用户体验会受到影响。通过引入用户体验设计专家，优化系统界面，提高系统的易用性和用户满意度。

（五）未来的发展趋势

人工智能应用：未来的智能教育系统将更加注重人工智能技术的应用，通过大数据分析和机器学习算法，为学生提供更个性化、精准的教育服务，促进学生成绩的提升。

区块链技术整合：区块链技术的引入可以提高学生学历背书的可信度，实现学历证书的去中心化存储和验证。这有助于解决学历造假等问题，提高学历证书的安全性和可靠性。

移动化与云服务：未来的智能教务系统将更加注重移动端的应用，支持学生和教职员工随时随地进行信息查询和管理。同时，云服务的广泛应用将提高系统的灵活性和可扩展性。

开源化发展：开源教务系统的发展趋势将逐渐增强，学校可以更加灵活地选择、定制适合自身需求的系统。开源社区的支持也将推动教务系统技术的不断创新。

智能教务系统的设计与实施是高校信息化建设的关键环节，对于提高管理效能、提升教学质量具有重要意义。在设计原理上，系统的整体架构、用户体验设计、大数据与分析、智能算法应用是构建优秀智能教务系统的基石。在关键功能上，学籍管理、课程管理、教学计划与评价、考试与成绩管理等功能能够全面支持学校的管理需求。在实施过程中，需求分析、系统选择与定制、数据迁移与系统集成、培训与推广、上线与监测、持续改进与升级是构建智能教务系统的步骤。

面临的挑战包括数据安全、用户培训、系统集成等方面，但通过采取相应的应对策略，可以克服这些难题。未来，智能教育系统将更加注重人工智能、区块链技术、移动化和云服务的应用，以适应数字化时代教育管理的不断变革。通过持续的创新和改进，智能教务系统将为高校管理提供更为高效、智能的解决方案。

二、教务系统在学生管理中的运用

教务系统作为高校信息化建设的核心组成部分，扮演着学生管理的关键角色。通过整合学生信息、课程管理、成绩评价等功能，教务系统为学校提供了高效、精准的学生管理工具。下面将深入探讨教务系统在学生管理中的应用，包括关键功能、优势、挑战以及未来发展方向。

（一）教务系统的关键功能

学籍管理：教务系统存储学生基本信息，包括个人档案、身份证明、联系方式等。通过学籍管理功能，学校可以迅速查阅学生的入学信息、专业信息、年级信息等，为学生提供全方位的学籍服务。

选课与课程管理：学生可以通过教务系统进行在线选课，系统自动检查课程冲突，提供选课建议。同时，课程管理功能使学校能够更灵活地安排课程，实时调整课表，提高教学效果。

成绩管理与查询：教务系统记录学生的成绩信息，支持在线查询。学生可以随时查阅个人成绩，同时学校可以通过系统进行成绩分析，及时发现学科教学的弱项，有针对性地改进教学质量。

学业评估与规划：教务系统通过对学生学业的全面评估，为学生提供学业规划建议。通过智能算法，系统可以分析学生的学科兴趣、潜能等，提供个性化的学业规划，帮助学生更好地选择专业和课程。

学生服务与反馈：学生可以通过教务系统进行在线请假、选课咨询、教学评价等服务。系统能够自动处理一些学籍变更流程，减轻行政工作负担，提高学生服务效率。

（二）教务系统的优势体现

信息集中管理：教务系统将学生信息集中管理，消除了传统手工记录的烦琐过程。学校工作人员可以通过系统迅速获取学生相关信息，提高信息检索和管理效率。

实时数据更新：教务系统可以实时更新学生的选课情况、成绩信息等，确保数据的准确性和及时性。这对于学校的决策和学生的自我管理都具有重要意义。

自动化流程处理：教务系统能够自动处理一些学籍变更、选课冲突等流程，减轻了学校行政工作的负担，提高了流程处理的效率。

个性化服务：基于学生的历史数据和学科兴趣，系统可以提供个性化的学业规划和课程推荐，帮助学生更好地规划学业，提高学业满意度。

（三）教务系统的在使用中的挑战

数据安全与隐私：教务系统涉及大量学生敏感信息，如何确保数据的安全性和隐私保护是一个重要挑战。系统需要采取强化的安全措施，包括加密传输、权限管理等。

用户培训与接受度：教职员工和学生对于新系统的使用可能存在一定的抵触情绪，需要进行充分的用户培训，提高用户对系统的接受度。

系统集成问题：教务系统需要与其他管理系统进行集成，可能面临数据不匹配、接口不兼容等问题。在实施前需要进行充分的系统集成测试，确保系统之间能够顺畅通信。

（四）教务系统的未来发展趋势

人工智能与大数据应用：未来的教务系统将更加注重人工智能和大数据技术的应用，通过对学生学习行为、学科兴趣的深度分析，为学生提供更个性化的学业服务。

区块链技术整合：引入区块链技术可以显著提高学生学历认证的可信度。通过去中心化存储和验证学历证书，区块链技术为学历信息提供了更为安全可靠的保障，防止篡改和伪造。这不仅有助于解决学历造假的问题，还可以简化学历验证流程，提高效率和透明度。

移动端应用与云服务：未来的教务系统将更加注重移动端的应用，支持学生和教职员工随时随地进行信息查询和管理。同时，云服务的广泛应用将提高系统的灵活性和可扩展性。

教务系统在学生管理中的运用为高校提供了高效、精准的学生管理工具。通过整合学生信息、课程管理、成绩评价等功能，系统能够集中管理多方面的数据，实现信息的集中化和自动化处理。关键功能包括学籍管理、选课与课程管理、成绩管理与查询、学业评估与规划、学生服务与反馈，这些功能全面支持学校对学生的管理需求。

教务系统的优势主要体现在信息的集中管理、实时数据更新、自动化流程处理以及个性化服务等方面。这不仅提高了学校管理的效率，还为学生提供了更好的学习体验和服务。

然而，教务系统的应用也面临一些挑战，如数据安全与隐私、用户培训与接受度、系统集成问题等。这些挑战需要系统设计者和学校管理者采取相应的措施，确保系统的顺利运行和用户的满意度。

未来，教务系统的发展趋势将更加注重人工智能与大数据的应用，以提供更个性化、精准的学生管理服务。区块链技术的整合将提高学历证书的可信度，移动端应用与云服务的发展将使系统更加灵活和便捷。这些发展趋势将进一步推动教务系统的创新与升级。

在使用教务系统的过程中，学校需要不断关注系统的安全性和隐私保护，注重用户培训与推广，解决系统集成问题。

三、智能化系统在课程安排与考试管理中的效果

随着信息技术的快速发展，智能化系统在教育管理领域的应用逐渐成为一种趋势。在高校中，智能化系统在课程安排与考试管理方面的应用，不仅

提高了效率，还为学校提供了更科学、合理的管理手段。下面将深入探讨智能化系统在课程安排与考试管理中的效果，包括关键功能、优势、挑战以及未来发展趋势。

（一）智能化系统的关键功能

智能排课系统：智能排课系统利用算法分析学生选课需求、教室资源和教师排班等信息，自动生成合理的课程安排。通过考虑各种约束条件，如时间冲突、教室容量等，系统能够在短时间内完成一学期甚至一年的课程排定。

在线选课系统：在线选课系统允许学生通过网络平台进行选课，系统根据学生的个人信息、专业要求和课程时间表等因素，智能地提供选课建议，并确保学生所选课程不发生时间冲突。这有助于提高学生的选课效率和满意度。

考试安排与监控系统：智能考试系统能够根据学生选课情况、教室容量等因素，智能地制定考试安排。同时，系统还可以通过监控设备实时监控考场情况，确保考试的公平、安全进行。

个性化课程推荐：基于学生的学科兴趣、选课历史和学业表现，智能系统可以提供个性化的课程推荐。这有助于学生更好地规划学业，选择符合个人兴趣和发展方向的课程。

（二）智能化系统的优势

提高效率：智能排课系统可以在短时间内生成最优的课程安排，避免了传统手工排课的烦琐和时间浪费。在线选课系统节省了学生和教务人员的时间，提高了选课效率。

优化资源利用：智能系统通过全面分析学校的教室资源、教师资源和学生选课需求，实现了资源的最优配置，确保了教学资源的充分利用。

减少冲突与错误：智能排课系统可以全面考虑各种约束条件，降低了排课过程中出现的时间冲突和教室冲突的概率。在线选课系统通过智能算法避免了学生选课时发生的时间冲突，减少了选课错误的发生。

提高学生满意度：个性化课程推荐系统可以更好地满足学生的学科兴趣和需求，使学生更愿意选择并参与课程，提高了学生的满意度和参与度。

（三）智能化系统的挑战

技术实现难度：智能排课系统和在线选课系统的实现涉及复杂的算法和大量的数据处理，技术实现上存在一定的难度。需要高水平的技术团队来保证系统的稳定运行。

数据安全与隐私：涉及学生个人信息和课程安排等敏感数据，系统在数据存储和传输方面需要采取严格的安全措施，以保护学生的隐私。

用户培训与接受度：学生和教务人员需要适应新系统的使用，这涉及一定的用户培训和推广工作。系统的成功运行需要用户对智能化系统的接受度。

（四）智能化系统的未来发展趋势

人工智能与大数据应用：未来智能化系统在课程安排与考试管理中将更多地应用人工智能和大数据技术。通过深度学习算法，系统能够更准确地分析学生的选课偏好、学科表现等，提供更智能的排课和选课建议。

区块链技术整合：区块链技术的应用可以增加考试安排的透明度和安全性。考试成绩等信息的存储和验证通过区块链的去中心化特性，能够有效防范作弊和篡改。

移动端应用与云服务：未来的系统将更加注重移动端应用，学生和教职员工可以通过手机或平板轻松地进行课程安排和考试管理。云服务的应用将提高系统的灵活性和可扩展性。

　　智能化系统在课程安排与考试管理中的应用，极大地提高了管理效率和资源利用效率。通过智能排课系统和在线选课系统，学校能够更科学、合理地进行课程和考试管理，减少冲突和错误，提高学生的满意度。然而，智能化系统在应用中仍然面临技术实现难度、数据安全与隐私、用户培训与接受度等挑战。

　　未来，智能化系统在课程安排与考试管理中的发展趋势将更加注重人工智能与大数据的应用。通过深度学习算法，系统将更准确地理解学生的学习需求，为其提供更个性化的服务。同时，区块链技术的整合将增加考试管理的透明度和安全性，移动端应用与云服务的发展将使系统更加灵活和便捷。

　　在实际应用中，学校需要克服技术实现难度，确保系统的安全性与隐私保护。同时，进行用户培训与推广，提高用户对智能化系统的接受度，使系统更好地融入学校管理体系。

第四章

跨学科合作的管理模式

第一节　跨学科合作的定义与背景

一、跨学科合作的理念与内涵

（一）定义与背景

跨学科合作定义：跨学科合作指的是来自不同学科领域的专家、研究者和从业者，通过协同工作、知识共享和资源整合，共同解决特定问题或探索新知识的过程。它超越了传统学科的界限，致力于整合多学科的知识和方法，从而实现更全面、深入的理解和创新。

背景：随着科技和社会的快速发展，学科之间的界限逐渐模糊。20 世纪末，复杂问题的出现推动了学科交叉和协作。跨学科合作在学术研究中变得尤为重要，因为它能帮助解决单一学科难以应对的问题，并推动科学技术的进步。

（二）跨学科合作的重要性

解决复杂问题：许多现实问题涉及多个学科，单一学科的方法往往难以全面解决。跨学科合作能够整合不同领域的专业知识，提供更为全面和深入的解决方案。例如，高校中的生物信息学、计算机科学和医学等领域的协作，能够更好地推进疾病研究和治疗方案的开发。

促进创新：跨学科合作为不同学科的交叉融合创造了更多的创新机会。在高校中，不同学科的结合能够产生新的研究视角和方法，如工程学和生物学的结合促进了生物工程的发展。

拓展学科边界：跨学科合作有助于打破学科壁垒，实现知识的跨越式发展。例如，高校中的环境科学和城市规划的结合，推动了可持续城市发展的新方法和策略。

应对全球性挑战：全球性问题如气候变化和疾病防控需要综合性的跨学科研究。高校通过与国内外机构的合作，能够汇聚全球资源和智慧，解决复杂的全球性问题。

（三）跨学科合作的原则与内涵

共享知识与资源：跨学科合作强调不同学科之间的知识和资源共享。在高校中，跨学科团队可以通过共享实验设备、数据和研究成果，提高研究效率和质量。

尊重学科差异：合作过程中需要尊重不同学科的独特性。高校中的跨学科团队应当理解并尊重各自领域的专业背景，避免出现学科优越感。

开放性与灵活性：跨学科合作要求团队具备开放的思维和灵活的组织结构。高校应当支持跨学科项目的灵活管理和调整，以适应不断变化的研究需求。

跨越界限与融合创新：跨学科合作旨在跨越学科边界，实现知识的融合创新。例如，在高校中，工程与人文学科的结合可能带来新的技术应用或社会研究成果。

（四）跨学科合作的挑战

沟通困难．不同学科有各自的专业术语和思维方式，这可能导致沟通障碍。高校应当建立有效的沟通机制，以促进团队成员之间的理解和协调。

学科壁垒：学科体系的设立可能导致学科之间的壁垒。高校需要通过建立跨学科合作平台和机制，打破学科之间的障碍。

权责分配：跨学科合作涉及多方参与，可能会出现权责分配和成果共享的问题。高校应当制定公平的合作协议和机制，确保合作过程的公正性。

组织结构问题：传统的学科组织结构可能难以适应跨学科合作的需求。高校需要灵活的组织结构来支持复杂的合作关系和项目管理。

（五）未来的发展趋势

技术驱动：信息技术和人工智能的发展将为跨学科合作提供强大的支持。高校可以利用大数据分析和机器学习等技术，推动跨学科研究的深入发展。

国际化合作：跨学科合作将越来越国际化，涉及跨国界的学科合作。高校通过国际合作，能够汇聚全球资源，解决更广泛的全球性问题。

教育体系变革：未来的教育模式将更加注重跨学科课程的设计和学科边界的拓展。高校应当改革教育体系，培养具备跨学科思维和合作能力的人才。

产业界参与：跨学科合作的需求将不断增加，产业界将积极参与到学术研究中。高校可以与产业界合作，推动科研成果的应用和社会需求的满足。

跨学科合作作为应对当今复杂性问题的有效手段，不仅能够解决传统学科单一性带来的局限，还能够促进创新和加速问题解决的进程。在高校中，通过共享知识与资源、尊重学科差异、开放性与灵活性、跨越界限与融合创新等原则，克服沟通困难、学科壁垒、权责分配和组织结构问题，未来跨学科合作将为学术界和社会带来更多的创新成果和发展机会。

二、国际跨学科合作的趋势

随着全球化的进程不断推进和科技的迅猛发展，高校国际跨学科合作正在成为学术界关注的重要趋势。这种合作不仅是应对全球性挑战的有效途径，也是推动学术创新、提升教育质量和促进社会发展的关键。以下将探讨高校国际跨学科合作的趋势，包括推动因素、领域特点、面临的挑战与机遇，以及未来的发展方向。

（一）推动高校国际跨学科合作的因素

全球性问题的增多推动了高校国际跨学科合作的深入发展。现代社会面临着诸如气候变化、公共健康危机、资源短缺等复杂的全球性问题，这些问题往往超越了单一学科的研究范围。为了找到有效的解决方案，高校必须跨越学科界限，开展广泛的国际合作。通过整合不同学科的知识和技术，跨学科团队能够更全面地理解问题的根源，并提出创新性的解决方案。

科技进步是推动国际跨学科合作的另一个重要因素。先进的通信技术、大数据分析、人工智能等科技手段为高校的国际合作提供了强有力的工具支持。这些技术不仅简化了跨国研究团队之间的沟通，还提高了数据处理和分析的效率。高效的科技工具使得各国的研究人员能够更好地协作，推动了跨学科研究的进展。

国际合作网络的建立也促进了高校之间的跨学科合作。近年来，许多高校通过建立国际合作伙伴关系，形成了跨国研究联盟。这些联盟通过共享资源、知识和技术，促进了跨学科合作的深入开展。例如，一些高校在国际合作中共同开发课程、设立联合实验室，提升了教育和研究的质量。

知识传播的便捷性为高校国际跨学科合作提供了支持。信息技术的普及和互联网的发展使得研究成果和学术交流变得更加迅速和广泛。高校研究者可以方便地获取来自全球的最新研究成果，并与国际同行进行交流。这种知识的自由流动促进了不同学科之间的合作，推动了科学研究和教育的发展。

（二）高校国际跨学科合作的领域特点

在生物医学领域，国际跨学科合作尤为显著。生物医学研究涉及生物学、医学、工程学等多个学科，需要综合多方面的知识进行研究。高校通过国际合作，能够将不同领域的专家聚集在一起，共同攻克医学难题。例如，许多高校通过跨国合作研究新药物的开发和疾病治疗策略，有效促进了医学科学的进步。

可持续发展领域也是高校国际跨学科合作的重要领域。全球面临的环境和能源问题需要多学科的协同努力来解决。高校通过跨学科合作，开发出创新性的可持续发展技术和策略。例如，一些高校在国际合作中开展了绿色能源的研发、气候变化的研究等项目，这些合作不仅推动了环境保护，也为可持续发展提供了实践方案。

人工智能领域的跨学科合作也正在不断深化。人工智能技术的应用涉及计算机科学、社会学、伦理学等多个学科。高校通过国际合作，能够对人工智能的社会影响进行全面的研究。例如，一些高校联合研究人工智能在教育、医疗等领域的应用，并探讨其对社会的伦理和法律影响，从而推动人工智能技术的健康发展。

应对突发事件，如疫情暴发和自然灾害，体现了跨学科合作的重要性。高校通过国际合作，共享数据和资源，提高了对突发事件的响应能力。例如，许多高校在疫情期间开展了跨国研究，分析病毒传播模式、制定防控策略，从而为全球公共健康做出了贡献。

（三）高校国际跨学科合作的挑战与机遇

文化差异是高校国际跨学科合作中面临的一个主要挑战。不同国家和地区的文化背景和工作风格差异可能导致合作中的沟通困难。在高校领域，如何克服这些文化障碍，建立有效的合作机制，是一个重要课题。高校可以通过文化交流活动和跨文化培训来缓解这些问题，增强合作的顺利进行。

语言障碍也是跨国合作中的一个重要挑战。语言差异可能影响到合作的效率和成果。在高校的国际合作项目中，如何有效解决语言问题，确保信息的准确传递，是一个关键问题。利用翻译技术和多语言支持系统，可以帮助克服语言障碍，提高合作的效率。

法律和伦理问题也是国际跨学科合作中的挑战之一。不同国家的法律和伦理标准差异可能影响合作的顺利进行。在高校的国际合作中，制定统一的法律框架和伦理准则是必要的。高校需要确保在合作过程中，知识产权、数据隐私等问题得到妥善处理，以保障合作的合法性和有效性。

资源不均衡问题也需要引起关注。不同国家和地区的高校在资源分配上可能存在不均衡现象，这可能导致合作中的不平等。为了实现公平的合作关系，高校需要制定有效的资源分配机制，确保各方在合作中的平等地位。这不仅有助于提升合作的效果，也能够促进全球学术交流的公平性。

（四）未来的发展方向

加强国际合作平台建设是未来高校国际跨学科合作的重要方向。建立开放、便捷的国际合作平台，能够促进不同学科和国家之间的交流与合作。通过这些平台，高校可以共享资源、知识和技术，提升国际合作的效果和影响力。

推动数字化合作也是未来的发展趋势。利用先进的数字技术，能够实现国际合作项目的数字化管理，提高协同效率。数字化技术可以帮助克服语言和文化差异带来的问题，提高跨学科合作的质量和效率。

加强跨学科人才的培养是未来发展的关键。高校需要培养具有综合素养的跨学科人才，提升研究者在国际合作中的能力。通过多学科的课程设置和实践培训，能够使研究者更好地适应跨学科合作的需求，推动学术研究的创新和发展。

关注全球性问题的解决也是未来发展的重要方向。高校应建立全球合作的共同体，利用跨学科合作解决全球性挑战。通过加强国际协作，高校可以为全球范围内的科学进步和社会发展做出更大的贡献。

三、跨学科合作对高校管理的定义、特点和影响

高校作为知识创新和人才培养的中心，其管理模式的不断创新对于适应社会变革至关重要。近年来，跨学科合作作为一种新型的学术研究和管理模

式，逐渐引起高校管理者的关注。下面将探讨跨学科合作对高校管理的影响，包括推动研究创新、提升教学质量、拓展学科交叉、挑战管理体系等方面的影响。

（一）跨学科合作的定义与特点

跨学科合作是指不同学科领域的专家、研究者和从业者之间通过协同工作、知识共享、资源整合等方式，共同解决特定问题或探索新知识的过程。它通过整合不同学科的专业知识，提供更全面的视角来解决问题，促使专家在共同的研究项目中协同创新，产生更有创意的研究成果。跨学科合作实现了资源共享，提高了研究效率和质量，并且通常围绕实际问题展开，强调解决现实中的复杂问题。通过融合多元方法，从多个角度进行分析和探讨，跨学科合作能够全面理解研究对象，提供更为丰富和深入的研究结果。持续的交流和沟通是跨学科合作的重要保障，确保各学科之间的理解和协调。

（二）跨学科合作对高校管理的影响

1. 推动研究创新

跨学科合作能够有效破解传统学科的壁垒，传统学科划分可能会限制学科内部的创新，而跨学科合作能够突破这些壁垒，促进新思维和新方法的涌现。通过整合高校内部各学科的专业知识和研究设施，跨学科合作可以实现资源的更好利用和整合，推动前沿科研项目的实施。这种合作形式不仅打破了学科之间的限制，还为新颖的研究思路和创新方法提供了广阔的空间。

2. 提升教学质量

跨学科合作在创新课程设计中发挥着重要作用，通过将不同学科的知识融入教学，能够使学生更加全面地理解问题并提高解决问题的能力。跨学科团队教学也是这一合作形式的重要体现，教师团队通过跨学科合作，组织更具深度和广度的教学活动，提升学科间的互通性，从而提升整体教学效果。这种教学方式不仅丰富了课程内容，还培养了学生的综合思维能力和跨学科的解决问题能力。

3. 拓展学科交叉

跨学科合作在培养复合型人才方面具有显著优势。通过这种合作，学生能够掌握多学科的知识，培养综合素养，从而在职场上具备更强的竞争力。此外，跨学科合作还可以推动高校设立交叉研究中心，促进不同学科间的深度合作，取得更显著的研究成果。这样的合作不仅提升了学生的多方面能力，也为学术研究带来了新的突破和创新成果。

4. 挑战管理体系

跨学科合作在高校的推进过程中，协调管理是关键环节。高校管理者需要构建更灵活的管理体系，以协调和促进不同学科之间的合作。这意味着传统的学科管理模式需要进行调整，更加注重激发跨学科合作的激励机制，确保各学科之间的资源和信息能够顺畅共享。

同时，建立全面的跨学科合作评价体系也是必要的。高校管理者需要设计和实施综合评估机制，对跨学科合作的贡献进行全面评估。这样可以确保合作成果的有效实施，并能够准确衡量跨学科合作对科研、教学和人才培养所带来的实际效益。这种评价体系不仅有助于识别和推广成功的合作案例，也为未来的跨学科合作提供了有价值的参考和改进方向。

（三）成功实践经验

1. 建立跨学科研究中心

优势：高校可以设立跨学科研究中心，汇集来自不同学科的研究人员，集中力量共同致力于解决复杂问题。这种研究中心能够打破学科壁垒，充分利用各学科的优势和资源，从而在复杂问题的研究和解决上取得突破性进展。

经验：为了促进学科间的深度合作，跨学科研究中心需要制订合理的研究计划。中心可以通过组织定期的研讨会、交流会以及联合研究项目，促进不同学科研究人员之间的互动与合作。此外，中心还应注重前沿研究的推动，鼓励研究人员探索创新性课题，推动学术前沿的发展。通过这些举措，跨学科研究中心能够有效促进学科间的深度合作，推动高水平的前沿研究不断开展。

2. 引入跨学科团队教学

优势：在课堂教学中引入跨学科团队，让不同学科的教师协同授课。

经验：通过团队教学，学生可以更好地理解知识的交叉点，提高学科间的整合能力。

（四）跨学科合作的挑战与应对策略

1. 文化差异

跨学科合作在推动研究和解决复杂问题方面具有巨大的潜力，但也面临着诸多挑战。不同学科通常拥有各自独特的学术文化和研究方法，这可能导致团队成员之间的沟通不畅和理解困难。例如，一些学科可能更加注重定量分析，而另一些学科则可能更加重视定性研究，这些差异会在合作过程中产生摩擦。为了应对这些挑战，团队需要引入跨文化管理理念，通过多种方式加强团队成员之间的文化沟通和理解。这包括举办跨学科的研讨会和工作坊，促进不同学科背景的研究人员之间的交流与合作，帮助他们理解和尊重彼此的工作方法和学术语言。此外，团队领导者可以起到桥梁作用，协调和引导团队成员的沟通，确保每个人的观点都能被听取和理解。通过这些努力，跨学科团队可以更好地整合各学科的优势，共同推动研究的进展和创新成果的产出。

2. 资源不均衡

跨学科合作在推动研究进展和解决复杂问题方面具有巨大的潜力，但也面临着诸多挑战。其中一个主要挑战是不同学科之间的资源分配可能存在不均衡，这种不均衡会影响合作的公平性，进而阻碍合作的顺利进行。例如，一些学科可能拥有更多的经费和设备资源，而另一些学科则可能在人员和数据资源上更为丰富。这种资源的不均衡会导致合作项目中部分学科的研究人员感到不公平，从而影响合作的积极性和效果。

为了解决这一问题，高校需要建立公平的资源共享机制，以平衡各学科的资源分配。可以通过项目合作和共建研究中心的方式来实现这一目标。具体来说，高校可以设立专门的跨学科合作基金，鼓励各学科共同申请和使用这些资源。此外，通过建立跨学科研究中心，可以集结不同学科的研究人员和资源，实现资源的统一管理和分配，从而保证各学科在合作中的公平性。通过这些措施，可以有效地平衡各学科的资源，促进跨学科合作的顺利进行，确保各学科能够充分发挥自身优势，共同推动研究进展和创新成果的产出。

3. 教师激励机制

跨学科合作在推动学术研究和解决复杂问题方面具有重要意义，但在实施过程中也面临许多挑战。一个显著的挑战是传统的教职评价体系往往侧重于学科内的研究成果，而忽视了跨学科合作的价值和贡献。这种评价体系可能无法有效激励教师参与跨学科合作，因为教师在传统评价体系下的晋升和奖励主要依赖于单一学科的研究成果和发表的论文数量。

为了应对这一挑战，高校需要制定更灵活和全面的激励机制，以鼓励教师积极参与跨学科合作。首先，可以通过设立专门的奖励机制，对在跨学科合作中表现突出的教师和项目进行表彰和奖励。这样的奖励可以包括奖金、荣誉称号、晋升机会等，激励教师投身跨学科研究。其次，高校可以提供额外的支持资源，如跨学科研究基金、专门的研究空间和设备，以及行政支持等，帮助教师克服跨学科合作中的实际困难。最后，还可以在教职评价体系中纳入跨学科合作的成果和影响，全面评估教师的学术贡献，确保跨学科合作的价值得到充分认可。

4. 评价体系不完善

跨学科合作在推动学术进步和解决复杂问题方面具有巨大潜力，但其独特的性质也带来了诸多挑战。其中一个重要的挑战是传统的学术评价体系通常以单一学科为中心，无法全面评估跨学科合作的贡献。这种评价体系主要关注个人的研究成果、发表的论文数量和引用次数，而忽略了跨学科团队合作和项目整体影响的重要性，导致跨学科研究人员的贡献无法得到充分认可和激励。

为了解决这一问题，高校和研究机构需要建立更全面的学术评价体系，考虑到跨学科研究和合作的特殊性。首先，这种新评价体系应当涵盖团队贡献的评估，包括每个团队成员在跨学科合作中的角色和具体贡献。这样可以确保团队合作中的每一位研究人员都能获得应有的认可和评价。其次，新评价体系应关注跨学科项目的整体影响，包括其对学术界、社会和技术发展的推动作用。评价体系可以引入对项目成果的多维度评估，如项目的创新性、实际应用价值、对其他学科的启发作用等。

此外，高校还可以鼓励学术界采用更多元化的评价指标，如合作发表的论文、跨学科会议的参与、跨学科研究的外部资助情况等。这些指标可以帮助全面反映跨学科合作的复杂性和多样性，确保跨学科研究人员的工作得到公平和全面的评价。通过建立这样的评价体系，能够更好地激励和支持跨学科合作，推动不同学科的融合和创新，进而为解决复杂的社会和科学问题提供更有力的支持。

（五）结论与展望

跨学科合作对高校管理产生了深远的影响，推动了研究创新、提升了教学质量、拓展了学科交叉，同时也挑战了传统的管理体系。为了更好地发挥跨学科合作的优势，高校管理者需要不断调整管理思维和体系，制定更灵活的激励机制和评价体系，引导学校朝着更为开放和协同的方向发展。

未来，跨学科合作有望成为高校管理的重要趋势之一。高校可以加强国际合作，吸引全球优秀学者和资源，打破国际学科的壁垒。同时，借助信息技术的发展，高校管理体系也可以更好地支持跨学科合作，提供更便捷的资源整合和沟通平台。

总体而言，跨学科合作不仅对高校管理带来了新的挑战，更为高校创新发展提供了巨大的机遇。通过合理应对挑战，高校管理者可以推动学校更好地适应时代变革，培养出更具综合素养的优秀人才。跨学科合作将成为推动高校进步的有力引擎,助力高校在全球竞争中取得更大的影响力。

第二节　跨学科团队的组建与运作

一、跨学科团队建设的核心要素

(一)概述

跨学科团队建设已经成为当今科研创新的重要模式。高校机构面临着来自各方面的复杂挑战,从全球气候变化到社会不平等,这些问题通常超越了单一学科的解决能力。通过跨学科的合作,高校能够整合各领域的专长,推动创新解决方案的产生。这样的合作不仅有助于解决特定问题,还能推动学术知识的进步,培养具有跨领域思维能力的学生。跨学科团队建设的核心要素包括明确共同目标、促进有效沟通、培养团队文化、合理配置资源等,下面将对这些要素进行详细探讨。

(二)明确共同目标

在跨学科团队中,确立明确的共同目标是成功的基础。高校作为知识的创造和传播中心,必须确保每个团队成员都理解并认同团队的使命和目标。这样的共同理解有助于集中精力,确保资源的有效利用,从而推动团队朝着共同的方向努力。跨学科团队通常聚焦于特定的科研问题或社会挑战,因此,目标应明确指向解决这些问题或取得创新性的研究成果。通过将整体目标分解为可实现的阶段性目标,团队成员能够更好地理解任务,减轻工作压力,提高整体工作的可管理性和可操作性。这种目标的阶段性不仅提高了团队的效率,还能激励成员在每个阶段的成果中看到自己的贡献,从而增强他们的参与感和动力。

（三）促进有效沟通

在跨学科团队中，有效沟通是至关重要的。由于团队成员来自不同学科背景，他们在专业术语、工作方式和研究方法上可能存在显著差异。因此，建立开放透明的沟通机制显得尤为重要。团队成员应鼓励信息、想法和问题的分享，确保每个人都能及时了解团队的工作进展和需求。除了面对面的沟通，利用多元化的沟通渠道也是必不可少的，例如定期会议、在线协作平台、电子邮件等。通过这些渠道，团队成员能够在适合自己的时间和方式下参与讨论，减少沟通障碍。此外，现代技术提供了各种共享信息工具，如在线文档和协作平台，这些工具可以帮助团队成员实时共享和更新信息，提高工作效率，避免信息的遗漏和误解。

（四）培养团队文化

在跨学科团队中，建立和维护一种积极的团队文化至关重要。这种文化应当尊重多样性，鼓励创新，并建立信任关系。高校中的跨学科团队通常包含来自不同文化背景和学术领域的成员。尊重和认可每个成员的独特贡献，不仅能增强团队的凝聚力，还能激发更多创新的想法。团队领导者在这方面起着关键作用，他们需要营造一个开放和包容的环境，使成员们感到他们的意见被重视，并愿意主动参与到团队中来。团队文化还应鼓励创新，成员应被鼓励提出新的想法，挑战传统观念，从而不断推动团队的创新能力。此外，在跨学科团队中，信任是高效合作的基石。通过建立相互信任，团队成员能够更愿意分享知识和资源，合作更加紧密，从而更好地实现共同目标。

（五）合理配置资源

要确保跨学科团队的高效运作，合理配置资源是不可或缺的一环。高校在构建跨学科团队时，首先需要考虑的是人才配置。团队应包括具有不同专业背景、技能和经验的成员，以确保团队具备处理复杂问题所需的全面知识和能力。财务资源也是不可忽视的因素。跨学科研究通常涉及多个领域，可能需要更为广泛的财务支持。因此，在团队建设初期，必须确保有足够的资金来支持项目的顺利进行。同时，现代科研工作离不开先进的技术支持。高校应为跨学科团队提供必要的技术工具和设备，确保团队在研究过程中不受技术限制，从而更好地实现研究目标。

（六）建立领导机制

在跨学科团队中，领导机制的建立对于团队的成功至关重要。跨学科团队需要一个能够整合各学科知识的领导者，这样的领导者应具备良好的协调能力，能够有效引导团队朝着共同目标努力。领导者不仅要负责团队的整体规划和策略制定，还需要在团队内部建立明确的分工和协作机制。每个成员都应清楚自己的角色和责任，并在协作中发挥各自的优势。此外，由于团队成员来自不同学科，他们在观念和方法上可能存在分歧，因此，建立一个有效的冲突解决机制也很重要。这种机制能够帮助团队在面对冲突时迅速找到解决办法，避免影响团队的合作氛围。

（七）评价与反馈机制

为了确保跨学科团队的工作始终朝着正确的方向前进，定期的评估和反馈机制是必不可少的。高校应设立周期性的评估机制，对团队的工作进行定期审查，确保目标的实现。同时，通过及时向团队成员反馈工作成果，可以激发他们的积极性，并促进团队内部的学习和知识传递。评估不仅有助于发现和解决问题，还可以为团队未来的工作提供指导。此外，在项目完成后，团队应进行经验总结，探讨工作中的成功经验和存在的问题。通过总结和反思，团队可以更好地吸取教训，为未来的跨学科合作提供更有力的支持。

（八）培养团队学习氛围

在跨学科团队中，建立和维护一个积极的学习氛围对团队的长期发展至关重要。高校作为知识的汇集地，应该鼓励团队成员分享各自领域的专业知识，促进学科之间的交流和融合。通过这种知识的共享，团队成员不仅能拓宽自己的视野，还能为团队带来更多的创新思路。此外，跨学科研究的特点之一是学科的快速发展，因此，团队成员必须保持对新知识和技能的持续学习。高校应为团队提供必要的培训和学术资源，确保成员能够跟上学科发展的步伐，适应不断变化的研究需求。同时，建立一个正式的学习机制，例如定期组织学术讨论、研讨会等活动，可以进一步增强团队的学习氛围，促进成员之间的学术交流和思想碰撞。

（九）灵活的团队结构

跨学科团队的工作性质决定了其结构需要具备一定的灵活性。随着项目的推进，团队的需求和挑战可能会发生变化，因此，团队结构应能够适应这些变化。高校在组建跨学科团队时，应考虑引入交叉人才，即那些拥有多个学科背景的专家。这种人才的引入可以促进不同领域之间的协同合作，增强团队的整体效能。此外，团队的组织结构可以根据具体项目的需求进行调整，以确保每个项目都能获得最合适的资源和支持。这种灵活性不仅能提高团队的工作效率，还能使团队在面对新的挑战时具备更强的应变能力。

（十）倡导开放创新

开放创新是跨学科团队建设中的一个重要理念。高校应鼓励团队成员接纳新观念和方法，不拘泥于传统学科的思维框架，从而促使团队能够更开放地面对问题。创新激励机制的设立对于激发团队成员的创造力也具有重要作用。通过对提出创新性思考和解决方案的成员给予奖励，团队可以进一步增强其创新潜力。此外，跨学科团队应与外部机构、企业等开展开放合作，引入外部资源和观点。这种合作不仅能为团队带来新的视角，还能拓展研究的应用领域，促进团队的持续发展。

（十一）技术支持与数字化工具

在跨学科团队的运作中，技术支持与数字化工具的应用至关重要。高校应为团队建立完善的信息管理系统，以确保成员能够轻松获取和分享相关信息，从而提高工作效率。协同工具和数字化平台的利用也能够促进团队成员之间的即时沟通和合作，确保团队在复杂的科研环境中能够高效地协同工作。此外，为了充分利用这些技术，团队成员还应接受必要的技术培训，确保他们具备使用新技术和工具的能力。这种技术支持不仅能提高团队的工作效率，还能为团队的创新提供强大的支撑。

二、团队沟通与协同的技能培养

在当今的高校环境中，团队沟通与协同的能力成为了教育工作者和学生必须掌握的关键技能。随着跨学科合作和数字化教育的普及，大学和学院需要更加重视团队协作的培养，以适应复杂多变的社会需求。这不仅涉及到基本的沟通技巧和团队合作能力，还包括应对文化差异、技能不均衡以及跨时区沟通等实际挑战。下面将探讨如何在高校中有效培养这些技能，并展望未来的发展趋势。

（一）团队沟通与协同的重要性

在现代高校机构中，团队沟通与协同能力的重要性日益凸显。随着教育模式的转变，越来越多的学术项目需要依赖于团队合作，特别是在研究型大学和多学科合作中，沟通与协同的效率直接影响着研究成果的质量与创新能力。团队成员之间的有效沟通不仅能确保信息的正确传递，还能促进学术思想的碰撞，激发创新思维。此外，协同工作的质量在一定程度上反映了团队成员的协作精神和责任感，这对于教育环境中的共同进步至关重要。高校机构应重视并加强团队沟通与协同技能的培养，以确保学生和教职工能够更好地适应和引领未来的学术和职业发展。

（二）高校中有效团队沟通的关键技能

在高校团队合作中，有效沟通是确保项目成功的基础。首先，积极倾听是良好沟通的起点。高校团队成员往往来自不同的学科背景，观点各异，因此在沟通过程中，必须重视他人的意见，表现出对多元思想的尊重和真诚兴趣。通过积极倾听，可以在团队中建立起互信和理解的基础，从而促进更深入的学术讨论和合作。

其次，清晰表达是另一个关键技能。在学术环境中，团队成员需要用简洁、明了的语言阐述自己的观点，尤其是在跨学科合作中，避免信息误解和沟通障碍是至关重要的。成员应学会在表达时准确把握核心内容，并通过适当的表达方式，使其他成员能够快速理解和响应。

恰当反馈也是高效沟通不可或缺的一部分。高校团队往往面临复杂的研究课题和教学任务，及时的正面和建设性反馈可以帮助团队成员纠正错误、优化方法，从而提高整体合作效率和成果质量。团队成员应养成定期反馈的习惯，并在提供反馈时注重方式的建设性和可接受性。

最后，透明沟通在高校团队中具有特殊的重要性。由于学术项目往往涉及多个部门和人员，透明的信息共享能够确保所有成员对项目进展和目标有清晰的了解，从而在工作中保持一致性和协调性。透明沟通还可以帮助团队在面对问题时迅速达成共识，找到解决方案。

（三）高校团队协同的关键技能

在高校团队中，协同工作的质量直接影响着学术项目的成果。目标共识是有效协同的基础，团队成员必须对共同的目标和任务达成一致。这不仅要求每个成员都清楚团队的使命和目标，还需要他们能够协调个人任务与整体目标的关系，形成协同作战的合力。

合理的任务分工也是高校团队协同的重要环节。团队中的每个成员都有不同的学科背景和专业优势，合理分配任务能够充分发挥各自的特长，提高工作效率。在分工过程中，明确个人职责和任务边界，可以减少重复劳动和资源浪费，确保团队在协同合作中实现最优的工作效果。

协同决策是另一个重要的技能，特别是在跨学科项目中。高校团队成员应倡导协同决策的理念，通过集思广益和综合各方意见，达成更为全面和智慧的决策。在这个过程中，成员之间的协商和妥协至关重要，因为这不仅有助于提高决策的科学性，还能增强团队的凝聚力。

团队责任感在高校团队中具有重要意义。每个成员都应对团队的成败负有责任感，这种责任感能够激发成员的工作积极性和投入度，促进更紧密的协同合作。共同的责任意识还可以帮助团队在面对挑战时，保持团结和一致，找到有效的应对策略。

（四）高校中团队沟通与协同技能的培养方法

在高校中，培养团队沟通与协同技能需要采用多种方法。首先，团队培训课程是一个有效的途径。通过提供专门的培训课程，可以帮助学生和教职工系统学习有效沟通技巧、团队协同方法以及冲突解决策略。这些课程可以包括讲座、工作坊以及实践活动，帮助学员在理论和实践中不断提高。

其次，模拟演练是培养协同能力的重要手段。通过定期的模拟演练，团队成员可以在真实情景中感受到协同工作的紧迫性和重要性。这不仅能够提升他们的应对能力，还可以帮助他们在实践中发现和改进自己的沟通与协同策略。

跨学科合作项目是另一个有力的培养工具。在这些项目中，团队成员来自不同的学科领域，通过合作，他们可以拓宽视野，学习不同学科的思维方式和工作方法，提高协同工作的能力。这种跨学科的合作经验不仅对学生的学术发展有益，还能够为他们未来的职业生涯打下坚实的基础。

实际项目应用也是培养团队沟通与协同技能的有效方法。通过让团队成员在实际项目中应用所学到的技能，他们可以将理论知识转化为实际能力。这种"学中做"的方式有助于加深成员对技能的理解，并促进技能的内化和长期应用。

（五）高校团队沟通与协同技能培养中的挑战与对策

在高校团队沟通与协同技能的培养过程中，会面临一些挑战。文化差异是其中一个重要问题。高校团队成员往往来自不同的文化背景，可能会因为文化差异而产生沟通障碍。为应对这一挑战，高校可以通过促进文化交流、建立共同的团队文化，以及培养成员的跨文化沟通能力来减少文化差异带来的影响。

技能水平不均是另一个常见问题。团队成员的沟通与协同技能水平可能存在差异，这会影响团队的整体协作效果。针对这一问题，可以提供个性化培训，帮助技能较弱的成员提高水平。同时，建立内部学习机制，鼓励成员之间互相分享经验，从而实现技能水平的共同提升。

跨时区沟通也是一个不可忽视的挑战，特别是在涉及国际合作的高校团队中。由于时区差异，团队成员之间的沟通可能会受到影响。对此，可以采用灵活的沟通方式，如利用在线协同工具、设立合适的工作时间等，以减小时区差异对协同合作的影响。

（六）高校团队沟通与协同的未来发展趋势

展望未来，高校团队沟通与协同的方式将随着科技的发展和教育模式的变革而不断演进。首先，数字化技术的应用将更加普遍。随着人工智能和大数据的不断发展，高校团队将更多地依赖于先进的数字化工具和平台，这将有助于提高工作效率和决策质量。例如，基于数据分析的决策支持系统和智能化沟通工具将成为团队工作的得力助手。

虚拟团队的普及是另一个重要趋势。随着远程教育和国际合作的增加，虚拟团队将在高校中变得更加常见。团队成员可能分布在全球各地，这要求他们具备远程工作技能和在线协同能力。高校应为学生和教职工提供相关培训，帮助他们适应虚拟团队的工作模式。

人工智能的辅助也将在未来的高校团队工作中发挥重要作用。自动化任务管理、智能化的沟通辅助工具等将显著提高团队工作的效率和精度。通过这些工具，团队成员可以更加专注于核心任务，减少重复性工作和沟通障碍。

数据驱动决策将在高校团队中占据更重要的位置。随着数据分析技术的成熟，团队决策将越来越依赖于科学的数据支持。团队成员需要掌握基本的数据分析能力，以便在决策过程中做出更为准确和客观的判断。

全球化视野将在未来的高校团队协作中扮演重要角色。随着全球化进程的加深，团队成员需要具备跨文化沟通能力，理解不同文化背景下的工作方式和价值观。这对于国际化的学术合作和研究项目至关重要。

最后，持续学习是团队沟通与协同技能发展的关键。随着科技和教育模式的不断变化，高校团队成员需要保持开放的学习态度，积极适应新的工具和方法。同时，他们还应关注团队协作理论的最新研究成果，不断提升自身的综合素养。

三、跨学科团队领导力的发展

在当今高校的环境中，跨学科团队的领导力愈发显得重要。这是因为复杂的全球性问题和研究课题往往需要来自不同学科背景的专家共同解决。有效的跨学科团队领导力不仅包括对多学科知识的整合能力，还涵盖了跨文化沟通、创新引领和团队激励等方面的技能。下面将深入探讨在新时代背景下，跨学科团队领导力的发展，并分析领导者需要具备的核心能力以及培养这些能力的方法。

（一）跨学科团队的特点

跨学科团队通常由来自不同学科领域的专业人才组成，这种多样化的构成使得团队在解决问题时能够从多个角度进行深入探讨。首先，多元性是跨学科团队的显著特点。由于成员的背景不同，团队拥有丰富的知识储备和多样的技能，这种多样性为团队提供了广泛的视角和创新的解决方案。

其次，跨学科团队所面临的问题通常较为复杂。这种复杂性源于问题的多维度和多层次，需要整合多个学科的知识才能有效解决。团队成员需要在协作过程中，综合运用各自的专业知识，以应对复杂的挑战。

协同性是跨学科团队成功的关键。由于团队成员来自不同领域，他们需要在合作中紧密配合，共同追求项目的目标。有效的协同不仅能提升工作效率，还能确保项目的各个方面都能得到充分考虑和优化。

最后，创新性是跨学科团队的另一大优势。不同学科的成员带来了不同的思维方式，这种多样化的思维碰撞有助于产生新颖的解决方案。跨学科团队往往能打破传统的思维框架，提出具有前瞻性的创新策略。

（二）跨学科团队领导力的核心能力

在跨学科团队中，领导力需要具备多个核心能力，以确保团队能够高效运作并取得成功。整合能力是领导者必须具备的一项关键技能。领导者需要能够整合不同学科领域的知识和资源，促使团队形成协同效应，实现整体优势。这要求领导者不仅要了解各个学科的基本知识，还要能够在实际工作中将这些知识有效结合。

跨文化沟通能力在跨学科团队中同样至关重要。由于团队成员可能来自不同的文化背景，领导者需要具备处理跨文化沟通的能力。通过消除语言和文化障碍，建立团队共识，领导者可以促进成员之间的理解和合作，增强团队的凝聚力。

创新引领是领导者的重要职责。领导者需要激发团队成员的创新潜力，鼓励他们提出新的思路和解决方案，并推动团队朝着创新的方向前进。这不仅能够提升团队的创造力，还能在面对复杂问题时找到突破口。

决策协商能力是另一个核心能力。由于跨学科团队的成员背景不同，决策过程中可能会遇到各种意见和建议。领导者需要以开放的心态进行决策协商，听取不同意见，并通过共同协商达成更为综合和可行的决策。这种能力可以帮助团队在多样化的观点中找到最佳解决方案。

适应能力在快速变化的环境中尤为重要。跨学科团队的工作常常面临外部环境的快速变化，领导者需要具备较强的适应能力，能够迅速调整团队的方向和策略。这种能力有助于团队应对不确定性和挑战，保持高效运作。

激励和凝聚力是领导者必备的技能之一。有效的领导者应当能够激发团队成员的积极性，增强团队的凝聚力，使成员共同为团队目标而努力。这不仅可以提升团队的整体表现，还能够在面对困难时增强团队的韧性。

（三）跨学科团队领导力的培养方法

为了培养跨学科团队领导力，教育和实践相结合的培训方法尤为重要。学科跨界培训是提升领导者跨学科能力的有效途径。领导者可以通过接受跨学科的培训，学习其他学科领域的基础知识，提高对多学科的理解和整合能力。这种培训可以帮助领导者在面对多学科挑战时，更好地驾驭复杂的信息和资源。

领导力培训课程也是培养跨学科领导力的重要方法。参加专门针对跨学科领导力的培训课程，领导者可以学习相关的理论和实践经验。这些课程通常包括领导力理论、实践案例分析以及解决跨学科问题的策略，有助于提升领导者的实际操作能力。

团队建设活动是提升团队协作和沟通能力的有效手段。通过定期的团队建设活动，团队成员可以加强彼此之间的沟通和合作，建立更加紧密的团队关系。这种活动不仅有助于提升团队的协作效率，还能增强成员之间的信任和默契。

导师制度为领导者提供了宝贵的指导和建议。设立导师制度，可以让领导者从经验丰富的导师那里获取有关跨学科团队管理的见解和建议。这种经验分享有助于领导者更好地应对管理中的挑战，提升领导力水平。

案例学习是一种有效的学习方式。通过研究成功的跨学科团队案例，领导者可以学习到这些团队的成功经验和应对策略。这些案例提供了实践中的宝贵经验，有助于领导者在实际工作中应用有效的管理方法。

建立反馈机制是不断改进领导力的重要途径。通过定期向团队成员征求反馈，领导者可以了解团队的优势和改进空间。这种反馈可以帮助领导者不断完善自己的管理策略，提高团队的整体表现。

（四）挑战与对策

在跨学科团队领导力的培养过程中，可能会遇到多种挑战。团队成员抵触情绪是一种常见问题。由于团队成员来自不同学科，可能存在抵触情绪。领导者需要通过建立信任和激发合作的氛围，缓解这种情绪。这可以通过定期的沟通和团队建设活动来实现，增强成员之间的理解和合作。

信息不对称是跨学科团队中常见的挑战。不同学科的成员对信息的理解程度可能存在差异，导致沟通不畅。领导者需要及时进行沟通，确保信息在团队中准确传递。定期的团队会议和信息更新可以有效减少信息不对称的问题。

决策困难是跨学科团队中另一个重要问题。由于团队成员的专业背景不同，决策过程可能较为复杂。领导者需要善于整合各种意见，采用协商式决策方式。这种方式能够充分考虑各方意见，达成更加全面和可行的决策。

技术差异也是跨学科团队中需要解决的问题。不同学科可能使用不同的技术工具，领导者需要引导团队成员学习和适应新的技术。这可以通过组织技术培训和共享技术资源来实现，确保团队在技术上保持一致。

（五）未来趋势

展望未来，跨学科团队领导力的发展将受到多种因素的影响。技术辅助的发展将显著提升团队的协同效能。随着科技的进步，领导者可以借助虚拟团队协作平台、大数据分析等技术工具来提高团队的工作效率。这些技术不仅可以优化团队的协作流程，还能提供数据支持，帮助做出更为准确的决策。

全球化合作将成为跨学科团队领导力的重要方向。随着全球化的深入发展，跨学科团队的领导力将更加注重全球化合作。领导者需要具备全球化视野，能够有效处理来自不同地区和文化背景的成员。这要求领导者具备跨文化沟通能力，促进不同文化之间的理解和合作。

可持续发展将成为未来跨学科团队的重要关注点。跨学科团队在解决全球性问题方面具有重要作用，领导者需要关注可持续发展的理念，引导团队朝着更为可持续的方向发展。这包括推动环保项目、关注社会责任等方面的工作。

人工智能的应用将对跨学科团队的领导力产生深远影响。随着人工智能技术的发展，领导者需要适应人工智能在决策支持、任务分配等方面的应用。善于整合人工智能与团队成员的优势，将有助于提高团队的综合智能和工作效率。

跨学科教育将成为未来领导者培养的重要方向。未来的领导者需要具备更广泛的知识背景和协同工作的能力。跨学科教育可以为领导者提供丰富的知识资源和实践经验，帮助他们在复杂的工作环境中更好地发挥作用。

第三节　学科融合与课程设计创新

一、学科整合的理念与实践

学科整合是一种强调不同学科之间合作与融合的理念，特别适用于高校这一知识创新的前沿阵地。通过跨学科的协同努力，学科整合不仅有助于解决复杂问题，还能够推动创新，促进全人教育的发展。以下将探讨学科整合的理念、目标、挑战及其在高校中的应用策略和未来发展趋势。

（一）学科整合的核心理念

学科整合的核心理念在于打破传统学科间的壁垒，通过多学科的合作来实现更全面的认知与创新。这种综合性思维超越了单一学科的局限，将不同领域的知识、方法和理念有机地结合起来，形成一种跨学科的协同效应。在高校中，这一理念尤为重要，因为高校的目标不仅在于培养专业人才，还在于培养能够应对复杂社会问题的全面人才。学科整合的理念强调创新与解决问题，通过将不同学科的专业知识相结合，高校能够为学生提供更具深度和广度的学习体验。此外，学科整合还提倡跨学科合作，鼓励来自不同学科领域的学者和学生共同参与研究项目，从而产出更有影响力的研究成果。最终，学科整合的理念还反映了全人教育的目标，即通过培养学生的综合素养，使其具备应对未来社会复杂性的能力。

（二）学科整合的目标与期望

在高校中，学科整合的首要目标是推动前沿研究的发展。通过不同学科之间的交叉与融合，高校可以创造出新的学科领域和知识体系，促进学术界的创新和进步。学科整合还旨在解决现实中越来越复杂的问题，这些问题往往涉及多个学科的知识和方法，因此需要跨学科的合作来制定综合性的解决方案。提升学生的综合素养也是学科整合的重要目标之一。通过学科整合，高校能够培养出不仅在某一领域内精通，同时具备跨学科思维能力的人才。学科整合的另一个目标是促进创新和创造力的提升，通过激发不同学科的创新思维，鼓励学生和学者探索新的研究领域。最终，学科整合还致力于加强跨学科合作，建立更加紧密的学术网络和研究团队，推动学科的全面发展。

（三）实现学科整合面临的挑战

尽管学科整合的理念和目标在高校中具有重要意义，但其实现过程面临诸多挑战。首先，学科之间的壁垒是学科整合的主要障碍。不同学科往往有其独特的术语、研究方法和文化背景，如何跨越这些障碍以实现有效的合作是高校面临的一大难题。此外，传统的学术评价体系也对学科整合提出了挑战。高校的评价标准通常偏重于单一学科的研究成果，而对跨学科研究的贡献往往缺乏全面的认可，这使得从事跨学科研究的学者在职业发展中面临困境。团队协作的复杂性也是学科整合的一大挑战。在跨学科团队中，成员需要协调不同学科的知识和方法，这不仅要求他们具备较强的沟通能力，还需要在决策和执行过程中克服诸多不确定因素。资源分配的不均衡也影响着学科整合的推进。跨学科研究通常需要额外的资源支持，如跨学科的培训、专门的实验室设备等，而这些资源在资源有限的高校中可能难以获得。

（四）推动学科整合的策略与措施

为了克服上述挑战，高校需要制定一系列有效的策略以促进学科整合的实现。首先，提供跨学科的培训机会是推动学科整合的重要措施。通过组织跨学科的培训和工作坊，学生和学者可以更好地理解和应用其他学科的知识，从而提高跨学科合作的能力。建立激励机制也是关键。高校可以调整学术评价体系，设立奖励机制，鼓励和认可跨学科研究的贡献，从而吸引更多学者参与跨学科研究项目。推动跨学科研究项目的开展是实现学科整合的另一重要策略。高校可以通过设立专项基金或研究项目，组建跨学科研究团队，积极促进不同学科之间的合作。最后，构建跨学科研究的合作平台也是促进学科整合的有效手段。通过建立在线合作平台、举办跨学科研讨会或设立专门的研究中心，高校可以为跨学科交流与合作提供便利，进一步推动学科整合的发展。

（五）学科整合的未来发展趋势

展望未来，学科整合在高校中的发展将呈现出多项重要趋势。首先，数字化技术的应用将大大推动学科整合的深化。随着大数据分析、人工智能等先进技术的普及，不同学科之间的知识整合将更加高效和精准，从而为跨学科研究开辟新的可能性。全球性合作也是未来学科整合的重要趋势之一。随着全球化进程的加速，高校之间的跨国合作将更加频繁，不同国家和地区的学者将通过跨学科合作共同应对全球性挑战，如气候变化、公共卫生等问题。此外，学科整合的未来发展还将更加注重社会问题的解决。高校的研究将越来越多地聚焦于社会的实际需求，通过整合多学科的力量，寻找应对这些问题的有效途径。可持续发展理念也将在未来的学科整合中占据重要地位。高校将更加注重整合各学科的资源，推动实现全球可持续发展目标。最后，社会参与和跨界合作将成为学科整合的一个新兴趋势。高校将与政府、产业界、非营利组织等各方力量加强合作，共同推动科研成果的转化和应用，使学术研究更好地服务于社会需求。

二、跨学科课程设计的应用与案例

在全球化和数字化快速发展的今天，学科整合已经成为高校领域不可忽视的重要趋势。这一理念不仅强调跨学科的合作与融合，还旨在通过多学科的协同努力，解决复杂的社会问题、推动创新，并培养全面发展的高素质人才。

（一）跨学科课程设计的理念

1. 综合性思维

学科整合在高校中强调综合性思维，这种思维模式要求学生和研究人员打破单一学科的局限，结合多学科的知识、方法和理念，以形成更全面的认知和解决方案。高校的课程设置和研究项目应当积极推动这种思维方式的普及，通过多学科的融合教育，提升学生在复杂情境下的分析和解决问题的能力。

2. 创新与解决问题

学科整合的核心理念之一是在高校中促进创新和问题解决。通过整合不同领域的专业知识，大学能够在学术前沿上探索新方法，推动知识的边界拓展。高校的跨学科研究中心和创新实验室正是这种理念的实践场所，致力于培养学生和研究人员在学科交叉领域的创新能力。

3. 跨学科合作

学科整合倡导高校内外的跨学科合作，鼓励不同学科领域的专家共同参与研究项目。通过这种协同工作，高校可以产出更有深度和广度的研究成果，进一步巩固其在全球学术界的领先地位。跨学科合作还能够增强学术社区的凝聚力，推动知识共享和资源整合。

4. 全人教育

在学科整合的理念中，全人教育是培养综合素养的重要目标。高校应当通过跨学科课程设计，帮助学生在多个领域获得知识和技能，以应对未来社会的复杂性。这种教育方式不仅能增强学生的就业竞争力，还能培养他们的批判性思维和创新能力。

（二）跨学科课程设计的目标与成效

1. 推动前沿研究

高校通过学科整合，能够促进不同学科之间的交叉融合，推动前沿研究的发展。通过这种方式，大学不仅能够创造新的学科领域和知识体系，还可以巩固其在国际学术界的影响力。例如，近年来，许多顶尖大学都在推动数据科学与社会科学的结合，探索新型研究领域。

2. 解决复杂问题

高校的一个重要目标是通过学科整合来解决复杂的社会问题。由于这些问题往往涉及多个方面，学科整合使得大学能够动员不同领域的专家，通过综合解决方案应对全球挑战，如气候变化、公共卫生危机等。

3. 提升综合素养

学科整合旨在培养学生的综合素养，使他们不仅精通某一学科，还能够理解和运用其他学科的知识。通过这种方式，高校希望培养出具备全面发展潜能的未来领导者，能够在多变的全球环境中自信地应对各种挑战。

4. 促进创新和创造力

学科整合通过激发不同学科的创新思维，推动高校成为创新的摇篮。跨学科的合作环境能够激发学生和研究人员探索新的研究领域，培养他们的创造力和创新能力，为社会和产业发展提供源源不断的创新动力。

5. 加强跨学科合作

高校的学科整合还旨在加强跨学科合作，建立更紧密的学术网络和研究团队。这种合作不仅有助于提升学术产出质量，还能增强高校在国际合作项目中的话语权，推动全球知识共享与合作。

（三）跨学科课程设计实施中的挑战

1. 学科壁垒

实现学科整合在高校中面临的一个主要挑战是学科之间的壁垒。不同学科通常有独特的术语、方法和文化，跨越这些壁垒需要额外的努力和资源投入。高校需要制定政策和措施，鼓励学者超越学科界限，积极参与跨学科合作。

2. 评价体系的挑战

传统的学术评价体系往往偏向于单一学科的研究成果，难以全面评价跨学科研究的贡献。这对学科整合构成了挑战，可能导致跨学科研究在学术晋升和资源分配中受到冷遇。高校需要改革评价标准，确保跨学科研究得到应有的认可和支持。

3. 团队协作的复杂性

跨学科团队协作在高校中需要协调不同学科领域的专家，面临沟通、理解、决策等方面的复杂性。不同学科的研究人员可能在研究方法、目标和工作习惯上存在差异，这对团队领导者提出了更高的要求。

4. 资源分配不均

学科整合可能需要更多的资源投入，包括跨学科培训、设备和实验室等。然而，在资源有限的情况下，高校可能难以均衡分配这些资源，从而影响跨学科研究的推进。

（四）有效的跨学科课程设计策略

1. 跨学科培训

高校应当提供更多的跨学科培训机会，使研究人员和学生更好地理解和应用其他学科的知识。这种培训可以通过学术讲座、研讨会和跨学科课程来实现，帮助他们掌握跨学科合作所需的技能。

2. 建立激励机制

为了推动学科整合，高校需要调整学术评价体系，建立激励机制，鼓励和认可跨学科研究的贡献。具体措施可以包括设立跨学科研究奖项、优先资助跨学科项目等。

3. 推动跨学科研究项目

高校可以通过主动推动跨学科研究项目的开展，组建跨学科研究团队，促进学科之间的合作。这些项目可以集中在解决全球性问题或探索新兴学科领域，为学科整合提供实践平台。

4. 构建合作平台

高校应当建立跨学科研究的合作平台，包括在线平台、研讨会、研究中心等。这些平台不仅可以促进学科整合的交流与合作，还能为跨学科研究提供必要的支持和资源共享。

（五）跨学科课程设计的未来发展趋势

1. 数字化技术的应用

随着数字化技术的不断发展，学科整合将在高校中更多地借助大数据分析、人工智能等技术，推动学科之间的深度融合。这将为跨学科研究提供更强大的工具和方法，提升研究效率和创新能力。

2. 全球性合作

高校在学科整合的未来发展中将更加强调全球性合作，倡导各国学者和机构之间的跨学科交流与合作。这种合作不仅能提升研究的国际化水平，还能推动全球知识共享和合作，解决共同面对的全球性挑战。

3. 社会问题导向

高校在学科整合的未来发展中将更加关注解决社会问题。越来越多的学者将关注点放在解决全球性挑战，如气候变化、公共卫生、可持续发展等，这将促使不同学科的专业知识相互融合，形成综合性的解决方案。

4. 强调可持续发展

学科整合将更加强调可持续发展的理念。高校不仅需要关注单一学科的发展，更应注重整合各学科资源，推动全球可持续发展目标的实现，为社会和环境的可持续性作出贡献。

5. 社会参与和跨界合作

高校在未来的学科整合中将更加强调社会参与和跨界合作。与政府、产业界、非营利组织等多方合作，共同解决社会问题，促进科研成果更好地服务社会，为人类社会的发展做出更为积极的贡献。

三、学科融合对教学效果的影响

学科整合作为一种教育创新理念，旨在打破学科之间的界限，促使学生在跨学科的环境中进行学习和思考。这一理念不仅涉及到教学内容的融合，还包括教学方法和教育目标的整合。通过探讨学科融合的定义、影响因素、优势与挑战，我们可以更全面地理解其对教学效果的深远影响。

（一）学科融合的定义

学科融合指的是将来自不同学科领域的知识、概念和方法有机结合，形成一个具有综合性特征的学科体系。在教学过程中，学科融合不仅仅是将多个学科的内容并列呈现，而是通过整合不同学科的要素，促使学生在更为全面的框架下理解和应用知识。这种整合方式旨在使学生能够从多角度思考问题，打破传统学科的局限，从而促进更深层次的学习和理解。

（二）学科融合对教学效果的影响因素

教学设计的质量直接影响学科融合的效果。高质量的教学设计应包括对学科元素的有效整合、问题设计的合理性以及学生参与程度的考量。在学科融合教学中，教学设计不仅需要考虑如何将不同学科的内容有机地结合在一起，还要设计出能够促进学生深度思考和实际操作的教学活动。

教师的能力与态度同样重要。教师的跨学科教学理念和方法对教学效果有着直接的影响。具备跨学科知识和教学能力的教师能够更好地引导学生进行综合学习，帮助他们理解学科之间的联系，并激发他们的探索和创新精神。

学生的学科素养也是影响学科融合教学效果的关键因素。学科融合要求学生具备一定的学科基础知识，并能够综合运用不同学科的知识。学生需要在学习过程中逐渐培养这种跨学科的能力，以适应不断变化的知识需求和实际问题的复杂性。

此外，学科融合环境的支持也是实现有效教学的必要条件。这包括教学资源、设备的配备以及团队协作的支持。没有这些基础设施的支持，学科融合教学可能面临实际操作中的困难，影响整体教学效果。

（三）学科融合的教学优势

学科融合能够促进深度学习。通过将不同学科的知识融合在一起，学生能够对知识进行更为全面和深入的理解。这种综合性的学习方式使知识不再是孤立的片段，而是形成了有机的整体，便于学生进行实际应用和创新。

学科融合还能够培养学生的综合素养。在传统的学科教学中，学生通常只关注某一领域的深度知识，而学科融合要求他们在多个领域之间建立联系，培养跨学科的思维方式和解决问题的能力。这种综合素养对于学生未来的职业发展和个人成长具有重要意义。

跨学科教学能够激发学生的兴趣。将学科内容与实际问题结合，可以使课程变得更加贴近现实，激发学生的学习热情和主动性。学生不仅能够看到所学知识的实际应用，还能在解决问题的过程中感受到学习的乐趣和成就感。

此外，学科融合注重知识在实际问题中的应用，有助于学生将所学的理论知识有效地转化为实践能力。通过实际案例和项目实践，学生能够将课堂所学知识应用到真实世界的问题中，提高他们的实际应用能力。

（四）学科融合的教学挑战

尽管学科融合具有诸多优势，但在实践中也面临一些挑战。首先是学科边界的模糊问题。学科融合可能导致原有学科知识的基础被淡化，影响学科的专业性。这要求教育者在设计课程时，既要注重学科的综合性，又要保持各学科的基本特征和深度。

教学设计的复杂性也是一个挑战。跨学科教学需要教师在设计教学活动时，整合不同学科的知识和方法，这对教师提出了更高的要求。教师不仅要具备丰富的学科知识，还要能够设计出既符合教学目标又能促进学生综合能力发展的活动。

评价体系的难题是另一个重要挑战。传统的学科评价体系通常侧重于单一学科的表现，而无法全面评价跨学科学习的效果。因此，需要建立新的评价体系，能够综合考虑学科融合的成果和学生的综合素养。

资源与支持的不足也可能影响学科融合教学的效果。跨学科教学通常需要更多的教学资源和团队支持，而一些学校可能在这些方面存在不足。这要求教育机构加大对跨学科教学的投入，提供必要的资源和支持，以保障教学的顺利进行。

（五）学科融合教学的策略与实践

为了有效实现学科融合教学，需要采取一系列策略和实践措施。首先，在进行学科融合教学设计时，明确教学目标至关重要。教师需要明确学生应获得的跨学科素养和能力，这有助于指导教学活动的设计和实施。

优化教学设计是提升学科融合效果的关键。教学设计应注重学科元素的有机整合，而不是简单地堆砌多学科知识。通过问题解决、项目实践等教学方法，可以更有效地实现学科融合的目标。

教师培训与支持是确保跨学科教学成功的必要条件。提供相关的培训和支持，包括了解跨学科教学理念、学习有效的教学方法和评价体系，能够帮助教师更好地进行跨学科教学。

建立跨学科团队也是促进学科融合的重要措施。通过组建包含不同学科背景的教师团队，可以实现教学资源的共享和团队合作，推动学科融合的深入发展。

引入实际案例也是提升学科融合教学效果的有效策略。通过将实际案例融入教学中，学生能够在解决实际问题的过程中更好地理解和应用不同学科的知识。

鼓励学生参与也是学科融合教学成功的关键。学生在学科融合中的积极参与能够促进他们自主学习和团队协作的能力，提高整体学习效果。

学科融合对教学效果的影响是多层次的。尽管存在一些挑战，但通过明确教学目标、优化教学设计、提供教师培训、建立跨学科团队等策略，可以最大化学科融合的教学效果。

第四节　跨学科研究中的管理机制

一、跨学科研究团队的组建与运作

跨学科研究团队在高校中扮演着至关重要的角色。高校作为知识创新和人才培养的核心阵地，越来越重视跨学科研究团队的组建与运作。这些团队通过汇聚来自不同学科的专家，共同解决复杂问题，推动学术创新，突破传统学科的界限。下面将探讨跨学科研究团队在高校中的背景、目标、优势、挑战以及有效的运作策略，特别是在高校环境中的应用与实践。

（一）背景与动因

现代社会问题的复杂性促使高校在教育和研究中更加重视跨学科合作。许多当代挑战，如全球变暖、公共卫生危机以及社会不平等问题，涉及多个学科的知识和方法，单一学科无法全面解决这些问题。在这样的背景下，跨学科研究团队的组建成为高校应对复杂问题的重要方式。高校在推动科研创新和培养综合型人才方面，亟需融合不同学科的知识，以应对这些多层次的挑战。此外，知识的融合是推动科技和社会发展的重要驱动力。不同学科的交汇为高校的研究提供了新的视角和方法，使得创新更加频繁和有效。因此，高校通过跨学科团队的合作，不仅能解决现实中的复杂问题，还能培养学生的综合素养，提高他们的创新能力。

（二）跨学科研究团队的目标

在高校中，跨学科研究团队的主要目标是解决那些需要综合多学科知识的复杂问题。这种团队通过整合不同领域的专业知识，推动科学研究的前沿，形成具有广泛影响力的研究成果。此外，跨学科研究团队通过促进不同学科之间的交流与合作，能够激发创新思维，推动科研成果的突破和转化。高校中的跨学科团队还致力于超越传统学科界限，形成学科间的有机联系，以推动知识的跨界融合。这不仅有助于解决具体问题，也为各学科之间的合作提供了新的平台，促进了学科的发展和进步。

（三）跨学科研究团队的组建

在高校中组建跨学科研究团队时，首先需要明确研究方向和目标。这些方向和目标必须具有挑战性和吸引力，以吸引来自不同学科领域的专家。确定一个共同的研究主题能够帮助团队成员形成一致的研究方向，确保团队工作的有效性。招募具有不同学科背景的成员是团队成功的关键。成员的多样性不仅提供了不同的视角和思考方式，还能促进多角度的问题分析和解决方案的形成。在组建团队后，制订清晰的研究计划至关重要。明确每个成员的职责和任务，确保研究目标能够得到有效推进。此外，建立良好的团队文化也非常重要。在高校环境中，打造一个尊重、多元、开放的团队氛围，可以提升团队的凝聚力和合作效率，从而推动研究的顺利进行。

（四）跨学科研究团队的优势

跨学科研究团队在高校中的优势主要体现在其综合性解决问题的能力。这些团队能够从多个学科的角度出发，提供更为全面的解决方案。通过不同学科领域的知识融合，团队能够推动知识的创新和研究的前沿。高校中的跨学科研究团队能够吸引不同领域的专业人才，提高整体研究水平，取得更加显著的成果。此外，这种团队通常能够促进学术交流，推动不同学科领域研究者之间的合作与知识共享，从而促进学术界的进步和发展。

（五）跨学科研究团队的挑战

在高校中，跨学科研究团队也面临着不少挑战。首先，由于团队成员来自不同学科，语言和术语的差异可能导致沟通困难，这会影响团队的协作效果。此外，不同学科之间的研究方法和理论框架的差异，可能导致团队合作中的冲突和分歧。传统的学术评价体系也可能无法充分考虑跨学科研究的贡献，使得团队成员的学术成就受到挑战。资源分配问题也是一个主要挑战。跨学科研究可能需要不同领域的资源支持，如何合理分配和利用这些资源是团队需要解决的关键问题。

（六）跨学科研究团队的运作策略

为了在高校中有效运作跨学科研究团队，首先需要明确研究目标。所有团队成员应共同确定研究目标，确保大家在相同的方向上努力。建立有效的沟通机制也是至关重要的。定期的团队会议、在线协作平台等可以帮助解决沟通困难，促进成员之间的信息共享。设立跨学科协调人也是一种有效的策略。这位协调人应具备跨学科背景，能够理解并促进不同学科的合作，从而提高团队的整体效率。团队成员共同制定研究计划，确保每个人都能发挥其专业优势，形成协同效应。此外，高校应注重建立相互尊重的团队文化。尊重不同学科领域的专业性，建立一个相互尊重的团队氛围，有助于提高合作效率。对团队成员进行跨学科培训也是一种有效的策略，这能帮助他们更好地理解其他学科领域，降低学科差异对团队合作的影响。

跨学科研究团队在高校中的作用日益重要。通过解决复杂问题、推动创新和培养综合型人才，这些团队不仅提升了科研水平，也为社会发展提供了新的解决方案。尽管在组建和运作过程中面临诸多挑战，但通过明确研究目标、建立有效沟通机制、设立协调人等策略，可以有效提升团队的运作效率和研究成果。

二、研究项目管理的跨学科视角

随着科技的飞速发展和社会问题的日益复杂，高校中的研究项目管理显得尤为重要。传统的项目管理方法往往关注技术细节和进度控制，但面对涉及多个学科领域的复杂问题时，跨学科视角的研究项目管理在高校中变得尤为关键。

（一）背景与动因

在现代高校环境中，许多复杂的问题超出了单一学科的解决范围，需要通过多学科的合作来深入理解和解决。这些问题包括环境变化、公共健康危机以及社会不平等现象等。单一学科的研究可能无法全面应对这些问题，因此，高校中的跨学科研究项目管理变得尤为重要。通过结合不同学科的理论和方法，高校机构可以为复杂问题提供更全面的解决方案。

知识融合的需求也是推动跨学科研究项目管理在高校中发展的重要因素。不同学科领域的知识可以互补，形成新的理论框架和方法体系，从而更有效地解决复杂问题。例如，在高校的环境科学研究中，生物学、化学、工程学和社会科学的结合可以推动新的环境保护技术的开发。

此外，高校中的跨学科研究项目管理为不同学科领域的研究者提供了跨界合作的机会。这种合作能够打破学科壁垒，促进学术创新和发展。通过跨学科的交流与合作，研究者们可以分享各自的专业知识，从而推动整个学科领域的进步。高校通过支持跨学科研究，能够推动学术界和社会的共同进步。

（二）研究项目管理的跨学科特点

在高校的跨学科研究项目中，一个显著的特点是涉及多学科团队的合作。这要求项目管理者能够协调来自不同学科的团队成员，充分发挥各自的专业优势。例如，在一个研究教育技术的项目中，教育学、计算机科学和心理学的专家需要协作，共同开发新的教学工具和方法。

知识融合是跨学科项目管理中的另一个重要特点。在高校的跨学科项目中，不同学科的知识需要进行有效融合，以形成一个共同的理论框架和方法体系。这种融合不仅有助于更好地理解和解决问题，还可以推动新的研究成果的产生。例如，在跨学科的健康研究中，医学、公共卫生、社会学和数据科学的结合能够形成综合的健康干预方案。

沟通与协作也是高校跨学科项目管理中不可忽视的方面。由于涉及多个学科领域的专业术语和思维方式，团队成员之间可能存在理解障碍。为了克服这些障碍，项目管理者需要建立有效的沟通机制，确保团队成员能够顺畅地交流和合作。共同的语言和理解是跨学科项目成功的关键。在高校中，跨学科研究团队通常需要定期举行工作坊和研讨会，以促进成员之间的有效沟通。

（三）研究项目管理的跨学科优势

跨学科研究项目管理能够为高校中的研究问题提供更全面的解决方案。通过结合不同学科的专业知识，团队可以从多个角度分析问题，从而提出更加全面和多维度的解决方案。例如，在高校中的气候变化研究中，环境科学、经济学和政策学的结合可以提供更有效的政策建议和解决方案。

此外，跨学科团队能够激发创新思维。在高校中，不同学科领域的思想碰撞能够催生新的创意，推动项目取得具有突破性的研究成果。例如，计算机科学和艺术的结合可以推动新的数字艺术形式的出现，拓展学术研究的边界。

跨学科项目管理还能够更好地适应复杂环境。面对涉及多个学科领域的复杂问题，传统的单一学科方法可能显得力不从心。跨学科项目管理通过整合不同领域的知识和方法，能够提高项目应对复杂、多变环境的能力，从而提高项目成功的可能性。在高校中，这种适应能力尤为重要，因为研究环境和需求常常会发生变化。

参与跨学科项目管理的团队成员有机会培养综合素养。在这种合作中，团队成员不仅可以拓宽自己的学科视野，还能够提升跨学科协作的能力。这种综合素养的培养对于个人的学术发展和职业成长都具有重要意义。在高校中，跨学科项目的参与也有助于提升学生的跨学科合作能力，为他们的未来职业生涯奠定基础。

（四）研究项目管理的跨学科挑战

尽管跨学科合作在高校中具有重要意义，但也面临着一些挑战。首先，不同学科领域的专业术语、理论框架和研究方法的差异可能导致团队成员之间的理解障碍。这种障碍可能影响项目的协作和进展，因此需要在项目初期就建立有效的沟通机制。例如，建立统一的术语表和研究框架可以帮助团队成员克服语言障碍。

其次，由于涉及多个学科领域，沟通难题可能成为一个严重的挑战。团队成员可能在沟通时遇到术语不统一、思维方式不同等问题，需要通过建立高效的沟通平台和机制来解决这些问题。例如，可以设立定期的跨学科会议，确保各方的意见和建议能够被充分讨论和采纳。

传统的学术评价体系往往难以充分考虑跨学科项目的贡献。跨学科项目的成果往往涉及多个领域的知识和方法，难以用单一学科的评价标准来衡量。因此，需要建立符合跨学科特点的绩效评估机制，以综合考虑团队成员在不同学科领域的贡献，激励和认可他们的工作。这对于高校中的跨学科研究尤为重要，以确保研究成果得到公平评价。

此外，跨学科项目可能需要不同学科领域的专业设备和技术支持。如何合理分配和利用这些资源是一个挑战。有效的资源管理和共享机制对于跨学科项目的成功至关重要。在高校中，合理配置实验室设备、数据资源和技术支持是保证跨学科项目顺利进行的关键。

（五）跨学科研究项目管理的有效策略

为了应对跨学科研究项目管理中的挑战，高校可以采取以下有效的管理策略。首先，在项目启动阶段，明确项目的总体目标和愿景至关重要。所有团队成员需要对项目的方向和期望有清晰的共识，以确保项目的顺利推进。这种共识可以通过项目启动会议和目标设定工作坊来实现。

其次，制订清晰的沟通计划是确保项目顺利进行的关键。建立明确的沟通渠道和计划，确保团队成员之间能够及时、有效地沟通。可以采用多种沟通方式，包括会议、在线平台和邮件等，以满足不同成员的需求。此外，可以使用项目管理软件来跟踪进度和任务分配，确保信息的透明和共享。

设立跨学科协调人也是必不可少的。指定一位具有跨学科经验的协调人，负责协调团队成员之间的合作，解决学科差异和沟通问题。

根据项目的发展，灵活调整团队结构也是必要的。确保项目团队具有足够的灵活性和适应性，以应对不同学科领域的需求。在高校中，可以通过定期的项目评估和反馈机制来调整团队结构，确保项目目标的实现。

利用现代科技手段建立共享平台和知识库，有助于团队成员共享信息、数据和研究成果，促进知识的融合。高校可以利用在线协作工具和数据库来建立这些平台，以方便团队成员之间的信息共享和合作。

提供跨学科培训，帮助团队成员更好地理解其他学科领域的知识和方法，促进团队的协同效应。高校可以组织跨学科培训课程和讲座，提升团队成员的跨学科知识和技能。

最后，建立符合跨学科特点的绩效评估机制，综合考虑团队成员在不同学科领域的贡献，以激励和认可团队成员的工作。这种评估机制可以通过制定明确的评估标准和反馈机制来实现，确保团队成员的贡献得到公正评价。

　　跨学科视角下的研究项目管理在高校中是适应当今复杂问题和科技发展需求的必然选择。通过明确项目目标、建立有效的沟通机制、设立跨学科协调人等策略，高校能够有效提高项目管理的效果。跨学科项目管理不仅能够为复杂问题提供更全面的解决方案，还能促进创新和知识融合。

三、管理机制对跨学科创新的促进

　　在高校中，跨学科创新的管理机制扮演着至关重要的角色。随着科技和社会问题的日益复杂，高校中的研究和产业发展逐渐依赖于跨学科团队的合作。为了确保这些团队能够高效协作、合理利用资源并取得创新成果，建立适当的管理机制显得尤为重要。以下内容将深入探讨管理机制对跨学科创新的促进作用，包括其定义、特点、作用机理以及在高校中的有效实施策略。

　　跨学科创新已成为推动科研和产业发展的关键因素。它不仅解决了复杂问题，还推动了科技创新和社会进步。在高校中，跨学科创新的管理机制尤为重要，因为它能够确保团队协作的高效性、资源的合理利用以及创新成果的有效达成。管理机制的有效实施不仅有助于促进团队之间的协作，还能优化资源配置，提高决策效率，激发创新动力，并降低沟通障碍。

（一）跨学科创新的定义与特点

　　跨学科创新指的是来自不同学科领域的研究者和专业人才在一个团队中合作，通过整合不同学科的知识和方法，共同解决复杂问题并取得创新性的研究成果。在高校中，跨学科创新的特点包括知识融合、思维碰撞和团队协作。团队成员来自多个学科领域，拥有不同的专业知识和技能。为了实现创新目标，他们需要通过有效的协作和沟通来克服学科间的差异和障碍。

　　跨学科创新的知识融合特点体现在不同学科领域的知识和方法的整合上。这种融合能够形成新的理论框架和方法体系，从而更好地解决复杂问题。例如，在高校的环境研究中，结合生物学、化学和社会科学的知识可以提供更加全面的解决方案。思维碰撞是跨学科创新的另一重要特点。来自不同学科的研究者可以通过交流和讨论激发新的创意和观点，这种多样化的思维方式能够推动创新的进程。团队协作则要求团队成员能够有效地沟通和合作，克服学科间的障碍，共同实现研究目标。

（二）管理机制的定义与作用

管理机制是指组织或团队为了达成既定目标而建立的一系列制度、规则和流程，用于协调、监控和指导组织内部活动的体系。在高校的跨学科创新项目中，管理机制的作用主要体现在组织和协调方面。通过明确任务、分工合作和资源调配，管理机制能够推动团队成员的协同工作，提高创新效率。

在高校的研究项目中，管理机制可以帮助明确团队的任务分工，确保每个成员都能发挥自己的专业优势。此外，合理的资源配置能够避免资源的浪费，使跨学科创新更具经济效益。管理机制还能够建立明确的决策流程和决策机制，缩短决策路径，提高决策效率，快速响应创新项目中的各种挑战。通过实施奖惩机制和激励措施，管理机制还能激发团队成员的创新动力，提高他们的投入度。

（三）管理机制对跨学科创新的促进作用

在高校中，管理机制能够通过以下方式促进跨学科创新。

1. 促进团队协作

管理机制能够通过明确任务分工、建立有效的沟通渠道和协作机制，促进跨学科团队成员之间的合作。这有助于确保团队朝着共同的创新目标努力，并在项目实施过程中保持协调一致。例如，设立定期的团队会议和工作坊可以促进团队成员之间的信息共享和协作。

2. 优化资源配置

管理机制可以通过对资源的合理规划和分配，确保团队获得足够的支持，避免资源浪费。高校中的跨学科创新项目往往需要不同学科领域的资源，管理机制能够有效地分配这些资源，提高项目的经济效益。

3. 提高决策效率

管理机制能够建立明确的决策流程和决策机制，缩短决策路径，提高决策效率。这对于高校中的跨学科研究项目尤为重要，因为这些项目通常面临复杂的挑战和不确定性。通过简化决策流程，团队能够更快速地应对项目中的各种问题。

4. 激发团队创新动力

管理机制通过设立奖惩机制和激励措施，能够激发跨学科团队成员的创新动力。这种激励措施可以包括项目奖金、晋升机会和其他形式的奖励，以鼓励团队成员积极参与创新活动。

5. 降低沟通障碍

跨学科团队中的沟通障碍可能会影响团队的协作效率。管理机制可以通过建立有效的沟通平台和机制，帮助团队成员更好地理解和协作。这包括使用统一的术语表、提供跨学科培训以及建立在线协作平台等。

（四）管理机制的实施策略

为了在高校中有效实施跨学科创新的管理机制，可以采取以下策略。

1. 明确团队目标和任务

在项目启动阶段，通过明确团队的整体目标和具体任务，确保团队成员在同一个方向上努力，形成统一的创新目标。这可以通过制定详细的项目计划和目标设定工作坊来实现。

2. 建立有效的沟通机制

建立多层次、多方向的沟通机制，包括定期会议、在线平台和沟通工具等，确保信息流通畅，促进团队成员之间的有效沟通。可以使用项目管理软件来跟踪进度和任务分配，确保信息的透明和共享。

3. 设立跨学科协调人

指定一位具有跨学科经验的协调人，负责协调团队内外事务，解决学科差异和沟通问题，促进团队的协同合作。

4. 建立灵活的组织结构

针对跨学科创新项目的不确定性，建立灵活的组织结构，可以根据项目需要进行调整，提高团队的适应性。可以通过定期的项目评估和反馈机制来调整团队结构，确保项目目标的实现。

5. 实施激励机制

设立激励机制，通过奖励、晋升等方式，激发团队成员的积极性和创新动力，增强团队的凝聚力和合作效率。这种激励机制可以通过制定明确的评估标准和反馈机制来实现，确保团队成员的贡献得到公正评价。

6. 建立共享平台与知识库

利用现代科技手段建立共享平台和知识库，极大地方便团队成员之间的信息、数据和研究成果的共享。这种做法有助于促进知识的融合，提高团队的协作效率。共享平台不仅可以集中存储和管理各类资源，还能支持实时更新和访问，确保团队成员掌握最新的信息和研究进展。

7. 定期评估与调整

建立定期的团队评估机制，对团队的协作效果和创新成果进行评估，及时发现问题并进行调整，确保管理机制的不断优化。在高校中，定期的评估和反馈可以帮助团队识别改进点，保持项目的持续进步。

（五）挑战与应对策略

高校中的跨学科创新项目虽然具有巨大的潜力，但也面临诸多挑战。主要挑战包括下面几点。

1. 学科差异带来的沟通问题

学科差异可能导致团队成员之间的沟通障碍。应对策略是通过设立跨学科协调人、提供跨学科培训等方式加强团队成员之间的理解和沟通。这些措施可以帮助团队成员克服学科间的语言障碍和思维差异。

2. 评价体系的问题

传统的学术评价体系往往难以充分考虑跨学科创新项目的贡献。解决策略是建立符合跨学科特点的评价体系，综合考虑团队成员在不同学科领域的贡献。这种评价体系可以通过制定多维度的评估标准来实现。

3. 资源分配的挑战

跨学科项目可能需要不同学科领域的专业设备和技术支持。解决策略是建立资源共享机制，确保资源的合理分配和利用。这可以通过共享实验室设备、数据资源和技术支持来实现。

4. 团队成员合作意愿的不一致

不同学科领域的团队成员可能对项目的合作意愿存在差异。应对策略是通过明确项目的价值和意义，提高团队成员的参与意愿。通过有效的沟通和激励措施，增强团队的凝聚力和合作意愿。

第五节　跨学科合作的挑战与应对策略

一、学科差异带来的管理困境

（一）概述

在高校中，学科差异是跨学科合作的常见挑战。这些差异不仅体现在知识体系和研究方法上，还包括学科文化和术语的不同。解决这些问题对于促进高效的团队合作和推动创新成果至关重要。下面将探讨学科差异在高校中的具体表现，及其对跨学科研究的影响，并提出有效的管理策略。

（二）学科差异的根源

1. 知识体系不同

高校中的不同学科拥有各自独特的知识体系和理论框架。例如，工程学科可能侧重于技术应用和解决实际问题，而人文学科则注重理论分析和文化研究。这种知识体系的差异使得在跨学科合作中，团队成员需要调适彼此的研究视角和方法。

2. 专业术语的差异

高校的不同学科使用各自特有的术语和语言，这在跨学科团队中可能造成沟通困难。例如，医学领域的术语与社会科学中的术语差异很大，这可能导致团队成员在讨论研究问题时出现误解。

3. 研究方法的不同

不同学科采用的研究方法和技术往往不同，例如，定量研究和定性研究的方法论差异。在高校的跨学科研究项目中，这种方法论上的差异可能导致数据处理和分析的协调困难。

4. 学科文化差异

每个学科有其独特的文化和价值观。例如，理工科可能更注重实证研究和数据驱动的结果，而人文学科可能更关注理论阐释和历史背景。这种文化差异在跨学科合作中可能影响团队的工作方式和合作氛围。

（三）学科差异的表现形式

1. 沟通障碍

学科差异可能导致高校跨学科团队中的沟通障碍。专业术语的不同和学科背景的差异可能使得团队成员在交流时存在理解偏差，这可能影响项目的顺利进行。

2. 合作问题

由于学科之间的工作方式和关注点不同，团队成员在合作时可能会遇到障碍。例如，理工科研究人员可能更倾向于使用实验数据，而社会科学研究人员可能更注重理论分析，这种差异可能导致合作时的摩擦。

3. 决策困难

跨学科团队的决策过程中，不同学科的优先级和关注点可能导致决策困难。例如，在一个包含医学、工程和社会科学的项目中，不同学科的专家可能对项目的关键问题有不同的看法，这可能使得决策变得复杂。

4. 跨学科项目管理挑战

高校中的跨学科项目通常需要协调不同领域的专业人才，这增加了项目管理的复杂性。管理者需要处理来自不同学科的需求和期望，以确保项目能够顺利推进。

（四）学科差异的影响因素

1. 学科之间的相对重要性

在高校中，某些学科可能在项目中占据主导地位，这可能影响其他学科的参与程度。例如，在一个涉及生物医学的项目中，生物学和医学可能会占据主导地位，而其他学科如社会学的作用可能被边缘化。

2. 团队成员的专业素养

团队成员对其他学科领域的了解和尊重程度直接影响学科差异的管理效果。高校可以通过培养团队成员的跨学科理解能力来减少这种影响。

3. 组织文化

高校的组织文化对学科差异的管理起着重要作用。一个开放、包容的学术环境有助于缓解学科差异带来的问题。鼓励跨学科交流和合作的文化可以帮助减少摩擦和冲突。

4. 领导风格

高校领导的管理风格和态度也会影响学科差异的处理方式。领导者的支持和积极的管理策略能够促进跨学科团队的有效合作和沟通。

（五）应对学科差异的管理策略

1. 建立共同的沟通渠道

高校可以创建统一的沟通平台和术语体系，以帮助跨学科团队成员更好地理解和交流。例如，设立跨学科术语词典和定期的沟通研讨会，可以减少沟通障碍。

2. 明确项目目标

确保团队成员对项目目标有清晰的共识，以减少由于学科差异产生的方向性分歧。制订详细的项目计划，并在项目启动阶段明确各学科的角色和贡献。

3. 提供跨学科培训

高校应为团队成员提供跨学科培训，增强他们对其他学科的理解和尊重。例如，组织跨学科讲座、研讨会和培训课程，以帮助团队成员了解不同学科的基本概念和方法。

4. 设立跨学科协调人

指定具有跨学科经验的协调人，负责解决学科差异引起的问题，促进团队的协同合作。协调人可以帮助处理学科间的冲突，确保团队朝着共同目标前进。

5. 利用共享平台和知识库

建立共享平台和知识库，以便团队成员共享信息、数据和研究成果。现代科技手段如云存储和知识管理系统可以提高团队的协作效率。

6. 设立学科交叉岗位

鼓励团队成员在不同学科之间交流与合作，增强协同效应。设立专门的学科交叉岗位，可以促进学科之间的理解和融合。

7. 制定激励机制

奖励在跨学科合作中表现优异的团队成员，鼓励积极参与和贡献。高校可以通过项目奖金、荣誉称号等方式，激励团队成员在跨学科研究中的积极性。

8. 定期评估与调整

定期对团队的学科差异管理效果进行评估，及时发现问题并进行调整。通过持续的反馈和改进，确保跨学科合作的顺利进行。

通过科学合理的管理策略，高校可以有效缓解学科差异带来的困境。建立共同语言、提供培训、设立协调人等措施，有助于团队成员更好地理解和协作。高校应注重营造促进跨学科合作的文化，建设开放、包容的团队氛围，以提高团队的整体创新能力和协同效率。

二、团队协作中的沟通与理解障碍

在高校领域，团队协作是完成科研项目、教学任务及行政管理等工作的重要方式。然而，沟通与理解的障碍常常影响团队的协作效能，阻碍项目的顺利推进。下面将深入探讨高校机构中团队协作可能出现的沟通与理解障碍，包括其产生的原因、表现形式、影响因素以及有效的解决策略。

（一）沟通与理解障碍的原因

语言障碍：在多学科团队中，成员可能来自不同的学科背景或国际背景，语言差异可能导致沟通不畅。这种障碍尤其在学术讨论和跨文化交流中显得尤为突出。

文化差异：不同学科背景的团队成员可能在沟通方式、表达风格和解决问题的策略上存在差异。文化差异可能导致误解，影响团队的合作氛围，尤其在涉及不同学科或国家的合作项目时更为明显。

信息传递不畅：在高校团队中，信息传递的障碍可能来源于沟通工具的多样性、渠道的不畅或信息更新的不及时。例如，邮件系统的延迟、会议记录的遗漏等都可能导致信息丢失或误传。

个人差异：团队成员之间的思维方式、价值观、性格特点等个人差异，可能导致理解上的困难。这种个人差异在多学科研究团队中尤为突出，因为不同学科领域的研究者有着各自独特的工作习惯和视角。

缺乏有效的沟通技能：即便在一个学科内，团队成员也可能因为缺乏良好的沟通技巧，导致信息的表达不清晰或理解不准确。这种情况在跨学科团队中尤为明显，因为成员需要处理更多的信息和观点。

（二）沟通与理解障碍的表现形式

信息丢失：信息的丢失或误传可能导致团队成员无法获得完整的信息，这在科研项目中的决策和执行阶段尤其严重。例如，实验数据的遗漏或研究进展的误报可能影响项目的整体进度。

误解和歧义：由于语言、文化或信息传递中的问题，团队成员可能对信息的解读产生误解或歧义。这可能导致研究方向的偏离或项目目标的误解。

决策不当：信息传递不畅可能导致决策不充分或不准确。例如，团队在制定研究计划时，如果信息不完整，可能会做出不切实际的决策，影响研究成果的质量。

团队氛围恶劣：沟通不畅可能导致团队成员之间的紧张关系和不信任，影响工作效率和团队的凝聚力。在高校团队中，这种紧张氛围可能对学术合作和教学活动造成负面影响。

（三）沟通与理解障碍的影响因素

团队规模：在大规模的研究团队或教学团队中，沟通和理解的复杂性增加，容易产生沟通障碍。例如，大型跨学科研究项目中的协调难度较高，需要更精细的管理和组织。

团队成员之间关系：团队成员之间的关系是否密切，彼此之间是否有信任和合作，会直接影响沟通的畅通度。在高校中，教授与学生、不同部门之间的关系也会影响信息流动的效率。

领导风格：领导的沟通风格和态度对团队的沟通氛围有重要影响。开明的领导能够积极引导团队建立良好的沟通环境，而专制的风格则可能抑制沟通的开放性。

沟通渠道：使用不同的沟通渠道，如面对面交流、电子邮件、在线会议等，可能对信息传递和理解产生影响。例如，在远程教育中，视频会议可能面临技术问题，影响沟通的效果。

（四）解决沟通与理解障碍的有效策略

明确沟通目标：在高校团队中明确沟通的目标，确保信息传递的准确性和完整性。例如，在跨学科研究项目中，明确各自的职责和目标，有助于减少误解。

建立良好的团队文化：建立开放、信任和尊重的团队文化，鼓励成员畅所欲言。高校团队应注重培养协作精神，减少沟通障碍。

提供沟通技能培训：为团队成员提供有效的沟通技能培训，包括表达技巧、倾听技巧等，提高沟通效果。例如，组织沟通技巧工作坊，帮助成员提高表达和理解能力。

使用多元化的沟通工具：在不同的情境中选择合适的沟通工具，如会议、视频通话、即时通信等，以满足不同的沟通需求。在高校中，结合线上和线下沟通方式，提高交流效率。

促进团队活动：通过组织团队活动、团队建设等方式，提高团队成员之间的默契和了解。这种活动可以包括团队合作项目、学术交流会等，以增进理解和信任。

设立反馈机制：建立开放的反馈机制，鼓励团队成员提出建议和意见，及时纠正沟通中的误解。例如，在项目总结会议中，收集反馈，改进沟通流程。

领导者示范：领导者应成为沟通的榜样，通过积极参与团队沟通，树立良好的沟通氛围。在高校中，领导者可以通过定期与团队成员交流，促进信息的畅通流动。

（五）团队协作中的沟通与理解障碍对策略的挑战

团队规模增大：随着团队规模的增大，沟通和理解的障碍可能会增加，需要更加精细地组织和管理。例如，大型研究项目可能需要更多的协调和沟通机制。

文化差异：不同文化背景的团队成员可能对改变团队文化产生抵触。需要平衡文化差异，创造融洽的跨文化协作环境，例如，制定共同的文化规范和行为准则。

团队成员之间关系：如果团队成员之间关系不佳，可能导致他们不愿意积极沟通和合作。领导者需要采取措施改善团队关系，营造良好的团队氛围，例如，组织团队建设活动。

领导风格：领导者的沟通风格和态度对团队沟通氛围有重要影响。领导者需要审时度势，灵活运用不同的领导风格，以促进团队的有效沟通。例如，根据团队的反馈调整沟通策略。

团队协作中的沟通与理解障碍在高校团队中是普遍存在的，但通过采取有效的解决策略，可以缓解这些障碍，提高团队的协作效能。明确沟通目标、建立良好的团队文化、提供沟通技能培训等策略有助于提高团队沟通的质量。领导者在团队协作中发挥着关键的作用，他们应成为良好沟通的榜样，引导团队建立积极的沟通习惯，从而推动团队向更高效的协作方向发展。面对沟通与理解障碍时，高校团队应根据具体情况采取灵活的策略，通过不断地反思和调整，逐步优化沟通流程，提高团队整体绩效。

三、有效管理跨学科合作的战略

在高校领域，跨学科合作成为推动科学研究、教育创新和社会服务的重要途径。由于涉及到不同学科的专业知识和文化差异，管理这样一个多元化的团队通常具有一定的挑战性。有效管理跨学科合作不仅需要精心的团队建设、有效的沟通与协调、强有力的领导力发展，还需要科学合理的制度设计。以下将探讨在高校环境中实施这些战略的具体方法和实践。

（一）团队建设

明确共同目标与愿景：在高校跨学科合作项目中，团队成员来自不同学科领域，如医学与工程学、社会科学与自然科学等。为了确保项目的成功，必须明确共同的目标和愿景。例如，设定清晰的研究问题或教学目标，帮助团队成员了解他们的共同使命，从而提升合作热情和效率。

多元化团队成员：在高校机构中，组建具有不同专业背景和技能的团队非常重要。这种多元化可以促进创新，提供多角度的解决方案。例如，结合医学、计算机科学和统计学的专家团队，可以在健康数据分析领域产生更具创新性的研究成果。

促进团队文化：建设一个积极向上、尊重多元化的团队文化，对于跨学科合作至关重要。高校可以通过组织跨学科研讨会、合作讲座等活动，鼓励团队成员分享各自的专业知识和研究成果，增强彼此的理解和信任。

定期团队培训：为团队成员提供跨学科培训，以增加对其他学科的理解和尊重。例如，举办工作坊或讲座，让不同学科的专家介绍他们的研究方法和成果，帮助团队成员熟悉彼此的工作内容和思维方式。

（二）沟通与协调

建立开放的沟通渠道：高校中的跨学科团队需要建立多样化的沟通工具和平台，例如，在线协作工具、项目管理软件等。这些工具能够帮助团队成员在不同地点和时间段内进行高效的沟通和信息共享。

设立跨学科协调人：指定一位专门负责协调不同学科间合作的协调人，有助于促进信息流通和项目管理。协调人可以负责调解学科间的分歧，确保项目的顺利推进。

定期团队会议：定期组织团队会议是确保团队高效协作的重要措施。通过会议，团队成员可以分享最新的研究进展、讨论存在的问题，并调整工作计划，以保持项目的正常进展。

制定清晰的工作流程：明确工作流程和责任分工，能够减少沟通失误和决策延迟的风险。例如，制定详细的项目时间表和任务清单，确保每个团队成员知道自己的职责和工作进度。

（三）领导力发展

培养跨学科领导者：高效的跨学科领导者应具备广泛的学科视野和领导力，能够协调不同学科的工作并激励团队成员。在高校中，培养具备跨学科背景和管理经验的领导者，对于推动合作项目的成功至关重要。

提倡分布式领导：鼓励在团队内实行分布式领导，即各个成员在其擅长领域发挥领导作用。这种领导方式能够促进知识共享和团队合作。例如，在一个由教育专家和技术专家组成的团队中，教育专家负责教学策略，技术专家负责技术实现。

激励机制：设计合理的激励机制，以奖励在跨学科合作中表现突出的团队成员。例如，通过学术奖励、研究经费支持等措施，激发团队成员的积极性和创造力。

培养团队合作技能：为团队成员提供合作、沟通和问题解决的技能培训。这些技能有助于团队成员更好地适应跨学科合作的环境，提高团队整体的协作水平。

（四）制度设计

建立跨学科研究中心：设立专门的跨学科研究中心，提供资源支持和协调服务，以推动不同学科的融合。例如，设立研究中心专注于交叉学科的应用研究，提供实验室设备和技术支持。

设立专门的项目管理团队：在大型跨学科项目中，设立专业的项目管理团队，负责协调和推动项目进展。项目管理团队可以负责制定项目计划、监控项目进度，并处理项目中的各种问题。

共享资源：建立资源共享平台，包括实验室设备、数据库等，以便团队成员可以共享和利用各自学科领域的资源。这种资源共享有助于降低研究成本，提高项目效率。

制定激励政策：制定激励政策，包括学术荣誉、项目资源支持等，以促进团队成员积极参与跨学科合作。例如，设立"跨学科合作奖"以表彰在合作项目中取得突出成果的团队。

（五）面对挑战与解决问题的策略

灵活应对变化：跨学科合作中，项目需求和环境变化是常态。团队领导者和成员需要具备灵活适应的能力，及时调整战略和计划，以应对突发的挑战。

解决文化差异：跨学科合作中不可避免地会遇到文化差异。团队应培养对不同文化的敏感性，建立相互尊重的文化共识，通过文化培训和团队建设活动减少文化差异带来的沟通问题。

建立危机管理机制：制定危机管理计划，以应对团队内部或外部的危机。例如，设立紧急应对小组，制定处理团队冲突和突发问题的方案，保持团队的稳定运作。

不断学习与创新：鼓励团队成员不断学习新知识和技术，保持创新思维。通过定期参加学术会议、培训课程等方式，团队成员能够了解最新的研究动态和技术进展。

第五章
创新创业教育的融入与拓展

第一节　创新创业教育的概念与意义

一、创新创业素养的培养目标

（一）创新创业素养的概述

创新创业素养是指个体在面对未知、复杂环境时，具备创造新思路、独立解决问题、主动承担风险的能力。这种素养不仅包括创新思维和创造性能力，还涉及创业意识、市场洞察力、资源整合能力等多个方面。在当今全球化和数字化时代，创新创业素养已成为个人和组织在竞争激烈环境中立足和发展的必备能力。对于高校而言，培养学生的创新创业素养是其重要职责之一，因为这不仅直接关系到学生的职业发展前景，还决定了他们在未来工作中是否具备应对复杂问题和推动创新的能力。

（二）创新创业素养的构成要素

创新创业素养涵盖多个方面的要素，主要包括创新思维、创造力、团队协作、创业意识以及风险管理能力。这些要素相互关联，共同构成了一个全面的创新创业素养体系。

创新思维是个体对问题和挑战的独特见解和处理方式。具有创新思维的个体能够超越传统思维模式，勇于突破束缚，寻找新颖的解决方案。创造性能力则包括发现问题、提出新观点以及创造性地将想法付诸实践的能力。这种能力要求个体在复杂情境下能够灵活运用已有知识，并通过实验和实际操作验证创新理念的可行性。

创业意识是指个体对市场机会的敏锐感知和对创业行为的积极态度。具备创业意识的个体不仅能够捕捉市场机会，还愿意承担创业风险，推动新项目的发展。团队协作能力在创新创业过程中尤为重要，因为多数创新项目需要多元化团队的合作。具备良好团队协作能力的个体能够有效地与不同背景和专业的人合作，共同推进项目的成功。最后，风险管理能力是确保创新创业活动成功的关键，因为创新和创业不可避免地涉及不确定性和风险。个体需要具备识别、分析和应对风险的能力，以最小化风险对项目的负面影响。

（三）创新创业素养的培养目标

在培养创新创业素养的过程中，明确目标是确保个体全面发展的基础。在高校中，创新创业素养的培养目标应包括以下几个方面：

首先，培养学生的创新思维能力。这包括提高学生对问题的敏锐感知力，使其能够识别并理解周围环境中的问题和挑战。同时，学生还应具备未来趋势洞察力，能够预测和把握未来的社会、科技和经济发展方向。此外，多元化思维也是创新思维的重要组成部分，鼓励学生跨学科思考问题，从不同角度寻找解决方案，有助于激发创造性思维。

其次，培养学生的创造性能力。高校应重视学生独立思考能力的培养，使他们在面对挑战时能够提出独特的见解和解决方案。通过实验和实践，学生可以验证和完善自己的创新理念，从而提高在实际操作中发现问题并解决问题的能力。学校还应鼓励学生积极尝试新想法和新方法，激发他们的创造性思维和实践能力。

再次，培养学生的创业意识。高校应通过课程和实践活动培养学生承担风险的勇气，使他们具备面对未知和不确定性的承受能力。此外，培养学生对市场的敏感性，使其能够准确判断市场需求和趋势，为未来的创业活动提供有效指导。

团队协作能力也是创新创业素养培养的重要目标之一。高校应重视团队协作意识的培养，鼓励学生理解和尊重团队成员的不同意见和贡献，促进团队的协同效应。同时，提高学生的沟通与合作能力，使他们能够与不同背景和专业的人有效合作，推动团队的创新与发展。

最后，培养学生的风险管理能力。高校应帮助学生识别潜在风险，提前发现并评估可能影响创新创业活动的风险因素。通过对风险的分析与应对，学生可以制定有效的风险管理策略，最大限度地降低风险对项目的负面影响。此外，学校还应鼓励学生勇于面对失败，从中吸取经验教训，增强他们适应不确定性和抵御挫折的能力。

（四）创新创业素养的培养路径

为了实现上述培养目标，高校需要制定一套科学的培养路径，涵盖个人学习和教育体系两个层面。在个人层面，学生应当培养自主学习的习惯，通过阅读、参与课外活动以及线上学习等方式，主动获取创新创业相关的知识和经验。同时，通过参与实践项目、实习和创业实践，学生可以将理论知识应用于实际情况，培养解决问题的实际能力。多元化的体验也是培养创新创业素养的重要途径，学校应鼓励学生参与不同领域的比赛、社会服务和文化交流等活动，以拓宽视野，提高思维的多样性。

在教育体系层面，高校应设置系统的创新创业课程，涵盖创新思维、创业管理、市场营销和风险管理等方面的内容，为学生提供全面的知识体系。通过组织学生参与创新创业实践项目，与企业合作提供真实的创业机会，学生可以在实践中学习和提升。此外，建立创新创业导师制度，由有经验的创业者或企业家担任导师，指导学生的创新创业项目，传授实际经验和行业知识。学校还应为学生提供创业资源支持，包括创业基金、创业空间和创业竞赛等，以激发学生的创业热情，并为其提供必要的资源保障。

（五）创新创业素养培养的挑战与应对

在培养创新创业素养的过程中，高校面临多方面的挑战，需要制定相应的应对策略以确保培养效果。首先，教育体系的挑战主要体现在课程体系不完善和师资力量不足。一些学校的创新创业课程设置缺乏系统性和全面性，导致学生难以全面学习创新和创业知识。为应对这一挑战，学校应调整和更新课程体系，增加创新创业相关课程，同时加强对导师的培训，吸引有丰富实践经验的专业人士加入，以提高学生在创新创业领域的指导质量。

其次，社会认知的挑战也是创新创业素养培养中需要面对的重要问题。社会上仍存在传统观念，认为传统职业更为稳定，对创新创业的理解和认可不足。为了应对这一挑战，学校应通过广泛宣传创新创业成功案例，展示其中的创新精神和成就，激发社会对创新创业的兴趣和信心。同时，利用媒体的力量深入报道创新创业故事，强调其重要性和可行性，并鼓励更多的人参与创新创业。

最后，评价机制的挑战也需要高校的重视。传统的教育评价体系更注重学科知识的考核，导致创新创业方面的评价体系相对不足。为了应对这一挑战，学校应制定全面的评价标准，包括创新创业项目、实践经验和团队协作等方面的内容，全面评估学生的创新创业素养。通过这些措施，传统教育评价体系可以更加全面地涵盖创新创业的内容，促进学生在学术知识之外，也能在创新和实践能力上得到提升。

二、创新创业教育对学生发展的影响

随着社会经济的不断发展和变革，创新创业教育作为一种重要的教育模式和理念，逐渐引起了广泛关注。创新创业教育不仅仅是传授知识和技能，更是培养学生面对复杂社会挑战时的创新思维、创造力以及实际应对能力。下面将深入探讨创新创业教育对学生发展的影响，包括其对学科学习、综合素养、职业发展等方面的积极推动作用。

（一）创新创业教育的定义与内涵

1. 创新创业教育的定义

创新创业教育是一种注重培养学生创新思维和创业能力的教育模式，旨在激发学生的创造力、团队协作能力，使其具备在未知环境中主动创新和创业的能力。

2. 创新创业教育的内涵

创新创业教育强调实践和应用，注重培养学生的实际动手能力。其内涵包括：

（1）创新思维培养

创新创业教育通过特定的课程和实践项目，培养学生具备敏锐的问题意识、跨学科的思维方式，激发创新思维。

（2）实际操作能力

强调学生在实际项目中的参与和实践，注重学以致用，培养学生独立解决问题的实际操作能力。

（3）创业意识培养

通过模拟创业项目、创业导师指导等方式，培养学生对创业机会的识别、创业风险的认知，激发创业的兴趣和能力。

（4）团队协作能力

强调团队协作和合作精神，通过小组项目、团队竞赛等活动，培养学生与他人共同解决问题的能力。

（二）创新创业教育对学科学习的促进

1. 拓宽知识视野

创新创业教育不仅仅关注专业领域的知识传递，更注重跨学科的融合。学生在创新创业项目中，往往需要综合运用不同学科的知识，这拓宽了他们的知识视野，提高了综合学科能力。

2. 提升问题解决能力

创新创业教育强调实际问题的解决，培养学生独立思考和解决问题的能力。通过项目实践，学生能够在实际操作中应用学科知识，提升了他们的问题解决能力。

3. 实践应用学科知识

创新创业教育注重学生在实际创新和创业项目中的实践经验，使他们能够将学科知识应用到实际中。这种实践应用不仅巩固了学科知识，更使其具备在真实场景中运用所学知识的能力。

（三）创新创业教育对学生综合素养的提升

1. 创新思维和创造力的培养

创新创业教育通过创业项目、创新竞赛等方式，培养学生的创新思维和创造力。学生在实际操作中需要寻找新颖的解决方案，这激发了他们的创新潜力。

2. 团队协作和沟通能力的发展

创新创业项目通常需要团队协作，这培养了学生的团队协作和沟通能力。学生在团队中共同解决问题，提升了他们的团队协作技能，同时也加强了沟通和协调的能力。

3. 领导力和决策能力的锻炼

创新创业教育强调学生在项目中的角色扮演，有助于培养学生的领导力和决策能力。在团队中，学生可能需要担任领导角色，这锻炼了他们在复杂环境中做出决策和引导团队的能力。

4. 创业意识和风险管理的认知

创新创业教育通过模拟创业项目和实际创业经验，培养学生对创业意识和风险管理的认知。学生逐渐了解市场机会和风险，具备在创业过程中做出决策的能力。

5. 实践中培养自主学习的能力

创新创业教育注重学生在实践中的自主学习。在项目中，学生可能面临各种未知的挑战，需要主动获取和应用新知识。这培养了学生独立学习和自主思考的能力。

（四）创新创业教育对学生职业发展的积极影响

1. 就业竞争力的提升

创新创业教育培养了学生创新思维、团队协作和实际操作能力，这些都是在职场中非常重要的素质。具备这些能力的学生更具竞争力，能够更好地适应职业发展的需要。

2. 创业机会的发现与创造

创新创业教育培养学生对市场机会的敏感性和创业意识。一些学生在接受了创新创业教育后，更容易发现和创造创业机会，成为创业领域的创新者。

3. 创业领导力的培养

通过参与创业项目，学生可能锻炼了领导力和决策能力，这对于将来的职业发展至关重要。在职业领域，具备领导力的个体更容易卓有成效地承担重要职责和项目管理。

4. 风险意识与应对能力的增强

创新创业教育培养学生对风险的敏感性和应对能力。在职业发展中，面对不确定性和风险的能力对于快速适应工作环境至关重要。

（五）创新创业教育的发展趋势

1. 个性化创新创业教育

未来，创新创业教育将更加注重个性化培养，充分考虑学生的兴趣、特长和发展需求，量身定制创新创业课程和实践项目。

2. 创新技术的融入

随着科技的不断进步，未来的创新创业教育将更加注重创新技术的融入。虚拟现实、人工智能等技术将为学生提供更真实、更刺激的创新创业体验。

3. 全球创新创业网络的建立

未来的创新创业教育将更加强调国际化视野，建立全球性的创新创业网络。学生可以通过国际合作项目、交流活动等方式，更好地融入全球创新创业的大环境。

4. 创新创业教育的跨学科融合

未来的创新创业教育将更加强调跨学科的融合。不同学科的知识将更加紧密地结合在创新创业项目中，培养学生具备更全面的综合素养。

创新创业教育对学生发展的影响是全方位的。它不仅通过拓宽知识视野、提升问题解决能力等方面促进了学科学习的发展，更通过培养创新思维、团队协作能力等方面提升了学生的综合素养。此外，创新创业教育对学生的职业发展也有积极的影响，提升了就业竞争力、创业机会的发现与创造、领导力和决策能力的培养等方面都有显著作用。

在未来，创新创业教育将面临更多的挑战和机遇。个性化、技术融合、全球化和跨学科融合将成为创新创业教育的发展趋势。通过持续改革和创新，创新创业教育将更好地适应时代的需求，为学生提供更全面、更有效的培养。这不仅有助于个体的成长，也为社会的进步和经济发展提供了有力支持。

三、创新创业教育与社会需求的契合

随着社会的不断发展和变革，创新创业成为推动经济增长和社会进步的重要力量。创新创业教育作为培养创新型人才的关键手段，与社会需求之间存在着紧密的关联。下面将探讨创新创业教育与社会需求的契合关系，分析创新创业教育如何满足当代社会对人才的需求，并探讨未来创新创业教育可能面临的挑战和应对策略。

（一）创新创业教育的社会背景

1. 社会经济发展的新要求

随着科技的飞速发展、产业结构的不断调整以及全球化的推动，社会对人才的需求发生了巨大的变化。传统的教育模式和培养方式已经不能满足现代社会对创新能力和创业素养的迫切需求。

2. 创新创业的崛起

创新创业作为推动社会发展的引擎，受到了广泛关注。社会逐渐认识到，培养创新创业人才是促进经济增长、提高国家竞争力的有效途径。因此，创新创业教育成为教育体系改革的重要方向。

（二）创新创业教育与社会需求的契合

1. 创新思维培养

社会需求：现代社会对人才提出了更高的创新要求。创新思维是创新创业的基石，社会需要具备创新思维的人才，能够独立思考、跨界整合资源，解决日益复杂的问题。

创新创业教育契合：创新创业教育强调培养学生的创新思维，通过实际项目、跨学科合作等方式，激发学生对问题的独特见解和解决方案的能力。创新创业教育不仅注重培养学科专业知识，更关注学生的跨界思考和创造性思维的培养，使学生具备面对复杂问题的能力。

2. 实际操作能力培养

社会需求：企业和组织期望雇佣具备实际操作能力的员工，他们能够迅速适应工作环境、解决实际问题，并具备在竞争激烈的市场中立足的能力。

创新创业教育契合：创新创业教育重视实践，通过项目实践、创业实习等活动，培养学生实际操作的能力。学生在实际项目中不仅能够应用学科知识，还能够提升解决问题的实际能力，培养他们在竞争激烈的职场中脱颖而出的能力。

3. 创业意识培养

社会需求：现代社会需要更多的创业者和创新型企业。创业意识是未来创业成功的基础，社会需要人才具备创业的积极意愿和能力，能够主动发现和把握创业机会。

创新创业教育契合：创新创业教育不仅注重学生对创业的认知，更强调培养学生的创业实践能力。通过模拟创业项目、创业导师的指导以及参与创业实践，创新创业教育培养学生敏锐的创业洞察力，帮助他们了解市场机会和风险，激发创业的兴趣和实际能力。这有助于社会更好地满足创新创业领域的人才需求。

4. 团队协作和沟通能力发展

社会需求：在现代社会，工作越来越强调团队协作和跨部门协同。企业需要员工能够有效沟通、协作，共同推动项目的成功实施。

创新创业教育契合：创新创业教育通过团队项目、团队竞赛等方式，培养学生的团队协作和沟通能力。学生在团队中共同解决问题，锻炼了团队协作技能，同时也加强了沟通和协调的能力。这种培养方式使学生更好地适应未来职业中的团队工作模式。

5. 创业领导力和决策能力的锻炼

社会需求：现代企业追求高效管理和灵活领导，需要领导者具备较强的领导力和决策能力。员工需要在面对挑战和变革时能够迅速做出决策，领导团队取得成功。

创新创业教育契合：创新创业教育通过参与创业项目、担任团队领导等方式，培养学生的领导力和决策能力。在创业项目中，学生可能需要担任领导角色，这锻炼了他们在复杂环境中做出决策和引导团队的能力。这种领导力的培养有助于学生更好地应对未来职业生涯中的领导挑战。

（三）未来创新创业教育的发展方向

1. 结合行业需求深化专业化培养

未来创新创业教育应更加精准地结合不同行业的需求，深化专业化培养。不同行业对创新创业人才的需求有所差异，因此创新创业教育应根据不同行业的特点，设计更符合实际职业需求的课程和项目。

2. 强化实践项目与企业合作

加强创新创业教育与企业的合作，提高实践项目的实际性。通过与企业的深度合作，学生能够更好地融入实际创新创业环境，更直接地接触市场需求，培养实际操作能力。

3. 推动国际化视野的拓展

加强创新创业教育的国际化合作，拓展学生的国际化视野。通过国际合作项目、交流活动等方式，让学生更好地理解国际市场的需求和竞争格局，培养具备国际竞争力的创新创业人才。

4. 强调创新科技的融入

未来创新创业教育应更加强调创新科技的融入。利用虚拟现实、人工智能等先进技术，提供更真实、更刺激的创新创业体验。这有助于学生更好地适应未来科技发展的需求，培养具备科技创新能力的人才。

（四）创新创业教育的挑战与应对策略

1. 教育体系的改革与创新

挑战：传统教育体系中存在一些僵化的教学方法和评价体系，难以适应创新创业教育的需求。

应对：推动教育体系的改革，更新课程设置，注重实践项目和实际操作的培养，建立更灵活的评价机制，更好地反映学生在创新创业领域的实际能力。

2. 师资队伍的培训与引进

挑战：一些学校的师资力量在创新创业领域的经验相对匮乏，难以为学生提供足够的实践指导。

应对：加强对师资队伍的培训，提升其在创新创业领域的专业水平。同时，可以引进有丰富实际经验的专业人士担任导师，为学生提供更具实践性的指导。

3. 社会认知的提升

挑战：一些社会仍存在对创新创业教育认知不足，认为传统教育更为稳妥，对创新创业的理解和支持有限。

应对：通过广泛地宣传和推广，提升社会对创新创业教育的认知。可以组织创新创业成果展示、校企合作项目发布会等活动，向社会展示创新创业教育的实际效果，引导公众更积极地支持和参与创新创业教育。

4. 评价机制的完善

挑战：传统的评价机制更注重学科知识的考核，创新创业方面的评价标准相对不足。

应对：制定更科学、全面的评价机制，包括创新创业项目的成果、实践经验、团队协作等多个方面。建立更加灵活的评价标准，使学生在创新创业领域的成就得到充分认可。

5. 学科与实际需求的结合

挑战：一些教育体系与实际创新创业需求脱节，培养出来的人才难以迅速适应市场变化。

应对：建立更紧密的产业与教育结合机制，通过实践项目、行业导师制度等方式，使学生能够更好地融入实际创新创业环境，提高适应市场变化的能力。

创新创业教育与社会需求的契合是当前教育改革的重要任务。随着社会经济的不断发展，创新创业已经成为引领时代潮流的核心动力。创新创业教育作为培养创新型人才的有效途径，应紧密结合社会需求，不断优化教育模式，提升培养质量。

为了更好地实现创新创业教育与社会需求的契合，未来需要深化教育体系的改革与创新，更新课程设置，建立更科学的评价机制，提高师资队伍的水平。同时，加强与企业的合作，推动国际化视野的拓展，强调创新科技的融入，是未来创新创业教育发展的关键方向。

创新创业教育与社会需求的契合不仅关乎个体学生的成长和就业，更关系到整个社会的创新能力和竞争力。通过共同努力，创新创业教育将更好地服务社会，为构建创新型社会、促进可持续发展作出更大贡献。

第二节　创新创业教育在高校管理中的定位

一、教育管理中的创新创业理念

随着社会经济的不断发展和变革，教育管理领域也迎来了新的挑战与机遇。创新创业理念逐渐被引入教育管理，旨在推动教育体系更好地适应时代发展的需求。下面将深入探讨教育管理中的创新创业理念，包括其定义、内涵，以及在教育管理中的应用与挑战。

（一）创新创业理念的概念与内涵

1. 创新创业理念的定义

创新创业理念是指在教育管理中引入创新和创业的理念和方法，以激发组织创新、提升教育质量，培养学生创新创业能力。

2. 创新创业理念的内涵

创新在教育管理中包括教学内容、教育模式、管理体制等多个方面。这涉及到教育管理者对于新思想、新技术、新方法的引入，以提升教育的质量和效益。

创业理念强调在教育中培养学生的创业精神，包括自主学习、团队协作、问题解决等能力的培养。创业理念关注学生的实际应用能力，强调学生在学习过程中能够将所学知识运用于实际情境，具备创造价值的能力。

（二）创新创业理念在教育管理中的应用

1．课程创新

创新创业理念推动教育管理者在课程设置上进行创新。这包括引入前沿知识、跨学科的课程设计、实践性强的项目课程等，以更好地满足学生的综合素养需求。

2．教学方法创新

创新创业理念鼓励采用多样化的教学方法，如案例教学、项目导向教学、实践实习等，以提高学生的实际操作能力，培养创新思维。

3．学生创业支持

创新创业理念倡导建立创业孵化体系，为有创业意愿的学生提供支持。这包括提供创业导师、创业培训、创业基金等资源，帮助学生更好地实现创业梦想。

4．信息技术的运用

创新创业理念推动教育管理中信息技术的创新应用。这包括虚拟实验室、在线教育平台、智能化教育管理系统等的引入，以提升教育管理的效率和质量。

5．跨界合作

创新创业理念鼓励学校与企业、科研机构等进行跨界合作，促进资源共享、人才培养模式的创新。这有助于将学科知识与实际需求更紧密地结合起来，提高学生的就业竞争力。

（三）创新创业理念带来的挑战

1．传统观念的转变

创新创业理念的引入需要对传统的教育管理观念进行转变。一些教育管理者可能存在对新理念的接受难度，需要经过一定的培训和推广。

2．师资队伍的素质提升

创新创业理念的实施需要具备一定创新能力的师资队伍。培养和提升师资队伍的素质，使其能够更好地适应创新创业理念的要求，是一个挑战。

3. 资源投入的压力

引入创新创业理念可能需要增加一定的资金和人力资源投入，包括课程开发、实践项目支持、师资培训等方面。这对一些资源有限的教育机构可能带来一定的经济压力。

4. 评价体系的建设

传统的教育评价体系可能无法很好地适应创新创业理念的实施。建设科学合理的评价体系，全面评估学生的创新创业能力，是一个需要克服的挑战。

（四）应对创新创业理念挑战的策略

1. 制定明确的发展规划

学校和教育机构应当制定明确的创新创业理念发展规划，明确发展方向和目标，为实施提供指导。规划内容可以包括教学模式创新、课程设置与更新、师资培训等方面，确保发展方向明确，措施切实可行。

2. 提升师资队伍的能力

为了应对创新创业理念带来的挑战，学校和教育机构应加强对师资队伍的培训和提升。这包括组织专业的创新创业培训课程、邀请业内专业人士进行经验分享，提高师资队伍的创新思维和创业能力。

3. 加强资源整合与共享

创新创业理念的实施需要各方面资源的支持，包括资金、设施、信息等。学校和机构可以加强与企业、社会组织的合作，实现资源的整合与共享，减轻单一机构的经济压力。

4. 引入激励机制

为了推动创新创业理念的实施，可以引入激励机制，激发教育管理者和教师的积极性。可以通过设立创新创业项目奖励、教学成果奖励等方式，激励相关人员在创新创业教育方面的投入和贡献。

5. 完善评价体系

建设科学合理的评价体系是应对挑战的一项重要任务。评价体系应涵盖学生综合素养、实际操作能力、团队协作能力等多个方面。学校和机构可以邀请专业评估机构参与，确保评价的客观性和公正性。

6. 加强宣传与推广

为了促进创新创业理念在教育管理中的推广，学校和机构应加强宣传工作。通过校园宣传、社会媒体、行业交流等途径，向师生、家长和社会传递创新创业理念的重要性，提高其认知度和接受度。

二、创新创业教育与学科专业的融合

随着社会的不断发展和变革，创新创业教育逐渐成为教育改革的热点之一。在这个背景下，创新创业教育与学科专业的融合备受关注。下面将探讨创新创业教育与学科专业的融合，包括其定义、意义、具体实践以及可能面临的挑战与应对策略。

（一）创新创业教育与学科专业的定义

1. 创新创业教育的定义

创新创业教育是指在教育过程中，通过培养学生的创新思维、创业精神和实际操作能力，使其具备创新创业的能力和素养。

2. 学科专业的定义

学科专业是指在高校阶段，学生在一定领域内系统学习和掌握一门或多门相关知识、技能的体系。

3. 融合的定义

创新创业教育与学科专业的融合，是指在学科专业的教育体系中，通过引入创新创业元素，使学科专业更贴近实际应用，培养学生的创新能力和创业精神。

（二）创新创业教育与学科专业融合的意义

1. 培养具备创新能力的专业人才

创新创业教育与学科专业的融合，有助于培养学科专业领域内具备创新能力的专业人才。学生不仅能够掌握学科专业的理论知识，还能够在实际应用中运用创新思维，解决复杂问题。

2. 提升学科专业的实践性

创新创业教育注重实践和应用，融合到学科专业中可以提升专业课程的实践性。学生在学科专业的学习过程中，通过实际项目、实习经验等方式，更好地理解和运用所学知识。

3. 培养创业精神和团队协作能力

创新创业教育的目标之一是培养创业精神和团队协作能力。将这些元素融入学科专业中，有助于学生在专业学习中培养团队协作的习惯，更好地适应未来职业生涯的要求。

4. 推动学科发展与产业需求的契合

创新创业教育与学科专业的融合有助于推动学科发展与产业需求的更好契合。通过了解创新与创业的实际情况，学科专业可以更灵活地调整课程设置，确保培养出更符合市场需求的专业人才。

（三）创新创业教育与学科专业融合的具体实践

1. 课程融合

在学科专业的课程中引入创新创业相关内容，使学生在专业学习中接触到创新思维、创业案例等元素。可以通过案例教学、课程项目等方式，将理论知识与实际应用相结合。

2. 实践项目

组织与学科专业相关的实践项目，让学生在实际操作中学习并运用创新创业的理念。这些实践项目可以是与企业合作的实际项目、社会实践、创业实训等。

3. 专业实习

将学生送入相关领域进行专业实习，让他们在实际工作中更好地理解学科专业知识的应用，培养实际操作能力和解决问题的能力。

4. 创业导师制度

建立创业导师制度，为学生提供创新创业方面的指导。导师可以是学科专业的教师，也可以是企业界的专业人士，通过一对一的指导，帮助学生更好地发展创新创业能力。

（四）创新创业教育与学科专业融合可能面临的挑战

1. 传统教学观念的阻碍

传统的教学观念可能对创新创业教育与学科专业的融合提出阻碍。一些教育工作者可能认为，专业课程已经很紧张，无法为创新创业教育腾出更多的时间。

2. 师资队伍的培训与引进

要实现创新创业教育与学科专业的融合，需要有一支具备相关知识和经验的师资队伍。而一些学校可能面临师资队伍的培训和引进难度。传统的学科专业教师可能需要接受创新创业理念的培训，以更好地融入相关内容，并将创新创业的实践经验传授给学生。

3. 评价体系的调整

传统的评价体系更注重学科专业的理论知识和学科成绩，可能无法全面、科学地评估学生在创新创业教育中的表现。因此，学校需要调整评价体系，更好地反映学生在创新创业方面的综合能力。

4. 资源投入的压力

融合创新创业教育与学科专业需要一定的资源投入，包括教材开发、实践项目的组织、创业导师的聘请等。有些学校可能面临有限的经济资源，因此需要在资源投入上做出权衡和规划。

5. 学科专业特点的考虑

不同学科专业有着不同的特点和需求，因此在融合创新创业教育时需要考虑如何更好地契合学科专业的特点。一刀切的教育模式可能无法满足不同专业的实际需求，需要因材施教，量体裁衣。

（五）应对挑战的策略

1. 制订明确的融合计划

学校需要制订明确的融合计划，明确创新创业教育与学科专业的融合方向和目标。计划内容可以包括课程设置、实践项目安排、师资队伍培训等方面，确保各项工作有序推进。

2. 优化师资队伍结构

学校可以通过培训、引进等方式优化师资队伍结构，确保有足够的师资力量具备创新创业教育的相关知识和实践经验。可以设立专门的培训项目，提高现有教师的创新创业素养。

3. 完善评价机制

学校需要逐步完善评价机制，使其更能够反映学生在创新创业方面的综合能力。可以结合学科专业的实际情况，设计合理的评价标准，引入多元化的评价方法，确保评价的全面性和公正性。

4. 引入外部资源与合作

面对资源投入的压力，学校可以积极引入外部资源，与企业、行业协会等进行合作。通过外部合作，可以分享资源、降低成本，推动创新创业教育与学科专业的融合。

5. 强调个性化发展

在考虑学科专业特点时，学校可以强调个性化发展，根据不同专业的特点设计符合实际需求的创新创业教育模式。灵活调整融合计划，充分考虑学科专业的差异性，以提高融合效果。

三、创新创业教育与学校发展战略的关系

随着全球社会的不断发展和科技的飞速进步，创新创业逐渐成为推动经济增长和社会发展的核心动力。在这个背景下，创新创业教育作为一种培养创新创业能力的教育形式逐渐备受关注。学校发展战略是学校长期规划和发展的指导性文档，而创新创业教育则成为学校实现战略目标的重要组成部分。下面将深入探讨创新创业教育与学校发展战略的关系，包括二者的内在联系、相互促进的机制以及实际操作中的挑战和对策。

（一）创新创业教育与学校发展战略的内在联系

1. 创新创业教育的内涵

创新创业教育强调培养学生的创新思维、创业精神和实际操作能力。它包括引入创新创业课程、组织实践项目、搭建创新平台等形式，旨在培养学生适应未来社会发展需要的综合素养。

2. 学校发展战略的内涵

学校发展战略是学校长期规划和发展的战略指导性文档，包括学校的愿景、使命、战略目标以及战略实施路径。学校发展战略通常旨在提高教育质量、促进科研创新、拓展国际合作等方面。

3. 内在联系

创新创业教育与学校发展战略存在内在联系。创新创业教育的目标是培养具备创新创业能力的人才，而学校发展战略的目标也常包括提高学校整体实力、促进社会服务等，这两者在培养人才、推动社会服务等方面存在相互交融的内在联系。

（二）创新创业教育对学校发展战略的推动作用

1. 人才培养的升华

创新创业教育通过培养学生的创新创业能力，为学校提供了更多高素质、

创新型的人才。这些人才的涌现升华了学校的人才培养水平，使学校更具竞争力。

2. 科研创新的推动

创新创业教育不仅培养学生的实际操作能力，同时培养了他们的创新思维。这有助于推动学校的科研创新，促进科研成果的产出和转化。

3. 社会服务的提升

创新创业教育强调实际操作和与社会的紧密联系，培养学生具备解决实际问题的能力。这为学校与社会的互动提供了更多可能性，提升了学校在社会服务方面的地位和影响力。

4. 国际化竞争力的提高

创新创业教育注重培养学生的国际视野和国际竞争力。学校通过推动创新创业教育，可以提高学校的国际化程度，吸引更多国际学生和合作伙伴，推动学校的国际化进程。

（三）学校发展战略对创新创业教育的引领和支持

1. 制定创新创业教育战略目标

学校发展战略应当明确创新创业教育的地位和作用，制定相应的战略目标。这包括加强创新创业课程设置、拓展创新创业实践项目、引入创新创业导师等。

2. 提供资源保障

学校发展战略需要提供必要的资源保障，确保创新创业教育的顺利推进。包括教学资源、实践项目经费、创新创业基地建设等。

3. 设立激励机制

学校可以通过设立激励机制，鼓励教师参与创新创业教育。这可以包括教学成果奖励、创新创业导师津贴、创业项目孵化资金等。

4. 加强国际合作

学校发展战略需要加强国际合作，引入国际化的创新创业资源。这包括引进国外先进的创新创业教育理念、开展国际化的实践项目等。

（四）创新创业教育与学校发展战略的挑战与对策

1. 教育体制与课程设置的调整

挑战：学校发展战略要求对教育体制和课程进行调整，而这可能与传统的教育模式和结构存在冲突。

对策：学校可以通过逐步改革教育体制，更新课程设置，引入创新创业元素。建立灵活的课程体系，融入跨学科的创新创业课程，以适应学校发展战略的需求。

2. 师资队伍的培训与引进

挑战：创新创业教育需要具备相关知识和实践经验的师资队伍，而培训和引进这样的师资可能面临一定的困难。

对策：学校可以通过开设相关培训课程、组织教师参与实际创新创业项目、邀请业界专业人士担任讲师等方式，提升师资队伍的创新创业素养。同时，可以考虑引进有相关经验的专业人士加入师资队伍。

3. 评价体系的调整

挑战：传统的评价体系可能无法全面评估学生在创新创业教育中的表现，这与学校发展战略的要求不相符。

对策：学校需要逐步完善评价体系，引入包括项目评估、实际操作能力考核、创新成果评价等多维度的评价方法。与此同时，向教师传达新的评价理念，推动评价体系的变革。

4. 资源投入的压力

挑战：实施创新创业教育需要一定的经费和资源投入，而学校可能在资源方面面临一定的压力。

对策：学校可以通过寻求外部赞助、引入创业基金、与企业建立合作关系等方式，获取更多的资源支持。同时，合理规划资源投入，确保资源的最大化利用。

（五）未来展望与建议

1. 加强创新创业文化建设

为了更好地推动创新创业教育与学校发展战略的融合，学校应当注重创新创业文化的建设。培养学校师生的创新创业意识，建立积极向上的创新创业氛围，将创新创业理念融入学校的日常管理和学术研究中。

2. 强化跨学科合作

创新创业教育常常需要跨学科的合作，学校可以积极推动不同学科之间的合作。建立跨学科的创新创业团队，推动教师之间的交流与合作，丰富创新创业课程内容，提升学生的综合素养。

3. 拓展实践平台和创业资源

学校可以积极拓展实践平台，为学生提供更多的实践机会。与企业、创投机构等建立合作关系，引入更多创业资源，为学生提供创新创业实践的支持。

4. 推动国际化发展

国际化是当前高校的重要趋势，学校可以通过加强国际合作、开设国际化的创新创业课程、推动学生参与国际性的创新创业竞赛等方式，提升学校的国际化竞争力。

5. 加强与社会的紧密合作

学校应当加强与社会的紧密合作，主动对接产业需求，通过与企业、社会组织的合作，将学生培养成符合社会需求的创新型人才。同时，通过社会资源的共享，提升学校在社会服务方面的贡献度。

第三节　课程设计中的创新创业元素融入

一、创新创业教育与课程体系设计

随着社会经济的快速发展和科技的不断进步，创新创业已成为推动社会进步和经济增长的重要引擎。在这一背景下，高校机构逐渐意识到创新创业教育的重要性，努力将其融入课程体系中，以培养更具创新意识和创业能力的人才。下面将探讨创新创业教育与课程体系设计的关系，分析创新创业教育在课程设计中的作用，以及如何构建更为创新的课程体系。

（一）创新创业教育的概念和重要性

1. 创新创业教育的概念

创新创业教育是一种注重培养学生创新思维、创业精神和实际操作能力的教育形式。它旨在使学生能够在面对未知和复杂情境时，具备解决问题、创造价值的能力，同时激发他们对创业的兴趣和能力。

2. 创新创业教育的重要性

促进经济发展：创新创业是推动经济发展的核心力量，培养创新创业人才是为社会注入源源不断的创新动力。

提升就业竞争力：具备创新创业能力的毕业生更容易在就业市场中脱颖而出，不仅能够胜任传统岗位，还能在创新型企业中发挥重要作用。

适应社会变革：面对社会的不断变革，创新创业教育使学生更具适应性和应变能力，能够积极应对未来的职业挑战。

（二）创新创业教育与课程体系设计的关系

1. 创新创业教育的核心要素

创新创业教育涵盖了多个核心要素，包括创新思维培养、创业能力培养、实践操作等。这些要素与课程体系设计密切相关，需要在课程中有机地结合起来。

2. 课程体系设计的重要性

课程体系是高校的基础，是学生获取知识和技能的主要途径。通过精心设计的课程体系，学校可以在学生中培养出更具创新创业精神的人才。

3. 创新创业教育与传统学科的整合

创新创业教育并非一门独立的学科，而是需要与传统学科相结合。课程体系设计需要考虑如何在传统学科中嵌入创新创业元素，实现全面的素质培养。

（三）创新创业教育在课程体系设计中的作用

1. 创新思维的培养

创新创业教育可以通过专门的课程或跨学科的设计，培养学生的创新思维。这包括开展创意思维训练、组织创意工作坊等，使学生能够更灵活地思考和解决问题。

2. 创业能力的提升

创业能力是创新创业教育的关键目标之一。通过模拟创业项目、创业实践课程等设计，学生可以在实际操作中提升创业技能，包括市场调研、商业计划撰写、团队协作等方面。

3. 跨学科知识的整合

创新创业通常涉及多学科的知识，课程体系设计需要促使学生在不同学科之间建立联系。这可以通过跨学科的综合性项目、跨专业的合作等方式实现。

4. 实践操作的强化

创新创业教育强调实际操作，课程设计中应加强实践环节。这包括实地考察、企业实习、创业实训等，让学生在真实的环境中应用所学知识，提高实际操作能力。

（四）构建创新的课程体系设计

1. 制定明确的培养目标

在课程体系设计阶段，学校应当明确创新创业教育的培养目标。这些目标应当包括培养学生的创新思维、提升创业能力、促进跨学科知识整合等方面。

2. 引入创新创业课程

学校可以设计专门的创新创业课程，涵盖创新思维、创业管理、商业模式设计等内容。这些课程可以作为核心课程，为学生提供系统的创新创业知识和实践技能。同时，可以通过模块化设计，使得学生可以根据个人兴趣和发展方向选择相应的课程，实现个性化学习。

3. 跨学科融合设计

创新创业往往涉及多学科的知识，为了更好地培养学生的创新能力，课程体系设计应促进不同学科之间的融合。通过开设跨学科的项目或课程，鼓励不同专业的学生共同参与，实现知识的整合与交流。

4. 实践导向的项目设计

在课程体系设计中，要注重将理论知识与实际操作相结合。设计实践导向的项目，例如创业计划竞赛、企业合作项目等，让学生能够在真实场景中应用所学知识，培养实际问题解决能力。

5. 制定灵活的学分制度

为了鼓励学生参与创新创业课程，学校可以制定灵活的学分制度，对创新创业课程给予适当的学分奖励。这有助于激发学生的学习兴趣，提高参与度。

（五）挑战与应对策略

1. 传统教育观念的挑战

挑战：传统的教育观念可能使得一些教师和学生对创新创业教育持保留态度。

应对策略：开展师资培训，提高教师对创新创业教育的认知和理解。同时，通过宣传教育，让学生和家长了解创新创业教育的重要性，鼓励他们积极参与。

2. 跨学科合作的难度

挑战：不同学科之间存在语言和理念的差异，跨学科合作可能面临沟通障碍。

应对策略：设立跨学科合作的桥梁，例如设立专门的协调机构或人员，促进不同学科之间的交流与合作。建立共同的工作平台，促使各专业更好地融合。

3. 实践环节的资源压力

挑战：强调实践的创新创业教育需要提供丰富的实践环节，但这可能对学校的资源提出更高的要求。

应对策略：寻求外部资源合作，与企业、创投机构等建立合作关系，共享资源。此外，可以引入校友等社会资源，支持学校的创新创业实践活动。

二、学生创新项目与实际应用

学生创新项目是高校中一种重要的教育模式，旨在培养学生创新精神、实践能力和团队协作能力。这些项目不仅是学术研究的一部分，更是学生将所学知识应用于实际问题解决的重要途径。下面将探讨学生创新项目的概念、意义，以及这些项目如何成功应用于实际情境中，促使学生更好地适应未来社会的挑战。

（一）学生创新项目的概念与特点

1. 学生创新项目的定义

学生创新项目是指由学生主导、设计和实施的一项创新性活动，通常涉及科研、技术开发、社会服务等领域。这类项目旨在培养学生的创新思维、实践能力和团队协作精神。

2. 学生创新项目的特点

学生主导：这类项目通常由学生提出并主导，有助于培养学生的自主性和领导力。

实践性强：学生创新项目注重实际操作，通过实践解决问题，提高学生的实践能力。

跨学科性：项目往往需要综合运用多学科知识，促使学生跨学科学习和合作。

（二）学生创新项目的意义

1. 培养创新精神

学生创新项目培养学生的创新思维，激发他们对问题的独立思考能力，使其具备在未知领域进行创新的勇气和能力。

2. 提高实践能力

通过参与创新项目，学生能够将课堂所学知识应用于实际问题解决中，锻炼实践操作能力，更好地适应未来职场的需求。

3. 培养团队协作精神

学生创新项目往往需要团队协作，学生在与团队成员合作的过程中，培养了沟通、协商和团队协作的能力。

4. 增强社会责任感

一些学生创新项目关注社会问题，通过创新解决方案，培养学生的社会责任感，使他们意识到自己可以通过创新为社会作出贡献。

（三）学生创新项目的实际应用

1. 科研与技术创新

学生创新项目在科研和技术创新方面发挥着重要作用。学生通过参与科研项目，深入研究某一领域的问题，提出新的理论或方法，推动学科的发展。

2. 社会服务与实际问题解决

一些学生创新项目以社会服务为导向，致力于解决实际问题。例如，学生团队可以开展社区环境改善项目、贫困地区教育支持项目等，为社会做出积极贡献。

3. 创业与商业创新

学生创新项目也为学生提供了创业的平台。学生团队可以从课堂理论出发,尝试创建自己的初创企业,锻炼创业技能,将理论知识应用于商业实践。

4. 国际合作与交流

一些学生创新项目具有国际合作的特点,通过与其他国家或地区的学生团队合作,共同解决全球性问题,促进国际学术的交流与合作。

(四)学生创新项目的成功案例

1. MIT 开放式课程项目

麻省理工学院(MIT)的开放式课程项目是一个成功的学生创新项目案例。该项目通过开放式在线课程,让全球学生参与科研项目,实践并推动科学和技术的发展。

2. 斯坦福大学设计学院项目

斯坦福大学的设计学院项目注重跨学科合作,学生通过参与项目学习设计思维、解决实际问题,培养了创新和团队协作精神。

3. 剑桥大学社会创新项目

剑桥大学的社会创新项目致力于解决社会问题。学生团队通过开展社会调查、项目研究等方式,提出创新方案,为社会做出积极贡献。

(五)成功开展学生创新项目的关键因素

1. 导师的指导与支持

导师在学生创新项目中扮演着关键的角色,他们提供专业知识指导、项目管理支持,帮助学生克服困难,实现项目目标。

2. 团队合作与协调

学生创新项目通常是由团队合作完成的,团队成员之间的合作与协调能力直接影响项目的进展和成果。团队成员应具备良好的沟通能力、合作精神和解决问题的能力,以确保项目能够顺利进行。

3. 资源的合理利用

项目的成功也与资源的合理利用密切相关。这包括资金、设备、实验室等方面的资源。学生团队需要善于申请并合理利用校内外的资源，确保项目的顺利进行。

4. 切实解决实际问题

学生创新项目的核心目标是解决实际问题。因此，项目的设立和设计应与社会需求和实际问题紧密结合，确保项目具有实际的应用和社会的意义。

5. 提供有效的培训和支持

为了确保学生在创新项目中能够发挥最大的潜力，学校需要提供有效的培训和支持。这包括创新思维培训、实践技能培训、团队协作培训等，以帮助学生更好地完成项目任务。

第四节　创业孵化平台的建设与运作

一、创业孵化中心的组建与发展

创业孵化中心作为支持初创企业发展的重要平台，在现代高校中扮演着越来越关键的角色。它不仅为大学生和教职员工提供了宝贵的资源和支持，推动了创新和创业精神的广泛传播，同时也为高校的科研成果转化、人才培养及社会服务等方面贡献了不可忽视的力量。创业孵化中心的建设与发展对高校的综合实力提升和社会责任履行具有深远影响，值得深入探讨。

（一）背景与动机

创业孵化中心作为高校与社会之间的桥梁，具有重要的战略意义。它不仅为高校创新创业提供了平台，还为推动科研成果的市场转化提供了保障。高校作为知识和技术的源泉，能够通过创业孵化中心，将研究成果转化为市场应用，促进科技进步和经济发展。此外，创业孵化中心也为高校培养创新型人才提供了实践机会，激发了学生的创业热情，提升了他们的综合素质。

创业孵化中心的设立还能够促进高校与地方经济的紧密联系，推动区域经济发展。在地方经济转型升级的过程中，高校可以通过孵化中心支持初创企业，带动就业和产业升级，实现高校与地方的共赢发展。最终，高校通过创业孵化中心，不仅提升了自身的社会影响力，也增强了与政府、企业等社会各界的合作关系。

（二）创业孵化中心的组建

在高校中组建创业孵化中心需要精准的目标定位和资源配置。首先，明确孵化中心的战略目标非常重要。高校需根据自身的学科优势和科研实力，决定孵化中心的方向，是以技术创新为核心，还是注重社会创新；是针对特定行业进行深度孵化，还是广泛覆盖多个领域。这些都是在组建初期需要明确的关键问题。

资金来源是孵化中心成功的基础。高校通常可以通过政府资助、企业赞助、校友捐赠等多种方式筹集资金。这些资金不仅用于场地和设备的建设，还用于引入专业人才，提供创业培训等。一个成功的孵化中心还需要一个强有力的领导团队。这个团队不仅要具备创业管理的经验，还需要对市场有深刻的理解，能够为初创企业提供切实可行的指导。

此外，高校的创业孵化中心应与外部企业、投资机构以及其他高校建立广泛的合作网络。通过这些合作，孵化中心可以为创业者提供更全面的支持，包括技术指导、市场推广和法律咨询等。同时，引入行业导师团队，为创业者提供个性化的辅导和战略建议，是孵化中心提升创业成功率的重要手段。

（三）创业孵化中心的发展阶段

高校创业孵化中心的发展可以分为多个阶段，每个阶段都有其独特的任务和挑战。在初始阶段，孵化中心的主要任务是搭建基础设施，制定相关规章制度，并与外部资源建立初步联系。这个阶段的成功与否直接影响到后续发展的顺利程度。

随着孵化中心的逐渐成熟，发展阶段的任务更加聚焦于创业项目的筛选与培育。高校应利用自身的科研优势和教育资源，制订系统的创业培训计划，帮助初创企业度过早期的艰难时期。在此期间，与社会资源的对接也尤为重要。通过与行业专家、投资人和政府机构的合作，孵化中心可以为创业项目提供更广泛的支持，帮助它们加速成长。

当孵化中心进入成熟阶段，它将拥有一批成功的创业项目，形成自身的品牌影响力。此时，孵化中心需要更加注重项目的评估和优化，提升孵化成功率。同时，高校应通过举办创业竞赛、创新论坛等活动，进一步提升孵化中心的社会影响力，并为更多的科技成果转化创造条件。

（四）创业孵化中心的关键成功因素

高校创业孵化中心的成功依赖于多个关键因素。首先是导师团队的有效性。一个强大的导师团队不仅能够为创业者提供宝贵的经验和建议，还能在创业过程中帮助他们规避风险。导师们的经验和专业知识对初创企业的成长至关重要，因此，高校应注重引入各行业的优秀人才，打造多元化的导师团队。

其次，孵化中心的组织结构需要合理高效。高校的创业孵化中心通常包括领导层、服务团队和支持团队等。明确的分工与职责有助于提高运营效率，确保各项服务能够顺利进行。同时，孵化中心应与外部的企业、政府、投资机构等建立良好的合作关系，构建一个互利共赢的创业生态系统。通过这些合作，孵化中心可以为创业者提供更加多元化和深入的支持。

此外，强大的网络支持对于高校创业孵化中心的发展至关重要。高校应积极拓展与其他孵化中心的合作，加入行业协会，参与国内外的创业活动。这些网络的扩展不仅有助于资源的共享，也为创业者之间的经验交流提供了平台，从而提高创业项目的成功率。

最后，多元化的服务内容是创业孵化中心吸引和留住创业者的关键。高校应根据创业者的不同需求，提供包括资金支持、技术咨询、市场推广等在内的全方位服务。通过不断优化服务内容，孵化中心能够更好地满足创业者的多样化需求，提高他们的创业成功率。

（五）创业孵化中心的服务内容

高校创业孵化中心的服务内容应涵盖创业过程的各个方面，确保创业者在各个环节都能得到有效支持。创业培训是其中最基础的服务之一。高校可以通过举办创业课程、邀请成功企业家进行讲座、开展创业实训等形式，帮助创业者提升创业技能，了解市场规律，制订有效的商业计划。

资源对接服务也是高校孵化中心的重要职能。通过与企业、投资机构、科研机构等建立紧密合作，高校可以为创业者提供重要的资源对接平台，帮助他们寻找合适的合作伙伴，推动项目的融资和市场化进程。

创业辅导与指导是孵化中心的核心服务之一。高校应通过导师团队为创业者提供一对一的辅导，帮助他们解决创业过程中遇到的各种挑战。通过经验分享和专业指导，导师们能够大大提高创业者的成功概率，帮助他们顺利实现创业梦想。

此外，高校孵化中心还应为创业项目提供全方位的孵化服务。这包括提供办公场地、技术支持、法律咨询等，帮助创业者解决在创业过程中遇到的各种问题。市场推广与品牌建设同样是孵化中心的重要工作，通过有效的市场推广策略，孵化中心不仅能提高自身的知名度，还能帮助创业项目迅速占领市场，提升竞争力。

（六）创业孵化中心的发展路径

高校创业孵化中心的发展路径应基于对高校自身资源、学科优势和市场需求的深入分析。在初步规划阶段，高校需要明确孵化中心的发展目标和服务定位。通过市场调研，高校可以确定孵化中心在特定领域或行业的竞争优势，并制定差异化的服务策略，以确保孵化中心能够在激烈的市场竞争中脱颖而出。

资源整合与建设阶段是孵化中心发展的实质性阶段。在这一阶段，高校应通过多种途径筹集资金，租赁或建设孵化场地，招募专业团队成员，并与合作伙伴签订合作协议。此外，建立有效的运营机制也是此阶段的重要任务，确保各项服务能够顺利开展，为创业者提供高效的支持。

随着孵化中心的逐渐成熟，服务拓展与优化成为发展的重点。高校应不断完善孵化中心的服务内容，拓展服务领域，并通过加强与企业和政府的合作，提升服务质量和效率。通过引入更多的培训课程、加强资源对接网络的建设，孵化中心可以更好地适应创业生态的变化，为创业者提供更加全面和优质的服务。

在孵化中心发展的最后阶段，高校应着眼于持续创新与国际合作。通过引入创新的服务模式和培训内容，高校可以保持孵化中心的竞争力，确保其在快速变化的市场环境中保持领先地位。同时，通过与国际知名孵化机构的合作，参与国际性创业大赛等方式，高校可以拓宽孵化中心的国际视野，提升其全球影响力，为创业者提供更加多元化和国际化的发展机会。

二、孵化平台对学生创业的支持

随着创新创业教育的不断发展，学生创业成为高校教育的重要组成部分。为了更好地培养学生的创业意识和实践能力，各大高校纷纷设立孵化平台，为学生提供全方位的创业支持。下面将深入探讨孵化平台对学生创业的支持作用、关键特点以及取得的成就。

（一）孵化平台的定义和作用

1. 孵化平台的定义

孵化平台是指为初创企业或项目提供全方位支持和服务的组织或机构。在高校背景下，孵化平台主要面向学生，通过提供资源、导师支持、培训课程等方式，帮助学生更好地开展创业活动。

2. 孵化平台的作用

资源整合：孵化平台整合校内外资源，包括资金、场地、导师团队、技术支持等，为学生创业提供便利条件。

提供导师支持：通过引入成功企业家、行业专家等作为导师，提供学生创业过程中的实用指导和经验分享。

创业培训：孵化平台开设创业相关的培训课程，涵盖商业计划、市场营销、财务管理等方面，提高学生创业的综合素养。

项目孵化：孵化平台为学生提供创业项目的孵化服务，从创意阶段到实际运营，提供全程支持。

（二）孵化平台对学生创业的支持方式

1. 资源支持

孵化平台为学生创业提供了丰富的资源支持，包括资金支持、场地提供、设备购置等。这些资源的提供有效降低了学生创业的起步门槛，激发了更多学生的创业热情。

2. 导师团队

导师团队是孵化平台的重要组成部分。通过引入成功企业家、行业专家等作为导师，学生能够获得实践经验的传授，解决创业过程中的困难和问题，提高创业的成功率。

3. 创业培训

孵化平台开设创业相关的培训课程，涵盖创业理论知识、实践技能以及市场动态等方面。学生通过参与培训，能够更好地理解创业的本质，提升创业的能力和水平。

4. 创业辅导

孵化平台提供创业辅导服务，为学生提供一对一的指导和咨询。通过定期的辅导会议，帮助学生解决创业中的问题，制订切实可行的发展计划。

5. 创业大赛

为激发学生创新创业的积极性，孵化平台通常会组织创业大赛。通过参与比赛，学生有机会展示自己的创业项目，同时吸引了更多的关注和支持。

（三）孵化平台的关键特点

1. 多元化支持

孵化平台的支持不仅仅局限于资金投入，还包括导师团队的指导、培训课程的提供、创业辅导的开展等多方面的支持，形成了一体化的支持体系。

2. 灵活性和个性化

孵化平台通常具有一定的灵活性，能够根据学生创业项目的不同特点，提供个性化的支持。这有助于更好地满足学生的实际需求，推动项目的个性化发展。

3. 与行业的紧密联系

为了更好地适应市场需求，孵化平台通常与行业保持紧密联系。通过与企业、行业协会等建立合作关系，孵化平台能够更好地了解市场动态，为学生提供更准确的指导。

4. 创业文化的培养

孵化平台不仅仅关注学生创业项目的孵化，还注重创业文化的培养。通过组织创业活动、分享会等，营造积极向上的创业氛围，激发更多学生的创业热情。

（四）孵化平台取得的成就

1. 学生创业成功案例

通过孵化平台的支持，许多学生创业项目取得了显著的成就。有些项目成功获得投资，进一步发展壮大，有些成功上市，为学生创业树立了榜样。

2. 创业项目的市场影响力

孵化平台孵化的一些创业项目在市场上取得了显著的影响力。一方面，这些项目可能通过独特的产品或服务满足了市场需求，受到了广泛关注；另一方面，成功的创业案例也为孵化平台树立了良好的口碑，吸引更多学生参与创业。

3. 创业生态的形成

孵化平台在长期的运营中逐渐形成了完善的创业生态系统。通过与企业、投资机构、政府等多方合作，孵化平台构建了一个全方位的服务网络，为学生提供了更广泛的创业资源和支持。

4. 创业文化的培养

孵化平台的努力也在培养创业文化方面取得了成就。通过组织创业分享会、创业沙龙等活动，平台成功地营造了积极向上的创业氛围，激发了更多学生的创新创业热情。

三、高校与产业合作促进创新创业

高校与产业合作是当前时代推动创新创业的重要动力之一。在知识经济和科技发展的背景下，高校不再只是培养人才的场所，而是与产业界密切合作，共同推动科技创新和创业活动。这种合作关系不仅促进了双方的发展，也为社会经济的可持续发展提供了有力支持。下面将深入探讨高校与产业合作在促进创新创业方面的重要性、影响以及面临的挑战，并提出一些建议，以推动这一合作关系的深入发展。

（一）高校与产业合作的重要性

知识共享与交流：高校拥有丰富的学术资源和研究成果，与产业界的合作促使双方实现知识共享与交流。这种合作有助于将学术理论与实际应用相结合，推动创新。

人才培养与需求对接：通过与产业界的合作，高校更能了解市场需求，有针对性地调整课程设置和人才培养计划，使毕业生更好地适应社会和产业发展的需要。

科技创新的推动：产业界提供实际问题，高校提供专业知识，双方共同努力解决实际难题，推动科技创新，促进产业升级。

创业支持与孵化：高校为创业者提供良好的创业生态环境，包括孵化器、导师资源等，与产业界合作可以提供更多实际支持，推动初创企业的成长。

（二）高校与产业合作的影响

推动科技创新：合作能够促使双方充分发挥各自优势，推动科技创新，加速新技术、新产品的研发与应用，提升整个社会的科技水平。

提升产业竞争力：高校与产业合作有助于培养更具创新力和竞争力的人才，提高企业的科技含量，增强产业的国际竞争力。

促进人才流动：合作促进了高校与产业界人才的交流，推动科研人员、工程师等在学术和实际应用领域的跨界合作，加速知识传播和应用。

激发创业活力：通过高校与产业的合作，创新成果更容易转化为实际的商业机会，激发了创业者的活力，促进了新兴产业的发展。

（三）高校与产业合作的挑战

文化差异：高校和产业界存在不同的文化、管理模式和目标，可能导致沟通障碍，增加合作的复杂性。

利益分配：合作中涉及到知识产权、利益分配等问题，可能引发纠纷，需要建立合理的合作机制和法律框架。

资金支持：高校与产业合作需要一定的资金支持，包括研发经费、实验室建设等，缺乏资金可能制约合作的深度和广度。

人才短缺：高水平的产业合作需要具备一定实际经验和专业技能的人才，人才短缺可能制约合作项目的进展。

（四）推动高校与产业合作的建议

建立合作平台：创建高校与产业合作的平台，包括产学研联合实验室、技术转移中心等，提供一个交流合作的空间。

制定明确的合作协议：在合作前制定明确的合作协议，明确合作双方的权责，解决潜在的合作纠纷。

加强人才培养：高校应加强对学生的实践培养，培养具备实际应用能力的人才，更好地满足产业需求。

促进科研成果转化：加强科研成果的转化与应用，建立科技成果转化的机制，鼓励研究人员积极参与产业合作。

加强政策支持：政府应制定更加有利于高校与产业合作的政策，提供更多的财政和税收支持，创造良好的合作环境。

高校与产业合作是推动创新创业的有效途径，通过双方优势的结合，可以实现知识共享、人才培养、科技创新和创业的协同发展。然而，面对合作中存在的一系列挑战，需要高校、产业界和政府等多方共同努力，以促进合作关系更加深入、稳固和可持续地发展。

第六章

国际化视野下的管理模式创新

第一节　国际化高校管理的背景与趋势

一、全球化背景下高校的发展

随着全球化的不断深入，高校领域也在面临新的挑战和机遇。全球化背景下，高校作为知识的创造者和传播者，扮演着愈发重要的角色。下面将探讨全球化对高校的影响，以及高校如何在这一背景下应对挑战，实现更加全面、开放、合作、创新的发展。

（一）全球化对高校的影响

国际人才流动：全球化推动了国际人才的自由流动，学者、教授和学生能够更容易地穿越国界进行学术研究和学习。这使得高校的师资队伍更加国际化，促进了学术交流和合作。

国际合作与联盟：高校之间的国际合作日益增多，不仅限于学术交流，还包括联合科研项目、合作办学、双学位项目等形式。建立国际性联盟有助于共享资源、提升学术水平、推动共同研究。

全球视野下的课程设置：高校在全球化的浪潮中更加关注培养具有国际竞争力的人才，课程设置更贴近全球需求，强调跨文化沟通、国际业务等方面的教育内容。

国际学术评价体系：学术评价体系趋向国际化，高校的学术研究和教学质量受到全球范围内的关注。这促使高校更加注重提升自身的学术水平和国际影响力。

（二）高校在全球化背景下面临的挑战

文化差异与语言障碍：全球化带来了不同文化间的交融，但也带来了文化差异和语言障碍。高校在国际合作中需要处理好不同文化间的沟通与理解，以及多语言环境下的教学和研究。

招生与国际化竞争：随着国际人才流动的增加，高校的招生竞争变得更加激烈。吸引和留住国际学生，提高学校的国际声誉成为亟待解决的问题。

知识产权和学术道德：国际合作中，涉及知识产权和学术道德的问题更为复杂。高校需要制定明确的合作规范和道德准则，保障各方权益，防范学术不端行为。

资金和资源不均：全球范围内，高校之间的资金和资源分配存在差异。一些发展中国家的高校面临着资金不足、师资力量不足的问题，需要更多国际支持和合作。

（三）高校在全球化背景下的发展策略

建立国际合作平台：高校应积极主动地寻求与国际高校、研究机构建立合作平台，促进学术交流、人才流动、共同科研项目的开展。

推动国际课程设置：在全球化的背景下，高校应调整课程设置，加强国际化人才培养，提供更多全球视野下的课程，鼓励学生参与国际实践和交流。

加强语言和文化培训：针对语言和文化差异，高校应加强师生的语言和文化培训，提升他们在跨文化环境中的适应能力。

建立国际学术交流机制：建立国际学术交流机制，鼓励教师参与国际会议、合作研究项目，提升高校的国际学术声誉。

注重国际合作项目的可持续发展：高校在进行国际合作项目时，应考虑项目的长期可持续性，建立健全的合作框架，确保合作项目不仅是短期的一时冲动。

（四）政府支持与国际化政策

加大高校国际化政策支持：政府应加大对高校国际化发展的政策支持，通过提供资金、制定政策、简化手续等方式，鼓励高校参与国际合作。

建设国际化人才培训体系：政府可以设立国际化人才培训项目，支持高校开展跨文化交流与合作，培养更多具有国际视野和跨文化沟通能力的人才，以适应全球化时代的需求。

推动国际学术交流平台建设：政府可以推动建设国际学术交流平台，提供更多的交流机会和资源支持，促进高校之间在科研、学术领域的深度合作。

设立国际合作奖励机制：通过设立奖励机制，政府鼓励高校积极参与国际合作，推动更多国际化的研究项目和学术成果。

促进国际合作的政策协调：政府可以促进各部门之间的政策协调，消除可能存在的制度壁垒，为高校的国际合作提供更便捷的政策支持。

（五）面向未来的展望与挑战

数字化与在线教育：随着数字技术的发展，高校可以更灵活地进行国际合作与交流，推动在线教育的发展，加强全球学术资源的共享。

可持续发展与社会责任：高校在全球化的过程中需要关注可持续发展和社会责任，积极参与解决全球性问题，推动全球社会的进步。

人工智能与科技创新：高校需要更加关注人工智能和科技创新的发展趋势，与国际先进科研机构进行深度合作，引领科技创新的前沿。

多元文化融合与共生：在全球化的大背景下，高校需要加强多元文化融合，倡导共生共赢的理念，促进不同文化间的交流与理解。

全球公共卫生与应对挑战：全球公共卫生问题已成为全球关注的焦点，高校应积极参与相关研究与合作，为全球应对疫情等挑战贡献力量。

在全球化的背景下，高校承担着更为重要的使命和责任。通过国际合作，高校能够更好地利用全球学术资源，推动科研创新，培养具有国际竞争力的人才。然而，高校在全球化的过程中也面临一系列的挑战，需要政府、高校和社会各界共同努力，制定切实可行的政策，建设合作平台，加强国际交流，共同促进高校的可持续、全球化发展。通过这一过程，高校将能更好地适应时代的发展潮流，为社会、国家和全球发展贡献更大的力量。

二、国际竞争中的机遇与挑战

随着全球化的不断深入，高校在国际竞争中的角色愈发重要。作为知识和创新的前沿阵地，高校不仅在培养人才和推动科技进步方面发挥着关键作用，还直接参与全球市场的竞争。因此，如何在激烈的国际竞争中为高校找到平衡，抓住机遇，应对挑战，成为摆在教育界的重要课题。下面将结合高校的实际情况，深入探讨国际竞争中的机遇与挑战，并提出应对策略。

（一）高校在国际竞争中的机遇

1. 国际合作与资源共享

全球化为高校带来了前所未有的国际合作机会。高校能够通过国际学术交流、科研合作和学生交换项目，与全球顶尖大学建立紧密联系，实现资源共享。这种合作不仅能够弥补自身资源的不足，还能促进学术水平的提升。例如，通过联合研究项目，高校可以获得国际先进的研究设备、技术和资金支持，推动科研创新。同时，国际合作还使高校能够吸引全球优秀学者和学生，提升自身的国际声誉。

2. 人才流动与多元文化融合

国际竞争推动了全球范围内的人才流动，高校可以从中受益，吸引和培养来自世界各地的优秀人才。多元文化的校园环境有助于激发创新思维，增强学生的国际视野与适应力。此外，高校通过引入国际化的课程设置和教学方法，能够为学生提供更加全面的教育体验，培养具有全球竞争力的人才。这不仅提升了高校的教学质量，还为国家的创新驱动发展战略提供了有力的人才支持。

3. 科技创新与前沿研究

在国际竞争的驱动下，高校必须不断提升自身的科研能力，站在科技发展的前沿。全球化为高校提供了获取前沿科技信息和技术的机会，促使高校加大在科研领域的投入，通过跨学科研究应对全球性挑战，如气候变化、公共卫生等。此外，高校还可以通过与国际企业合作，推动科研成果的市场转化，实现经济效益与社会效益的双赢。

（二）高校在国际竞争中的挑战

1. 国际排名与学术压力

随着全球高校排名的普及，国际竞争的激烈程度进一步加剧。高校不仅需要在科研成果、教学质量和学生满意度等方面保持竞争力，还需面对国际排名带来的学术压力。特别是在研究经费有限、师资力量不均的情况下，如何在全球竞争中保持学术领先地位成为高校面临的重大挑战。这种压力不仅影响到高校的整体发展战略，还可能对教师和学生的学术自由产生负面影响。

2. 政治与法律风险

不同国家间的政治体制和法律环境存在差异，高校在国际合作中可能面临各种政治和法律风险。例如，某些国家的政治动荡、教育政策变动或国际制裁可能直接影响高校的合作项目和学生交流计划。此外，知识产权保护也是高校在国际合作中面临的重要问题。如何在全球范围内有效维护自身的知识产权，防止研究成果被侵权，是高校需要重点关注的问题。

3. 资源竞争与人才流失

在全球化的背景下，高校之间的资源竞争日益激烈。尤其是在科研资金、优秀师资和顶尖学生的争夺上，高校面临着巨大的挑战。国际顶尖大学凭借其丰富的资源和全球声誉，往往能够吸引到最优秀的人才和研究资金，这使得其他高校在全球竞争中处于劣势。此外，随着人才全球流动的加剧，高校还面临着人才流失的风险，如何吸引并留住顶尖人才成为高校管理者关注的重点。

（三）高校应对国际竞争的策略

1. 制定全球化战略

高校需要制定明确的全球化战略，包括国际合作的重点领域、资源配置的优先顺序和全球品牌建设的路径。通过与世界顶尖大学和科研机构建立长期合作关系，高校可以提升自身的国际影响力和学术地位。同时，高校还应根据全球市场的需求，调整和优化课程设置，培养具有国际竞争力的人才。

2. 加强科技创新与研发投入

科技创新是高校在国际竞争中保持领先地位的关键。高校应加大在科研领域的投入，鼓励跨学科研究，推动科研成果的转化与应用。同时，通过设立创新基金、引入外部科研资源，高校可以为科研人员提供更加充足的研发支持。此外，利用大数据、人工智能等前沿技术，高校能够在教育管理、学术研究和社会服务等方面实现突破，进一步提升国际竞争力。

3. 加强风险管理与合规建设

高校应建立完善的风险管理体系，及时掌握国际政治、法律和教育政策的变化，制定相应的应对措施。通过加强与政府和国际组织的沟通，高校可以在国际合作中规避政治和法律风险。同时，高校还应加强知识产权保护，建立健全的知识产权管理制度，确保科研成果的合法权益不受侵犯。

4. 拓展国际合作与联盟

通过加入国际学术联盟和科研合作网络，高校可以分享资源、分担风险，在全球范围内扩大影响力。例如，参与全球科研合作计划，联合攻关重大科研课题，可以提升高校在国际科研界的地位。此外，高校还可以通过举办国际学术会议、邀请国际知名学者讲学等方式，提升自身的国际知名度和学术声誉。

5. 提升教育质量与服务

为了在全球化背景下吸引更多的国际学生和学者，高校需要不断提升教育质量和服务水平。通过国际化的课程设计、现代化的教学设施和多元文化的校园环境，高校能够为学生提供优质的学习体验。此外，高校还应加强国际学生的支持服务，包括签证咨询、住宿安排、文化适应等，帮助国际学生更好地融入校园生活。

（四）政府的支持与国际合作

1. 政策支持与教育合作

政府在推动高校参与国际竞争中发挥着重要作用。通过提供税收优惠、科研资助和教育国际化政策，政府可以鼓励高校积极参与国际合作，提升其在全球市场中的竞争力。例如，政府可以设立专项资金支持高校的国际科研合作项目，促进国内高校与国际顶尖大学的深度合作。

2. 强化法规建设与知识产权保护

政府应加强国际教育法规建设，确保教育政策的透明度和可预测性，为高校的国际合作提供稳定的法律环境。同时，政府还应加强知识产权保护立法，确保高校在国际竞争中能够有效维护自身的知识产权，为高校的科研创新提供有力保障。

3. 推动国际人才交流与合作

政府可以通过签订国际人才交流协议、设立国际奖学金项目等方式，促进高校与国际顶尖人才的交流与合作。通过吸引全球优秀学者和学生，政府能够帮助高校提升国际化水平，推动人才培养和科技创新。此外，政府还应鼓励高校开展国际化教育，支持高校引进国外先进的教育理念和教学方法，提升国内教育质量。

（五）面向未来的展望与挑战

1. 数字化时代的冲击

随着数字化时代的到来，高校需要更加重视数字经济的发展趋势，利用先进的技术手段提升教学效率和科研水平。例如，通过大数据分析、在线学习平台和人工智能辅助教学，高校可以实现教育模式的创新，提升学生的学习效果。此外，高校还应探索数字化科研的可能性，通过数字技术的应用推动科研成果的快速转化。

2. 可持续发展与社会责任

在国际竞争中，高校需要更加注重可持续发展和社会责任。面对全球性的环境问题和社会问题，高校应主动承担社会责任，推动绿色校园建设和社会公益活动。通过引导学生参与可持续发展项目和社区服务，高校可以培养学生的社会责任感和全球公民意识，提升高校的社会形象和国际声誉。

3. 人工智能与教育变革

人工智能和自动化技术的快速发展对高校的教育模式和人才培养提出了新的挑战。高校需要在引入这些技术的同时，合理安排教师的工作内容，提供转岗培训，以减缓技术对就业的冲击。同时，高校还应探索人工智能在教学中的应用，通过智能化教学工具提升教学质量，为学生提供个性化的学习体验。

4. 全球公共卫生与风险防范

在全球化的情境下，高校需要高度重视全球公共卫生问题对教育和科研活动的影响。为应对未来可能出现的突发公共卫生事件，高校应建立健全的风险防范机制，包括应急预案、在线教学平台的建设和国际学生的健康管理等措施，以确保教学和科研活动的连续性。

5. 社会舆论与品牌形象

在国际竞争中，高校的品牌形象和社会声誉至关重要。高校需要更加注重对外沟通，树立正面形象，积极回应社会关切，通过社交媒体、国际学术交流等多种渠道提升自身的国际影响力。此外，高校还应加强品牌管理，确保在国际合作中的品牌统一性和一致性，以增强在全球市场的竞争优势。

三、国际化视野对高校管理的影响与应对策略

随着全球化的深入推进，高校领域也逐渐向国际化方向发展。国际化视野不仅为高校带来了新的机遇，也对高校的管理提出了全新的挑战。面对全球化背景下的教育竞争，高校管理者需要积极适应这一趋势，创新管理方式，确保高校在国际舞台上保持竞争力。

（一）国际化视野的背景

全球化趋势的日益加深，使得信息、人才、资本等要素能够更加自由地跨国流动。高校不再仅局限于国内的范围，而是需要与全球范围内的其他高校和研究机构建立更加紧密的联系与合作。这一趋势促使高校管理者重新审视和调整其管理策略，以更好地应对全球化带来的挑战和机遇。

此外，随着社会的多元化，高校所面对的学生群体和研究团队也日益多元化。来自不同文化背景的学生、教师在同一个校园中交流与合作已经成为常态。为了确保这些多元文化背景的师生能够和谐共处，高校管理者需要更好地适应多元文化的现实，提供包容且多样化的管理政策和服务。

同时，高校之间的国际竞争也日益激烈。无论是招生、科研，还是国际声誉的建立，各个方面都需要面对全球范围内的竞争。这要求高校管理者具备更强的战略眼光和全球意识，以便在国际竞争中保持领先地位。

（二）国际化视野对高校管理的影响

国际化视野对高校管理产生了深远的影响。首先，国际化战略的制定成

为高校管理的重要任务。为了提升高校的全球竞争力，管理层必须更加注重制定国际化战略，包括开展国际合作、设立国际办学项目、吸引国际学生等。这一过程要求管理者具备全局性的眼光，关注全球高校的发展趋势，以确保高校能够在全球竞争中占据一席之地。

其次，国际化视野使得高校更加重视国际合作与交流。高校管理层需要积极建立国际合作伙伴关系，推动学术交流、联合研究项目、双学位项目等形式的国际合作。这不仅有助于提升高校的学术水平，还能增强其在国际学术界的影响力。

在全球招生与留学生管理方面，高校在全球范围内竞争学生资源的过程中，需要制定更加灵活、符合国际学生需求的招生政策。同时，对留学生的管理也变得更加重要，包括提供文化适应支持、语言培训、社会服务等方面的考虑，以确保留学生能够顺利融入校园生活。

多语言环境下的教学管理也是国际化视野下的一大挑战。随着国际学生数量的增加，高校面临着如何在多语言环境下提供高质量教育的问题。因此，教学管理需要更好地适应多语言环境，提供多语言教学支持，构建多元文化的学术氛围。

此外，国际化视野下的高校管理还需要注重国际声誉的建设。这不仅包括在国际学术期刊上发表高水平的论文，还包括提升学校的国际排名、引进国际知名学者等措施，以提升学校的全球影响力。

最后，国际化视野促使高校更加注重全球资源的整合与共享。高校管理层需要积极参与国际性项目，争取更多的国际研究资金，拓宽学术研究的国际合作平台，以确保学校能够在全球化背景下持续发展。

（三）高校管理在国际化中的应对策略

面对国际化视野带来的挑战，高校管理层需要采取一系列应对策略。首先，高校管理团队中应建立专门的国际化管理团队，负责规划和执行国际化战略，协调国际合作与交流项目，以确保国际化战略的顺利实施。

其次，提升管理者的国际化素养也是至关重要的。高校管理者需要具备对全球高校趋势的深刻理解、多语言沟通能力、跨文化协调能力等。通过培训和交流等方式，管理者可以进一步提升国际视野，更好地应对全球化背景下的管理挑战。

积极参与国际合作项目也是高校管理的一项重要策略。管理层应鼓励学校积极参与国际性合作项目，包括联合研究、双学位项目、国际交流项目等，以推动全球资源的整合与共享。

在国际学术交流方面，通过组织国际学术会议、邀请国际知名学者举办讲座、支持教师出国访学等方式，高校管理层可以推动学校在国际学术领域的交流与合作，提升学校的学术影响力。

为适应国际化发展，高校管理者还应推动建设国际化课程体系，提供更多以英语为主的国际化课程，培养学生的跨文化沟通和团队协作能力，以满足全球化背景下的人才需求。

在国际招生与留学生支持方面，管理层需要制定更具竞争力的招生政策，同时关注留学生的全方位需求，提供专业的文化适应、语言培训、生活服务等支持，确保国际学生能够在校内顺利发展。

最后，推动国际化科研合作是提升高校国际影响力的重要途径。通过建立国际合作研究中心、鼓励教师参与国际性研究项目，高校可以促进国际化的科研合作，提升学校在国际学术舞台上的地位。

高校管理层还需关注国际学术评价与排名，积极提升学校在国际排名中的地位，加强学术声誉的国际认可，以便在全球竞争中占据有利位置。

（四）政府支持与国际化政策

高校国际化发展离不开政府的支持。首先，政府应提供政策支持，包括税收优惠、研究资金的支持、国际学术交流的奖励等政策，以推动高校更好地融入国际化的大环境。

其次，政府在国际贸易与合作中应积极推动国际教育合作，为高校提供更多的国际化机遇，促进人才和知识的跨国流动。

为了支持高校的国际化科研合作，政府可以建设国际化研究平台，提供更多的国际性研究项目和资源，增强高校在国际科研合作中的参与度。

政府还可以通过奖学金、项目资助等方式，鼓励学生和教师参与国际学术交流，拓宽学术视野，提高国际竞争力。

最后，政府可以通过制定政策，支持高校构建国际化人才培养体系，鼓励开设国际化课程、提供海外实习机会，培养更适应全球化需求的人才。

（五）面向未来的展望与挑战

随着数字化时代的到来，高校管理需要更加重视数字技术的整合与应用。通过构建数字化管理体系，提高信息化水平，管理者可以实现更高效的国际合作和管理，确保高校在全球化背景下的持续发展。

面对全球性问题如气候变化和公共卫生挑战，高校管理者应更加积极地参与全球性问题的研究与解决，发挥高校在学术研究和智力资源方面的优势，为全球社会的可持续发展贡献力量。

国际化视野下的人才流动成为常态，高校管理者需要更好地平衡团队的多元性与凝聚力，确保来自不同文化背景的师生能够形成协同合作的团队，共同推动高校的发展。

全球品牌建设在国际竞争中至关重要。高校管理者需要注重品牌建设，通过突出学校的独特优势和文化特色，树立更具国际化的品牌形象，提升学校的全球竞争力。

最后，高校在国际化进程中需要更加注重社会责任与可持续发展。通过推动绿色校园建设、参与社会公益活动等方式，高校可以在国际社会中树立负责任的形象，为全球社会的进步作出更大贡献。

第二节　国际化战略与高校管理

一、制定国际化发展战略的原则

在全球化时代，高校机构纷纷制定和实施国际化发展战略，以适应全球化的潮流，提升学校的国际竞争力。国际化发展战略的制定涉及多方面的因素，需要明确的原则来指导。下面将探讨制定国际化发展战略的原则，以期为高校机构提供可行的指导思路。

（一）整体性与长远性原则

整体发展战略：制定国际化发展战略应当整合到学校整体发展战略中，确保国际化发展与学校的核心价值和长远目标相一致。这有助于确保国际化战略不是孤立的，而是与学校的整体战略相互促进，形成整体推进的态势。

长远规划与可持续发展：制定国际化发展战略需要考虑长远规划，不仅关注眼前的短期成效，更要考虑可持续发展。这包括长期的合作计划、人才培养策略、国际声誉的积累等方面，确保战略在未来能够持续发挥作用。

（二）适应性与灵活性原则

适应不同国情和文化：高校国际化发展战略应考虑到不同国家和文化的差异，采取灵活的方式调整战略，以适应各国教育体制、学术传统和文化风格。这需要充分尊重和理解当地的文化差异，为国际合作提供更加灵活的解决方案。

灵活应对国际形势：国际形势日新月异，高校应具备灵活应对的机制。制定国际化发展战略时，需要建立能够及时调整的反馈机制，随时应对国际政治、经济、疫情等因素的变化。

（三）多元化与综合性原则

多元化合作伙伴：国际化发展战略应鼓励高校与不同国家、不同领域的合作伙伴进行多元化合作。建立与国际一流大学、研究机构、企业等多方面的关系，拓展国际资源合作网络。

综合性国际化布局：国际化战略应该是综合性的，覆盖多个方面，包括教学、科研、学术交流、学生培养等。综合性的国际化布局有助于提高学校在全球范围内的综合竞争力。

（四）质量导向与卓越原则

保持教学与科研水平：国际化发展战略首要原则是保持高水平的教学和科研质量。通过国际化合作，引进国际一流的教育资源和研究团队，提高高校在全球范围内的学术声誉。

培养卓越人才：国际化发展战略应该注重培养卓越的人才。引进国际化的课程体系，提供国际化的实习和交流机会，培养具备国际视野和全球背景的优秀学生。

（五）社会责任与可持续性原则

关注社会责任：国际化战略制定需要考虑高校在国际化过程中对社会的责任。高校应当通过国际化合作为解决全球性问题、推动社会进步作出贡献，关注环境保护、社会公益等方面的责任。

可持续性发展：国际化发展战略需要符合可持续发展的原则。在推动国际合作的同时，要考虑对环境的影响，注重社会的可持续发展，以确保高校的国际化战略不仅是短期行为，更要有长期的可持续性。

（六）人本主义与全球公民教育原则

注重人本主义价值观：国际化发展战略的制定应该注重人本主义价值观，

推崇尊重个体差异、关注全球公平与正义的理念。高校要通过国际化战略培养具有人文关怀、社会责任感的全球公民。

推动全球公民教育：国际化发展战略应该着力推动全球公民教育，培养学生具备国际视野、跨文化沟通与合作的能力。这包括在课程设置中加入全球问题的探讨，推动学生参与国际志愿服务项目，促进学生在国际化背景下的全面素养的培养。

（七）创新性与实践性原则

鼓励创新思维：国际化发展战略的制定需要鼓励创新思维，积极推动跨学科研究，引进先进的教学方法和科研手段。通过创新，使高校在全球范围内更具有吸引力。

实践性教育：国际化发展战略应着力推动实践性教育。通过提供海外实习、国际交流项目、双学位课程等实践性机会，使学生在实际环境中增长见识，更好地适应国际竞争。

（八）协同性与合作原则

建立协同合作机制：国际化战略应建立协同合作的机制，包括学术交流、研究合作、师资培训等方面。通过与国际知名高校、企业和研究机构建立长期合作关系，实现资源共享、优势互补。

推动全球联合研究项目：国际化发展战略需要积极推动全球联合研究项目。通过联合申请国际科研项目、组建国际研究团队，提高高校在国际研究合作中的影响力。

（九）信息化与科技支撑原则

建设信息化平台：国际化发展战略需要建设信息化平台，加强对国际教育资源的信息化管理。通过建设国际化教育平台，提供在线课程、远程交流、数字化合作等支持，促进全球化的教育资源共享。

利用科技手段推动合作：高校可以通过科技手段推动国际合作。例如，利用在线会议工具促进国际学术交流，利用大数据分析来寻找潜在的国际合作伙伴，以提升合作的效率和广度。

（十）评估与反馈原则

建立科学评估体系：国际化发展战略需要建立科学的评估体系，定期对国际合作项目、国际化课程、留学生培养等方面进行评估。通过定期的评估，及时发现问题，调整战略方向。

开展反馈机制：建立与国际合作伙伴、留学生、校友等的反馈机制，汇集各方意见，不断完善国际化发展战略。通过反馈，及时调整战略，更好地适应国际环境的变化。

制定国际化发展战略是高校机构面临的迫切任务之一。在制定这一战略时，必须遵循一系列的原则，以确保战略的科学性、灵活性和可持续性。这些原则涵盖了整体性、适应性、多元化、质量导向、社会责任、人本主义、创新性、协同性、信息化与科技支撑，以及评估与反馈等多个方面。只有在明确遵循这些原则的基础上，高校机构才能更好地迎接全球化的挑战，推动国际化发展，为培养全球化时代的人才做出积极贡献。

二、国际化战略的实施与调整

随着全球化的不断深化，高校机构纷纷制定并实施国际化战略，以适应激烈的国际竞争，提升学校的国际影响力。然而，国际化战略的实施并非一成不变，需要根据变化的国际环境、学校内部实际情况以及收到的反馈及时进行调整。下面将深入探讨国际化战略的实施与调整，以期为高校机构提供指导性的思路。

（一）国际化战略的实施阶段

明确目标与规划：实施国际化战略首先需要明确明确的目标和规划。这包括明确国际合作的方向，制定具体可行的目标，明确战略的实施路径和时间表。这一阶段需要学校明确自身的定位和发展目标，以及与国际化相关的具体战略目标。

建设国际化团队：为了有效推进国际化战略，学校需要建设专业的国际化团队，包括国际事务部门、招生与推广部门、留学生服务中心等。这个团队需要具备丰富的国际合作经验，能够协同推进各项国际化举措。

资源投入与合作伙伴建立：实施国际化战略需要充足的资源支持。学校需要投入足够的人力、物力和财力，建设国际化的师资队伍、提升硬件设施水平。同时，建立与国际优秀大学、研究机构、企业的合作伙伴关系，争取更多的资源共享。

开设国际化课程：国际化战略的实施离不开国际化课程的开设。学校可以通过引进国外教材、邀请国际名师授课、开展双学位项目等方式，提升课程的国际化水平，增加学生的国际视野。

拓展留学与交流项目：为了促进国际化，学校可以积极拓展留学与交流项目。与海外高校签订合作协议，鼓励学生参与短期或长期的留学项目，提高学生的国际竞争力。

加强国际学术交流：在国际化战略的实施中，学校需要加强国际学术交流。邀请国际知名学者来校讲学，组织国际性的学术研讨会，推动教师参与国际合作研究项目，提升学校的学术声誉。

（二）国际化战略的调整阶段

定期评估与反馈：国际化战略的实施需要建立定期评估与反馈机制。通过评估战略目标的完成情况、学生和教职员工的满意度、国际合作项目的效果等，获取实时的反馈，为战略调整提供依据。

适应国际环境变化：国际环境常常发生变化，政治、经济、文化等因素的波动都会对国际化战略的实施产生影响。学校需要密切关注国际形势的变化，随时调整合作伙伴关系，调整留学计划，确保战略的灵活性。

充分利用信息技术：在战略调整中，信息技术的应用发挥着重要的作用。学校可以通过大数据分析，收集国际学生和教职员工的反馈，了解国际化项目的实施情况，为调整提供科学依据。此外，利用在线教育平台，推动国际化课程的实施，通过虚拟交流活动促进国际合作，这都是信息技术在国际化战略调整中的重要手段。

灵活调整合作伙伴关系：高校在实施国际化战略时，合作伙伴的选择至关重要。随着时局变化，学校需要灵活调整合作伙伴关系，寻找新的国际合作机会，同时考虑与现有合作伙伴的深度合作，以适应不同阶段的需要。

优化留学生支持服务：随着留学生数量的增加，高校需要不断优化留学生支持服务。通过调查留学生的需求和体验，学校可以及时调整服务模式，提供更加贴心和个性化的留学生服务，增强他们的学习体验。

调整国际化课程结构：学校应该根据学科发展和市场需求，不断调整国际化课程的结构。引进新的专业课程，注重跨学科的融合，使国际化课程更贴近行业需求，更有吸引力。

加强师资队伍建设：高校在国际化战略中，师资力量的国际化水平至关重要。因此，学校应定期评估教师的国际化水平，通过培训和引进国际化的教师，不断提升师资队伍的水平。

（三）国际化战略的实施与调整的挑战

文化差异：不同国家和地区有不同的文化背景，文化差异可能导致在国际化战略实施过程中的理解偏差和沟通障碍。高校需要更加敏感地对待文化差异，建立跨文化沟通的机制，以确保战略的顺利实施。

政治风险：国际政治的波动和变化可能对高校的国际化战略带来不确定性和风险。学校需要时刻关注国际政治形势，制定应对政治风险的预案，保障国际合作的稳定性。

财政压力：国际化战略需要投入大量的资源，包括人力、物力、财力等。然而，高校可能会面临财政压力，需要在资源有限的情况下更加合理地配置，确保国际化战略的可持续实施。

教育质量控制：随着国际化的推进，教育质量的控制成为一个关键问题。学校需要确保引进的国际化课程符合学术标准，国际合作项目的质量有保障，以维护学校的学术声誉。

第三节 国际学术合作与管理机制

一、国际学术交流与合作的途径

国际学术交流与合作是高校机构在全球化时代面临的重要任务之一。通过加强与其他国家的学术交流，高校能够促进科研合作、推动知识传播、培养全球化人才。下面将深入探讨国际学术交流与合作的途径，以期为高校提供有效的指导和启示。

（一）学术会议与研讨会

参与国际学术会议：学术会议是学者们交流研究成果、分享最新科研进展的重要平台。高校可以通过组织或参与国际学术会议，与世界各地的学者进行面对面的交流，拓宽学术视野，发现合作机会。

主办国际研讨会：高校也可以主办国际性的研讨会，邀请国际知名学者和专家参与。这有助于提升学校在相关领域的学术声誉，吸引更多国际学者的关注，促进合作与交流。

（二）学术交流项目与合作研究

国际合作项目：高校可以积极申请或发起国际合作项目，与其他国家的大学、研究机构合作开展科研项目。这有助于整合各方的研究资源，推动共同研究课题。

学术交流计划：学术交流计划可包括短期或长期的访学计划、合作导师项目等。通过派遣教师和学生到国外进行学术交流，或邀请国际学者访问学校，促进学术互动，拓宽学术合作的广度。

（三）国际期刊发表与编委

发表国际期刊论文：发表论文是学术交流的重要方式，可以提高学者的学术声誉。高校教师可以积极向国际期刊投稿，分享研究成果，与国际同行进行学术交流。

担任国际期刊编委：高校教师还可以申请担任国际期刊的编委，参与国际期刊的编辑工作。这不仅有助于了解国际学术界的最新动态，还能促进与国际同行的深入合作。

（四）国际合作研究中心与联盟组织

设立国际合作研究中心：学校可以设立国际合作研究中心，致力于推动与其他国家的高校、研究机构的合作项目。这个中心可以是一个平台，汇聚各方资源，促进国际研究合作。

加入国际性联盟组织：学校可以积极加入国际性联盟组织，如国际大学联盟、国际研究联盟等。通过联盟组织，学校可以更广泛地参与国际学术交流与合作，分享资源与信息。

（五）在线平台与数字化合作

利用学术社交平台：学者们可以通过学术社交平台，如 ResearchGate、Academia.edu 等，建立自己的学术主页，分享研究成果，与国际同行进行学术互动，寻找合作伙伴。

数字化合作工具：利用现代数字化工具，如在线会议、远程合作平台等，进行跨国际学术合作。这种方式节省了时间和成本，使国际合作更加便捷高效。

（六）全球性项目与跨国实验室

参与全球性科研项目：学校可以参与全球性的科研项目，如国际合作项目、全球环境监测项目等。通过参与这些项目，学校能够更深入地融入国际科研合作网络。

建设跨国实验室：跨国实验室是一种推动国际合作研究的创新模式。通过在不同国家建设实验室，共同研究解决全球性问题，实现资源共享，推动科研成果的产出。

（七）语言培训与文化交流

提供语言培训：学校可以为师生提供国际语言培训，提高语言水平，促进与其他国家学者更加畅通地交流。语言培训也有助于学者更好地适应国际学术环境。

文化交流项目：通过组织文化交流项目，学校可以促进师生与国际同行之间的深度交流。这种交流项目可以包括文化交流活动、艺术展览、国际夏令营等，为学者提供更多了解不同文化的机会，增进跨文化的理解。

（八）国际学术合作的管理与评估

建立合作管理机制：学校需要建立国际学术合作的管理机制，明确责任分工、合作流程、信息沟通等方面的规范。这有助于提高合作项目的执行效率，减少合作中可能出现的问题。

定期评估与调整：国际学术合作需要定期进行评估，包括合作项目的目标达成情况、学术交流效果、合作伙伴的表现等。通过评估结果，学校可以及时调整合作策略，确保合作的顺利推进。

（九）科技创新与知识产权保护

推动科技创新合作：学校可以与国际合作伙伴共同推动科技创新。合作可以包括联合科研项目、技术转移、共建实验室等，促进科研成果的转化与应用。

重视知识产权保护：在国际学术合作中，知识产权保护尤为重要。学校应建立健全的知识产权保护体系，明确各方的权益和责任，确保合作成果得到合理的保护。

（十）国际学术交流与合作的挑战与应对

语言障碍：语言差异可能成为学术交流的障碍。学校可以通过提供语言培训、支持多语言交流的工具等方式，帮助学者克服语言障碍，促进更加深入的合作。

文化差异：不同国家的文化差异可能导致在合作过程中产生理解误差和沟通问题。学校应鼓励学者具备跨文化交流的能力，组织文化交流活动，提高各方的文化适应性。

经济压力：国际学术合作往往需要投入大量的资源，包括项目经费、人力成本等。学校需要谨慎评估合作项目的经济可行性，确保资源的合理分配。

政治风险：国际合作可能受到国际政治形势的影响，存在政治风险。学校应谨慎选择合作伙伴，了解国际政治环境，制定风险防范措施，保障合作的稳定性。

国际学术交流与合作是高校机构推动学术创新、提升国际竞争力的重要途径。通过积极参与国际学术会议、拓展国际合作项目、利用在线平台等手段，高校可以架起与世界各地学者交流的桥梁。然而，在实践中，学校需要面对语言障碍、文化差异、经济压力等多方面的挑战。因此，建立科学的管理机制、定期进行评估与调整、关注人才培养和文化适应等方面的问题都至关重要。通过不断总结经验、改进管理机制，学校能够更好地应对挑战，取得更为显著的国际学术合作成果。

二、管理国际学术项目的经验分享

在全球化的背景下，国际学术项目的管理成为高校和研究机构不可忽视的重要工作。这些项目涉及多国合作，需要科学地管理和协调，以确保项目的顺利实施和取得优异的成果。下面将分享在管理国际学术项目方面积累的经验，涵盖项目规划、团队建设、资源管理、沟通与合作等关键方面。

（一）项目规划与设计

明确项目目标与愿景：在启动国际学术项目之前，确保项目组全体成员对项目的目标和愿景有清晰一致的理解。明确项目的学术目标、实际产出以及对参与者的影响。

制订详细的项目计划：详细的项目计划是确保项目顺利进行的基石。计划应包括项目阶段、任务分配、时间表、里程碑等，以便项目组成员了解项目的整体进展。

制订风险管理计划：国际学术项目通常涉及复杂的跨文化合作和跨国合作，因此风险管理至关重要。制订风险管理计划，对可能出现的问题进行预测和评估，并明确应对措施。

建立有效的决策机制：在项目规划中明确决策机制，确保项目中的各项决策能够迅速、高效地得到处理。这有助于减少不必要的延误和混淆。

（二）团队建设与领导力

多元化团队构建：构建一个多元化的团队，涵盖来自不同国家、文化和学科背景的成员。多元团队有助于激发创新和解决问题的多样性思考。

设立明确的角色和责任：明确团队成员的角色和责任，确保每个成员在项目中有明确的任务。通过有效的协作，能够更好地发挥每个成员的潜力。

培养跨文化领导力：项目领导需要具备跨文化领导力，善于理解和尊重不同文化背景下的团队成员。这有助于缓解文化差异可能引发的问题。

促进团队合作：鼓励团队成员之间的积极合作是项目成功的关键。可以通过定期团队会议、合作培训等方式提升团队合作的效果。

（三）资源管理与协调

充分利用各方资源：国际学术项目通常能够获得来自多个国家和机构的资源支持。充分了解并善于协调这些资源，可以最大程度地提高项目的效益。

制订有效的预算计划：制订详细的预算计划，考虑项目中的各个方面，包括人力、物力、财力等。预算计划应该合理、周密，以确保项目的可持续运行。

建立高效的信息共享平台：项目中的信息共享对于团队成员之间的协作至关重要。建立高效的信息共享平台，确保团队成员可以及时获取项目进展、决策和变更等信息。

灵活调整资源分配：随着项目的进行，可能会出现一些不可预测的情况，需要及时进行资源调整。具备灵活的资源管理能力，可以更好地应对项目变化。

（四）沟通与合作

建立有效的沟通渠道：国际学术项目中的团队成员可能分布在不同的国家，因此建立高效的沟通渠道至关重要。利用视频会议、在线聊天工具等确保及时的信息传递。

定期组织团队会议：定期组织团队会议，以便项目成员交流进展、讨论问题、提出建议。这有助于加强团队合作，保持项目的整体协同性。

鼓励开放式沟通：鼓励团队成员进行开放式的沟通，建立宽松的沟通氛围。促使成员分享想法、提出疑虑，使每个团队成员都感到自己的意见和反馈受到重视。

解决跨文化沟通障碍：由于来自不同文化背景的团队成员，可能存在语言和沟通方式上的差异。项目管理者应该注重培训成员的跨文化沟通能力，以降低误解和冲突的发生。

（五）评估与改进

建立有效的项目评估体系：在项目的各个阶段建立科学的评估体系，以衡量项目进展、达成目标的程度，并根据评估结果做出及时调整。

收集反馈和经验教训：鼓励团队成员提供反馈，特别是在项目结束后进行全面的回顾。通过收集项目经验教训，可以为未来的国际学术项目提供宝贵的经验。

定期组织团队回顾会议：在项目的关键节点，组织团队回顾会议，让团队成员共同总结经验、分享感悟，找出项目中的问题和改进点。

分享成功案例：将项目中的成功案例分享给其他项目组或机构，帮助他们在类似的项目中获得启示。成功案例的分享可以促进组织内部的学习和进步。

（六）面对的挑战与解决方案

文化差异：文化差异可能导致沟通和合作上的问题。解决方案包括提前进行跨文化培训，建立文化交流机制，增加文化多元性的认可度。

时区差异：时区差异是国际合作中常见的挑战。通过灵活的工作时间、有效的沟通计划、在不同时区轮流举办团队会议等方式，缓解时区差异带来的问题。

语言障碍：不同成员使用不同的语言可能导致沟通困难。采用多语言支持工具、提供语言培训、利用专业翻译等方式解决语言障碍。

政策和法规不同：不同国家存在不同的政策和法规，可能对项目的实施造成困扰。解决方案包括提前了解各国政策法规、寻求专业法务建议、建立合规团队。

（七）未来发展与展望

加强数字化科研工具的应用：未来，数字化科研工具将在国际学术项目中发挥更大的作用。利用虚拟实验室、在线协作平台等工具，提高团队的协作效率。

推动可持续发展：着眼未来，可持续发展将成为国际学术项目的重要考量。项目管理者需要关注环境、社会和经济的可持续性，制订符合可持续发展理念的项目计划。

深化国际合作网络：国际学术项目可以进一步深化与其他国际合作网络的联系。通过参与国际性联盟、建立更广泛的合作关系，推动国际学术合作的广度和深度。

强化人才培养：未来国际学术项目管理需要更加注重人才培养。培养具备国际背景和团队协作经验的人才，为国际化科研合作输送更多优秀的专业人才。

倡导开放科研文化：未来的国际学术项目应更加倡导开放科研文化，鼓励成员分享研究成果、数据和方法。通过开放共享，能够促进科研进展，提高团队在学术界的影响力。

关注科研伦理和知识产权：随着科技发展，对科研伦理和知识产权的关注也愈发重要。未来的国际学术项目管理需要更加注重合规，确保项目在法律和伦理框架内进行。

积极参与国际科研政策制定：国际学术项目管理者应积极参与国际科研政策的制定，争取更多支持和资源。了解各国科研政策，为项目的顺利实施提供政策支持。

管理国际学术项目是一项复杂而富有挑战性的工作，需要项目管理者具备跨文化领导力、卓越的团队协作能力以及灵活的问题解决能力。通过合理规划、团队建设、资源管理、沟通与合作等方面的努力，可以确保国际学术项目的成功实施。同时，积累项目管理经验、总结成功案例、深化合作网络，将为未来的国际学术项目管理提供更多有益的启示。

随着全球科研合作的不断深化，管理国际学术项目的经验分享将成为推动科研创新、提升国际竞争力的重要支撑。在未来，国际学术项目管理者将面对更多新的挑战和机遇，需要不断更新管理理念、采用创新工具，以更好地适应不断变化的国际科研环境，为学术界的发展做出更为卓越的贡献。

第四节　跨国办学的管理模式与挑战

一、跨国办学的管理模式

随着全球化的推进和高校国际化的趋势，越来越多的大学开始尝试在不同国家开展跨国办学项目。跨国办学作为一种新型的高校模式，旨在促进国际合作、提高教育质量、拓展学科领域。下面将深入探讨跨国办学的管理模式，包括项目规划、文化适应、质量保障、资源整合等方面的关键问题。

（一）跨国办学的项目规划

明确目标和定位：在跨国办学项目规划阶段，明确项目的目标和定位至关重要。要考虑当地市场需求、教育政策、文化差异等因素，确保项目能够在目标国家取得成功。

适应当地文化：跨国办学项目需要充分考虑目标国家的文化差异。这包括语言、价值观、教育体系等方面。在项目规划中，要灵活调整教学内容和方式，以适应当地文化。

合理布局课程设置：根据目标国家的需求和特点，合理布局课程设置。可以根据当地行业需求和发展方向，调整课程结构，提高毕业生的就业竞争力。

建立合作关系：在项目规划中，建立良好的合作关系至关重要。这包括与当地高校、企业、政府等相关机构的合作，共同推动项目的实施。

（二）文化适应与管理

跨文化团队建设：在跨国办学中，团队成员来自不同文化背景，跨文化团队建设是确保项目成功的基础。管理者要注重团队成员之间的相互理解和尊重，通过培训提升跨文化沟通能力。

定期文化培训：为教职工和管理层提供定期的文化培训，帮助他们更好地了解目标国家的文化、教育体系和社会习惯。这有助于减少文化冲突，提高团队的整体适应性。

设立文化交流平台：创建一个文化交流平台，让来自不同国家的师生可以分享自己的文化、经验和看法。这有助于促进文化融合，增强整体团队的凝聚力。

灵活管理方式：跨国办学项目需要采取灵活的管理方式。管理者应根据当地情况调整管理策略，灵活应对可能出现的问题，确保项目的平稳运行。

（三）质量保障机制

建立国际标准：在制定质量保障机制时，要结合国际高校标准，确保项目在各个国家都能达到一定的教育质量水平。

制定评估体系：建立完善的项目评估体系，包括教学质量、学生满意度、师资水平等方面的评估。通过定期评估，及时发现问题并进行改进。

国际认证和审核：考虑到不同国家的教育认证体系可能存在差异，可以寻求国际性的认证机构进行审核，确保项目得到国际认可。

设立质量保障团队：设立专门的质量保障团队，负责监督和评估项目的运行情况。团队成员应具备国际化的视野和质量管理经验。

（四）资源整合与管理

合理配置人力资源：在人力资源方面，合理配置师资力量，确保项目拥有足够的专业师资队伍。同时，培训教职工具备跨文化背景下的教学和管理能力。

跨国合作与资源整合：充分利用跨国合作的优势，整合各方资源。可以与当地高校、研究机构建立紧密联系，共享教学资源、研究平台等。

科学财务管理：制定科学的财务管理制度，确保项目在财务方面的透明度。合理制定学费标准，确保项目的经济可持续发展。

信息技术支持：充分利用信息技术，建立高效的信息管理系统。包括学生信息管理、教学资源共享、在线教学平台等，提高项目的运营效率。

（五）沟通与合作机制

建立高效沟通体系：跨国办学项目需要建立高效的沟通体系，确保信息能够迅速准确地传达。可以采用在线会议、邮件、即时通信等多种方式。

推动国际合作：跨国办学的成功在很大程度上依赖于国际合作。通过建立国际联盟、签署合作协议，推动国际高校之间的深度合作，共同推进项目的发展。

设立联络办公室：在目标国家设立联络办公室，成立专门的国际事务团队，负责协调各项事务、解决问题，保障项目的正常运行。

定期合作会议：定期组织跨国办学项目参与方的合作会议，共同研究和解决项目中的问题，促进合作伙伴之间的深度交流。

（六）面临的挑战与解决方案

文化差异：文化差异可能导致沟通不畅、管理不当等问题。解决方案包括提前进行文化培训、建立跨文化团队，以及通过文化交流活动增进团队的理解和凝聚力。

法律合规问题：不同国家存在不同的法律和教育法规，可能导致法律合规问题。解决方案包括寻求专业法务意见、设立法务团队，确保项目合法合规运行。

质量一致性：跨国办学项目需要保证在不同国家的教学质量一致性。解决方案包括建立全球质量标准、制定标准化的课程设置、进行定期的国际审核等。

语言障碍：不同国家使用不同的语言可能导致语言障碍。解决方案包括提供语言培训、利用多语言支持工具、招聘具备多语言能力的教职工等。

（七）未来发展与展望

加强创新教育：未来跨国办学项目可以更加注重创新教育模式的探索。通过引入新的教育技术、跨学科的课程设置等，提升教学质量和吸引力。

拓展国际联盟：加强与更多国际高校和机构的合作，拓展国际联盟，形成更加紧密的合作网络。通过共享资源、互惠互利，推动跨国办学的可持续发展。

强化科研合作：在跨国办学项目中，注重科研合作的推动。通过建立联合研究中心、开展国际性科研项目等方式，提高项目在国际科研领域的声誉。

培养国际化人才：未来跨国办学项目的目标之一是培养具备国际视野和全球竞争力的人才。通过设立国际化课程、提供国际实习机会等方式，培养学生的国际化素养。

推动可持续发展：强调可持续发展理念，将可持续发展纳入跨国办学项目的规划和实施中。注重环保、社会责任等方面的实践，以确保项目的长期可持续发展。

跨国办学是高校国际化的一种创新模式，为各国提供了更多合作和交流的机会，也为学生提供了更广阔的学术发展空间。在管理模式方面，项目规划、文化适应、质量保障、资源整合、沟通与合作机制等环节都需要精心设计和不断优化。面对跨国办学的挑战，各方需保持开放心态，不断探索创新，以推动跨国办学项目向更高水平发展。未来，随着全球化的深入，跨国办学将在国际高校领域发挥越来越重要的作用。

二、不同文化背景下的管理挑战

全球化的迅速发展使得高校管理面临前所未有的挑战和机遇。随着国际化视野的日益拓展，高校不仅要在国内环境中保持竞争力，还需要在全球范围内谋求发展。这种新的环境要求高校管理者具备更广阔的视野、更强的跨文化沟通能力，以及更灵活的管理策略。以下内容将探讨国际化视野对高校管理的深远影响，并分析高校如何在这一背景下进行战略调整与创新，以应对未来的挑战。

（一）国际化视野的背景

全球化已经成为不可逆转的趋势，高校作为知识传播和创新的前沿阵地，也在不断融入这一大潮之中。信息技术的飞速发展、交通运输的便捷化以及经济联系的紧密，使得世界各地的高校不再孤立存在，而是形成了一个相互依存的全球网络。在这一背景下，全球化趋势对高校管理提出了新的要求。首先，全球化促使信息、人才、资本等要素更加自由地流动，这意味着高校需要打破原有的地域限制，主动融入全球教育市场。其次，高校日益多元化的学生群体和研究团队带来了丰富的文化交流与碰撞，管理者必须具备更强的跨文化管理能力，以应对多元文化带来的挑战。最后，全球范围内的高校之间竞争日趋激烈，尤其是在招生、科研、国际声誉等方面，国际竞争的压力迫使高校管理者必须具备全球视野，制定更具前瞻性的战略。

（二）国际化视野对高校管理的影响

国际化视野对高校管理产生了深远影响，主要体现在战略制定、合作交流、招生管理、教学管理、声誉建设以及资源整合等方面。首先，国际化视野要求高校管理层在制定战略时必须将全球环境纳入考虑范围。高校不仅要关注国内教育政策和市场需求，还要积极参与国际合作，通过设立国际办学项目、吸引国际学生、推动国际科研合作等方式扩大自身的影响力。其次，国际化视野下，高校需要更加注重国际合作与交流。管理层必须积极建立和维护国际合作伙伴关系，通过学术交流、联合研究项目、双学位项目等形式，推动全球范围内的学术合作。再者，全球化的竞争压力使得高校在招生管理上面临新的挑战。为了吸引国际学生，高校需要制定更加灵活、符合全球学生需求的招生政策，并提供全面的留学生支持服务，包括文化适应、语言培训、社会服务等。除此之外，多语言环境下的教学管理也成为国际化背景下的重要议题。为了更好地服务来自不同国家和语言背景的学生，高校必须提供多语言教学支持，营造包容多元的学术氛围。同时，国际声誉的建设成为高校管理不可忽视的一环。高校需要通过在国际学术期刊上发表高水平论文、提升国际排名、引进国际知名学者等措施，提升学校的国际影响力。最后，国际化视野促使高校更加注重全球资源的整合与共享。管理者需要积极参与国际项目，争取更多国际研究资金，拓宽学术研究的国际合作平台，从而实现资源的最优配置。

（三）高校管理在国际化中的应对策略

面对国际化带来的挑战，高校管理层必须采取积极的应对策略，以确保学校在全球竞争中的优势地位。首先，建立专门的国际化管理团队至关重要。这些团队应负责规划和执行国际化战略，协调各类国际合作项目，以确保国际化战略的有效实施。其次，提升管理者的国际化素养也是应对挑战的关键。管理者应具备对全球高校趋势的深刻理解，多语言沟通能力和跨文化协调能力，这可以通过定期培训和国际交流得到提升。再次，高校管理层应鼓励学校积极参与国际合作项目，包括联合研究、双学位项目、国际交流项目等，从而推动全球资源的整合与共享。与此同时，推动国际学术交流是提升学校国际影响力的重要途径。通过组织国际学术会议、邀请国际知名学者举办讲座、支持教师出国访学等方式，学校可以在国际学术领域占据一席之地。此外，建设国际化课程体系也是高校管理者必须关注的议题。提供以英语为主的国际化课程，培养学生的跨文化沟通能力和团队协作能力，以满足全球化背景下对人才的需求。为了在全球范围内吸引更多学生，高校还需要制定竞争力强的招生政策，并为留学生提供全方位的支持服务，包括文化适应、语言培训、生活服务等。同时，推动国际化科研合作，建立国际合作研究中心，鼓励教师参与国际性研究项目，可以提升学校在国际学术舞台上的影响力。最后，管理者还需注重学校在国际学术评价和排名中的表现，通过提升学术声誉来巩固学校的国际地位。

（四）政府支持与国际化政策

在推动高校国际化的过程中，政府的支持至关重要。首先，政府应制定有利于高校国际化发展的政策，包括税收优惠、研究资金的支持、国际学术交流的奖励等，从而为高校的国际化进程提供坚实的政策保障。其次，政府可以通过加强国际贸易与合作，为高校创造更多国际化机遇，促进人才和知识的跨国流动。此外，政府可以建设国际化研究平台，提供更多国际性研究项目和资源，以支持高校在国际科研合作中的参与度。鼓励国际学术交流也是政府可以采取的积极措施。通过奖学金、项目资助等方式，政府可以鼓励学生和教师参与国际学术交流，拓宽他们的国际视野，提高他们的全球竞争力。最后，政府还可以通过政策支持，帮助高校构建国际化人才培养体系，鼓励开设国际化课程、提供海外实习机会，以培养更适应全球化需求的人才。

（五）面向未来的展望与挑战

随着全球化和数字化时代的到来，高校管理面临的新挑战将更加复杂多样。首先，数字化技术的飞速发展为高校管理带来了新的机遇与挑战。管理者需要更好地整合数字化技术，构建数字化管理体系，提高信息化水平，以实现更高效的国际合作和管理。其次，全球性问题如气候变化、公共卫生等跨国界的挑战，要求高校管理层更加积极地参与全球性问题的研究与解决，发挥高校在知识创新和智力资源方面的优势。此外，国际化视野下的人才流动成为常态，高校管理需要更加注重平衡团队的多元性与凝聚力，特别是如何在多元文化背景下构建协同合作的团队。与此同时，全球品牌建设也是高校在国际竞争中不可忽视的因素。高校不仅需要通过提升学术水平来增强竞争力，还需要通过突出学校的独特优势和文化特色，树立具有国际影响力的品牌形象。

第七章
评估与改进管理模式的机制

第一节　高校管理模式的评估体系建设

一、现有评估体系的分析

评估体系在现代高校管理中是衡量学校绩效、教职员工表现以及各项教育活动效果的重要工具。一个科学有效的评估体系可以为高校提供准确的反馈，指导战略决策和改进教育质量。接下来将深入分析现有高校评估体系的构建与特点，探讨其优势和面临的挑战，并提出优化策略，以更好地适应不断变化的教育环境。

（一）现有评估体系的构建与特点

在高校中，评估体系通常是为了确保学校能够实现既定的教育战略目标。这些目标可能包括教学质量提升、学生满意度、教职员工绩效等多个方面。评估体系通常分为多个层次，从学校整体层面到个体教职员工层面，确保对各层次的表现有全面的了解。同时，高校评估体系建立了一套明确的指标体系，用于衡量各个方面的绩效，这些指标涉及教学质量、科研产出、学生发展和校园管理等多个领域。此外，评估往往是定期进行的，以确保学校能够及时获取最新的绩效数据，从而进行动态调整和改进。

（二）现有评估体系的优势

评估体系在高校管理中的一个显著优势是提高了教育和管理过程的透明度，使得管理层、教职员工和其他利益相关者能够清晰了解学校的战略目标和绩效表现。通过对教职员工表现的评估，评估体系还可以作为一种激励机制，促使教职员工在教学和科研中更加努力，以达到或超越预期的目标。此外，评估体系提供了可靠的数据支持，有助于高校管理层做出更加明智的决策，包括资源分配、课程调整和战略优化等方面。定期的评估促使学校不断进行教学和管理的持续改进，通过对以往绩效的分析，高校能够识别并解决存在的问题，从而在未来表现得更为出色。

（三）现有评估体系的挑战和问题

尽管评估体系在高校中发挥了重要作用，但也存在一些挑战。例如，一些评估体系可能包含过多的评估指标，使得数据收集和分析过程变得复杂，同时增加了教职员工和管理层的工作负担。此外，部分评估体系缺乏足够的灵活性，难以迅速适应教育环境的变化，从而可能导致评估结果的滞后性和不切实际性。还有一些评估体系过度依赖定量数据，忽视了定性方面的评估，导致对教职员工的创新能力、团队协作等关键素质评估不足。此外，一些评估体系过于关注教职员工当前的教学和科研表现，而忽视了对其职业发展和培训需求的关注。

（四）现有评估体系的优化策略

为应对上述挑战，高校可以采取一系列优化策略。首先，对于评估指标过多的问题，可以考虑精简评估指标，重点关注与学校核心目标相关的关键指标。这将使评估过程更易操作和理解，减轻教职员工的负担。其次，为了增加评估体系的灵活性，可以定期审查和更新评估标准，确保其能够适应教育环境的变化，并与学校的发展目标保持一致。此外，可以在评估体系中引入更多的定性评估方法，如 360 度反馈、教职员工满意度调查等，以获取更加全面的教职员工表现信息。通过平衡定量和定性数据，学校可以更准确地评估教职员工的综合表现。最后，评估体系还应注重教职员工的职业发展，为其提供个性化的发展计划、培训机会和职业规划支持，促进教职员工的长期成长。

（五）引入 360 度反馈

360 度反馈作为一种多角度的评估方法，在高校中也有着广泛的应用。它不仅包括直接上下级的评价，还包括同事、学生和自评等多方反馈。这种全面的视角有助于学校更全面地了解教职员工在教学和科研中的表现，并发现他们在团队协作中的作用和贡献。通过引入多角度的评价，学校能够更好地评估教职员工的整体绩效，并发现潜在的领导者和高绩效教职员工。

（六）技术驱动的评估工具

在现代高校中，人工智能和大数据分析技术为评估体系带来了新的可能性。引入这些技术，可以更快速、精准地分析大量的绩效数据，降低评估体系的操作成本，提高数据的准确性。同时，利用技术工具实现实时反馈，使教职员工能够及时了解自己的表现，并在教学或科研中进行及时调整。此外，基于技术的评估工具还可以根据教职员工的个体差异提供个性化的评估，从而更好地满足他们的发展需求，提高评估的有效性。

（七）持续改进和反馈机制

为了确保评估体系始终与高校的发展目标和战略保持一致，学校应建立定期审查和优化机制。随着教育环境的变化，学校需要不断更新和改进评估体系，以保持其适应性和有效性。同时，学校还应引入教职员工参与的机制，让他们参与到评估体系的建设和优化过程中，这有助于提高评估的公平性和教职员工的认同感。定期的反馈机制也是评估体系中的重要一环，能够让教职员工了解自己的绩效表现，及时发现问题，并激发他们的积极性和创造力。

二、构建全面评估的指标体系

在现代高校管理中，建立一个全面而有效的评估指标体系对于提升绩效、激励教职员工、促进高校可持续发展至关重要。一个完善的指标体系应能够全面反映高校的战略目标、教育运营和教职员工的表现等多个方面。以下将深入探讨构建全面评估指标体系的原则、方法以及各个方面的具体指标，以帮助高校建立更为科学和适应性强的评估体系。

（一）构建全面评估的指标体系的原则

1. 与战略目标一致

高校的评估指标体系应与学校的战略目标保持一致，确保每个指标都能够直接或间接地反映学校的整体战略方向。例如，若高校的战略目标是提高科研产出，那么科研项目的数量和质量、发表论文的影响因子等指标就应纳入评估体系中。

2. 综合考虑

评估体系应是综合性的，涵盖教学质量、科研水平、学生发展、校园管理等多个方面。这样能够全面评估高校的整体绩效，避免只关注某一方面而忽视其他关键领域。例如，教学质量评估可以包括学生满意度、课程通过率等，而科研水平评估可以关注项目资金获取、科研成果转化等。

3. 可量化和可测量

评估指标应是可量化和可测量的，通过具体的数据进行衡量和分析。这不仅提高了评估的客观性和准确性，也为决策者提供了可靠的依据。例如，教学评估中的学生满意度可以通过问卷调查的方式获取具体的评分。

4. 适应性和灵活性

评估体系应具备适应性和灵活性，能够随着教育环境和社会需求的变化进行调整。例如，随着信息技术的进步，高校可以引入在线教育质量的评估指标，以适应现代教学方式的变化。

（二）构建全面评估的指标体系的方法

1. 制定明确的战略目标

高校应首先明确自身的发展目标，比如，提升国际排名、扩大科研影响力或提高学生就业率等。在此基础上，构建评估指标体系，使之与战略目标紧密对接。

2. 确定关键绩效领域

根据高校的战略目标和核心职能，确定关键的绩效领域。这些领域通常包括教学质量、科研产出、学生发展、校园环境与管理等。通过分析这些领域，明确需要重点关注的绩效指标。

3. 设定具体指标

在每个关键绩效领域内，设定明确且可量化的评估指标。例如，教学质量评估可以包括课程评估成绩、毕业生就业率、学生满意度等具体指标；科研绩效评估可以涉及科研项目的数量、经费来源、发表论文的数量和影响力等。

4. 建立绩效评估模型

将各类评估指标组合成一个综合性的绩效评估模型。该模型可以分为学校级、学院级和教职员工级别的指标，以确保评估体系全面覆盖所有层次的绩效。例如，学校级指标可能包括整体科研经费增长率，学院级指标可能涉及各学院的课程通过率，而教职员工级别的指标则可能包括个人科研成果数量。

（三）各方面的具体指标

1. 教学质量指标

—课程通过率：反映学生对课程的掌握程度。

—学生满意度：通过问卷调查评估学生对教学质量的满意度。

—毕业生就业率：衡量学校教育对学生就业能力的影响。

2. 科研绩效指标

—科研项目数量：评估学校获取和管理科研项目的能力。

—论文发表数量及影响因子：衡量科研成果的质量和学术影响力。

—科研经费增长率：表示学校在科研资金获取方面的能力。

3. 学生发展指标

—学术成绩提升率：评估学生在校期间学术能力的进步情况。

—创新创业项目参与度：衡量学生参与创新创业活动的积极性和成果。

—校友贡献度：通过毕业生的回馈情况，评估学校教育的长期影响力。

4. 校园管理指标

—资源利用率：评估学校资源（如图书馆、实验室）的使用效率。

—校园安全指数：衡量学校在保障学生和教职员工安全方面的效果。

—环保措施落实情况：评估校园可持续发展和环境保护的执行情况。

（四）持续改进的反馈机制

1. 定期评估和更新

高校应建立定期的评估机制，对指标体系进行周期性的评估和更新。这有助于确保评估指标始终与学校的发展目标保持一致，并能够反映教育环境的变化。

2. 教职员工参与和反馈

鼓励教职员工积极参与评估指标体系的建设，并提供关于绩效评估的反馈。教职员工的参与不仅提高了评估体系的公正性和可信度，还能增强其对评估结果的接受度。

3. 灵活调整

保持评估指标体系的灵活性，能够根据学校的发展和外部环境的变化进行调整。比如，当学校战略目标发生变化时，评估体系应及时作出调整，以确保其持续有效性。

（五）技术驱动的评估工具

1. 数据分析工具

高校可以引入先进的数据分析工具，以更深入地挖掘和分析绩效数据。这些工具能够帮助管理者快速识别绩效上的短板和改进空间，为科学决策提供有力支持。

2. 人工智能支持

利用人工智能技术，实时分析海量数据，识别潜在的趋势和问题。这不仅提高了数据分析的效率，还能帮助高校提前预见潜在风险，并采取相应的对策。

3. 绩效管理系统

实施集成化的绩效管理系统，能够将各项评估指标汇总并提供直观的可视化报告。这种系统可以简化数据管理和分析过程，提高管理效率，同时为决策提供可靠的依据。

第二节　数据驱动的决策与管理

一、数据在高校管理中的应用

随着信息技术的飞速发展，大数据时代已经到来，数据在各个领域的应用日益成为关注的焦点。在高校管理中，数据的应用也逐渐成为推动教育改革和提高管理效能的重要手段。下面将探讨数据在高校管理中的应用，涵盖学术研究、招生与录取、教学质量评估、校园运营和学生服务等方面。

（一）学术研究的数据应用

科研经费分析：高校可以通过分析科研项目的经费使用情况，了解各学科领域的研究活动和投入情况，有针对性地提升支持力度。

学术产出评估：数据分析可用于评估教职工的学术产出，包括发表论文、获得专利、参与科研项目等，为评价个体绩效和资助决策提供依据。

研究合作网络：利用数据分析构建研究合作网络，了解不同学科间的合作关系，促进跨学科研究，提升科研水平。

研究方向预测：基于历史数据，通过算法预测研究方向的发展趋势，帮助学校调整研究重点，提前布局未来研究方向。

（二）招生与录取的数据应用

生源地分析：数据分析可以对生源地进行深入挖掘，帮助高校了解生源结构，为招生宣传和资源配置提供依据。

招生计划优化：利用历年招生数据，通过分析生源特点和专业选择，优化招生计划，确保招生计划与市场需求相匹配。

招生渠道管理：通过分析不同招生渠道的效果，调整招生策略，提高招生效率，降低招生成本。

录取结果分析：分析录取结果，了解录取生源的学科兴趣和特长，为后续的教育管理提供数据支持。

（三）教学质量评估的数据应用

学生成绩分析：数据分析可用于学生成绩的趋势分析，及时发现问题并提供有针对性的辅导和支持。

课程评估：通过学生选课和评教数据，评估每门课程的教学效果，为教师提供改进的建议。

学科竞争力评估：利用学科课程的选课数据、教学资源使用情况等，评估学科的竞争力，有针对性地提升学科建设水平。

教学活动效果评估：利用数据分析工具对各类教学活动的效果进行评估，为教育决策提供参考。

（四）校园运营的数据应用

设施利用率分析：通过分析校园内各种设施的利用率，合理规划和管理校园资源。

人流热点分析：利用定位数据分析学生在校园内的流动情况，了解人流热点，优化校园布局。

校园安全监测：利用监控数据进行校园安全监测，通过异常数据分析及时发现潜在风险。

校园能源消耗分析：数据分析可以帮助高校监测和优化校园的能源消耗情况，降低运营成本。

（五）学生服务的数据应用

学生行为分析：利用学生借阅图书、参与社团、使用校园卡等数据，分析学生行为，为个性化服务提供依据。

学生满意度调查：通过定期的学生满意度调查，收集学生对学校服务的意见和建议，为改进服务提供数据支持。

就业数据分析：分析学生毕业后的就业数据，了解毕业生的就业状况，为提升就业率提供指导。

学生健康管理：利用学生体测、心理咨询等数据，进行学生健康状况分析，提供个性化的健康服务。

（六）数据隐私与安全保障

建立严密的数据安全体系：高校需建立完善的数据安全管理体系，包括权限管理、加密技术等，保障学生和教职工的数据安全。

加强数据隐私保护：在数据采集和处理过程中，高校应遵循相关法规，保护学生和教职工的隐私权，确保数据在使用过程中不被滥用。

教育培训：向教职工和管理人员提供数据隐私保护的培训，使其了解并遵守相关法规，增强对数据保护的责任意识。

数据审查机制：建立定期的数据审查机制，对数据的收集、存储和使用过程进行监督和检查，确保数据的合法性和安全性。

透明沟通：在数据收集前，同学生和教职工进行充分的透明沟通，明确数据的用途、范围和保护措施，征得他们的同意。

（七）挑战与未来展望

1. 挑战

隐私保护问题：随着数据应用的深入，数据隐私保护将面临更为复杂的挑战，需要在技术和法规层面不断完善解决方案。

数据安全风险：数据泄露和网络攻击等安全风险增加，高校需要加强信息安全建设，提高系统和数据的安全性。

2. 未来展望

智能决策支持：随着人工智能技术的发展，数据分析将更多地结合智能算法，为高校管理提供更智能化的决策支持。

个性化学习服务：利用数据分析为学生提供更个性化的学习服务，根据学生的学科兴趣和学习习惯进行精准推荐。

跨界合作：高校可与科技企业、研究机构等跨界合作，共享数据资源，推动数据在教育领域的创新应用。

数据在高校管理中的应用已经成为推动教育现代化的重要引擎。从学术研究到招生与录取、教学质量评估、校园运营以及学生服务等方面，数据分析为高校提供了更加全面、深入的洞察和决策支持。然而，在应用数据的过程中，高校需要面对诸多挑战，尤其是数据隐私和安全的问题。通过建立完善的数据管理和隐私保护机制，高校能够更好地发挥数据的作用，推动教育管理的现代化和智能化。在未来，随着科技的不断发展，数据应用在高校管理中将迎来更多创新和进步，为提升教育质量和服务水平提供更为强大的支持。

二、数据采集与处理的技术手段

在信息时代，高校作为知识创新和人才培养的中心，面临着日益复杂的管理与运营挑战。科学而高效的数据采集与处理技术不仅可以提升高校的管理效率，还能为教学、科研、校园安全等方面提供强有力的支持。下面将深入探讨数据采集与处理的关键技术手段，包括传感技术、大数据技术、人工智能等，并结合高校的实际应用场景，分析这些技术如何为高校的现代化与智能化发展提供助力。

（一）传感技术在高校的应用

1. 校园环境监测与控制

高校中的校园环境管理是保障师生学习与生活的重要基础。通过安装气象传感器、温湿度传感器等设备，校园可以实现对环境的实时监测。例如，温湿度传感器可以帮助调节教室和实验室的空调系统，确保舒适的学习和科研环境；光照传感器则可以优化照明系统，节约能源，减少校园碳足迹。

2. 实验室设备与安全管理

高校的实验室管理对于科研工作至关重要。通过传感技术，实验室可以实时监控温度、湿度、气体浓度等关键环境参数，确保实验设备的安全运行。例如，化学实验室中的气体传感器能够检测有害气体的泄漏，自动触发报警系统并启动通风设备，从而保障实验人员的安全。

3. 健康监测与个性化服务

健康监测在高校日常管理中也扮演着越来越重要的角色。通过体感传感器、生物传感器等技术，学校可以实时监控学生和教职工的健康状况。例如，在体能测试中，体感传感器可以记录学生的运动数据，帮助体育教师分析学生的体能状况，提供个性化的健身建议。

（二）大数据技术在高校的应用

1. 教学管理与决策支持

大数据技术在教学管理中发挥着越来越重要的作用。通过整合和分析来自教务系统、学习平台、图书馆借阅记录等多个渠道的数据，学校可以对学生的学习行为进行深入分析。例如，大数据可以帮助教师识别学生的学习瓶颈，提供针对性的辅导方案；同时，管理者也可以通过数据分析优化课程安排，提高教学资源的利用率。

2. 科研数据管理与知识发现

高校的科研工作往往涉及海量数据的处理与分析。大数据技术为科研数据的存储、管理和分析提供了强大的支持。例如，分布式数据库和云存储技术可以帮助研究团队高效管理大规模的实验数据，而数据挖掘技术则可以揭示数据中的潜在规律，为科学发现提供新的线索。

3. 校园运营优化与资源配置

高校校园的日常运营涉及到大量的资源管理，如教室使用、能源消耗、设备维护等。通过大数据技术，管理者可以实时监控和分析校园资源的使用情况。例如，通过分析用电数据，学校可以识别能源浪费的环节，并采取相应的节能措施；通过对教室使用情况的分析，学校可以优化教室的调配，提升教学资源的利用效率。

（三）人工智能在高校的应用

1. 智能教学与个性化学习

人工智能技术在教学领域的应用日益广泛。通过机器学习算法，学校可以开发智能教学系统，为学生提供个性化的学习路径。例如，基于学生的学习行为数据，AI 系统可以自动推荐合适的学习资源，并在学生遇到困难时提供及时的辅导，帮助他们更好地掌握知识。

2. 校园安全与人脸识别

校园安全是高校管理的重中之重。人工智能技术中的人脸识别系统可以用于校园入口的安全检查，确保只有授权人员能够进入校园。此外，在图书馆、自习室等公共区域，AI 系统可以通过人脸识别技术自动统计人员流动情况，辅助管理者进行安全管理和秩序维护。

3. 教务与管理的智能化

人工智能还可以用于教务和管理的智能化。例如，基于自然语言处理技术的智能客服系统可以帮助学生和教职工解决常见问题，如课程选课、成绩查询、宿舍管理等，提高行政工作的效率。同时，智能决策系统通过分析大量数据，帮助管理者做出科学的决策，优化学校的各项管理措施。

（四）物联网技术在高校的应用

1. 智能教室与设备管理

物联网技术在高校的应用最显著的表现之一就是智能教室的建设。通过物联网设备，教室中的多媒体设备、空调、照明等系统可以实现智能化管理。例如，物联网传感器可以检测教室的使用情况，自动调节照明和温度，以提供舒适的学习环境并节约能源。

2. 智能图书馆管理

在图书馆管理中，物联网技术也有广泛应用。RFID 技术（射频识别）可以实现图书的自动化管埋，从借阅到归还都可以通过物联网设备完成。此外，智能书架和座位管理系统可以实时监控图书和座位的使用情况，提高图书馆的服务质量。

3. 实验室安全与资产管理

高校实验室中的设备和化学品管理是物联网技术的另一个重要应用领域。通过物联网传感器，实验室管理人员可以实时监控设备状态、化学品存量以及环境安全状况。例如，当传感器检测到实验室内温度异常或化学品泄漏时，系统会自动发出警报并通知相关人员及时处理。

（五）云计算与边缘计算在高校的应用

1. 教学资源的云端共享与管理

云计算技术使得高校可以将教学资源如课程视频、讲义、实验数据等存储在云端，便于师生随时随地访问和共享。云计算不仅提升了资源管理的便捷性，还为跨校区或国际合作提供了技术支持。

2. 边缘计算在实时数据处理中的应用

在高校校园中，实时数据处理需求日益增加，边缘计算技术应运而生。例如，校园监控系统可以在本地实时处理视频数据，识别异常行为并迅速做出反应，从而提高校园安全的响应速度。此外，智能教室中的边缘设备可以实时处理课堂数据，提供即时反馈，提升教学质量。

3. 数据安全与隐私保护

在数据采集与处理的过程中，高校面临着数据安全与隐私保护的挑战。通过云计算的强大备份与恢复功能，学校可以确保数据的安全性和可靠性。同时，边缘计算可以在本地处理敏感数据，减少数据传输过程中的风险，从而提高隐私保护的水平。

第三节　绩效评估与激励机制

一、设计科学有效的绩效评估体系

绩效评估体系作为组织管理的核心工具之一，能够帮助机构全面了解和评估教职员工、部门及整个组织的表现。科学有效的绩效评估不仅能够激发教职员工的积极性和工作效率，还有助于组织实现其战略目标。以下内容将探讨如何设计科学有效的绩效评估体系，包括其重要性、设计原则、设计步骤及应注意的关键因素。

（一）绩效评估体系的重要性

绩效评估体系的重要性体现在多个方面，首先，它能够确保教职员工的目标与组织的战略目标保持一致，从而推动整个机构朝着共同的方向努力。通过设定明确的绩效目标和奖惩机制，绩效评估体系能有效激发教职员工的积极性，提升其工作动力。同时，通过定期的绩效评估，可以发现并解决工作中的问题，进一步提高工作效率和执行力。此外，绩效评估不仅是对教职员工工作成果的评价，也是他们个人发展的重要指导工具。通过评估结果，组织可以制定培训计划，提升教职员工的综合素质，从而促进其职业成长。

（二）设计绩效评估体系的原则

在设计绩效评估体系时，必须遵循明确性与透明性、公平性与公正性、关联性与实用性，以及持续性与灵活性等原则。绩效评估体系的目标、标准和流程应当明确透明，以确保教职员工清楚了解评估的依据和方式。评估体系的公平性和公正性至关重要，它能够确保评价标准对所有教职员工都是一致的，不偏袒任何一方，从而激发他们的工作积极性。此外，绩效评估的指标和标准应当与工作任务和组织目标密切相关，以确保评估结果对实际工作有实质性的指导作用。最后，绩效评估应当是一个持续的过程，而非一次性的活动。体系应具备足够的灵活性，以适应组织目标的变化和教职员工发展的需求。

（三）设计绩效评估体系的步骤

设计绩效评估体系的步骤包括明确评估目标、制定评估标准和指标、设定明确的绩效目标、建立绩效评估流程、提供培训和沟通、实施绩效评估、提供反馈与改进机制，以及调整和改进。首先，组织需要明确绩效评估的目标，并确定评估的对象是整个机构、某一部还是个别教职员工。接下来，制定与组织战略和目标相关的评估标准和指标，以确保评估的客观性和有效性。然后，为每位被评估的教职员工设定明确的绩效目标，确保他们清楚期望的工作成果。建立合理的绩效评估流程，包括评估周期、评估方法、数据收集和反馈机制等，是成功实施评估的基础。在评估实施前，组织还需为教职员工和管理层提供相关培训，确保他们了解绩效评估的流程和标准。评估实施过程中，需按照设计好的流程和标准进行数据收集和分析，并向教职员工提供明确的绩效反馈，帮助他们改善工作表现。最后，基于评估结果和反馈，不断调整和改进绩效评估体系，以确保其与组织发展和教职员工成长保持一致。

（四）关键因素的注意事项

在绩效评估体系的设计和实施过程中，有几个关键因素需要特别注意。首先，评估指标应当是多元化的，涵盖教职员工的工作质量、工作效率、创新能力等多个方面。其次，及时而定期地反馈至关重要，它能够确保教职员工在整个工作周期内得到有效的指导。此外，教职员工的参与度也需得到重视，确保他们理解并认可评估标准和流程，这有助于提升评估的公正性和透明度。灵活性与适应性同样是关键，绩效评估体系需要具备足够的弹性，以应对组织目标的变化和教职员工发展的需求。客观性和公正性也是成功实施评估的核心，组织应确保评估标准的客观性，排除主观因素对评估结果的影响。最后，涉及奖惩机制的绩效评估体系需确保标准的明确性和合理性，以激励教职员工，而非引发不满。

（五）绩效评估体系的应用场景

绩效评估体系在不同类型的组织中具有广泛的应用。在学术机构中，绩效评估体系可以用于评估教师的科研成果、教学质量和学术服务水平，从而促进学术机构的整体发展。在企业组织中，绩效评估体系能够有效评估教职员工在工作中的表现，帮助管理层做出科学的人力资源决策。在政府机关，绩效评估体系有助于评估公务员的履职情况，提升政府服务水平和效率。非营利组织也可以通过绩效评估体系来评估教职员工对组织使命的贡献，从而优化资源配置，更好地实现组织目标。

（六）绩效评估体系的挑战与未来展望

尽管绩效评估体系在组织管理中具有重要作用，但其实施过程中也面临一些挑战。主观性和不公平是绩效评估中的常见问题，这可能导致评估结果的不公正，因此设计公正、客观的评估标准和流程尤为重要。此外，反馈的敏感性也需谨慎处理，以避免教职员工因评估结果产生负面情绪。展望未来，随着大数据和人工智能技术的发展，绩效评估体系将更加依赖数据驱动，提高评估的客观性。同时，未来的绩效评估体系可能更加注重个性化评估，考虑教职员工的个体差异，以更好地满足他们的职业发展需求。最终，绩效评估体系将更加紧密地与教职员工的职业发展结合，为他们提供更具针对性的发展机会。

二、绩效评估与激励的关联性

绩效评估和激励是组织管理中两个密切相关且相互影响的关键元素。绩效评估作为对教职员工工作表现的定期评估，为激励措施的制定和实施提供了客观依据。通过科学有效的绩效评估体系，组织可以更加精准地激励教职员工，提高整体绩效水平，推动机构的可持续发展。以下内容将探讨绩效评估与激励之间的关联性，分析其互动关系，并探讨如何通过科学有效的绩效评估体系实现更有力的教职员工激励。

（一）绩效评估与激励的基本概念

1. 绩效评估

绩效评估是指通过系统性的评价过程，对教职员工在一定时间内的工作表现、行为和能力进行全面分析。绩效评估帮助管理层客观地认识教职员工的工作水平，从而为制定激励措施提供依据。通过评估，管理层可以明确教职员工的优势和需要改进的领域，进而采取相应的管理和发展策略。

2. 激励

激励是指通过各种内外部手段，激发教职员工的工作动力和积极性。激励措施可以包括薪酬激励、晋升机会、培训发展等，旨在提高教职员工的工作投入和工作质量。有效的激励机制能够帮助组织实现其战略目标，并提升教职员工的职业满意度和归属感。

（二）绩效评估与激励的关联性

1. 评估为激励提供依据

绩效评估为激励措施的制定提供了数据支持和客观依据。通过评估教职员工的工作表现，管理层能够更清晰地了解其强项和改进空间，进而制定更有针对性的激励措施。这样的激励不仅能够有效激发教职员工的工作动力，还能帮助他们实现职业发展目标。

2. 激励激发更高绩效

有效的激励措施能够激发教职员工追求更高的绩效水平。当教职员工看到自己的努力和表现能够得到认可和回报时，他们会更加积极地投入工作，努力提高工作质量。反之，缺乏激励机制的环境可能导致教职员工的工作动力不足，进而影响整体绩效。

3. 激励促使目标达成

激励机制与绩效评估相结合，可以帮助教职员工明确工作方向，并激励他们为实现具体的绩效目标而努力。通过将个人目标与组织目标挂钩，激励机制能够引导教职员工更加有效地工作，从而促进整体目标的达成。

4. 绩效评估作为激励工具

绩效评估本身也可以作为一种激励工具。对于表现优异的教职员工，公正而及时的绩效评估结果本身就是一种正面激励，能够增强他们的工作动力。通过明确的评价和反馈，教职员工可以看到自己的努力得到了认可，从而更加积极地投入工作。

（三）科学有效的绩效评估体系如何促进激励

1. 明确的评估标准与目标

设立明确的绩效评估标准和目标，使教职员工清晰了解期望的工作表现，有助于激发他们为实现这些目标而努力。明确的评估标准能够避免因主观性和不公平性引起的争议，提升评估的公信力和激励效果。

2. 关联薪酬体系

将薪酬与绩效评估相挂钩，制定差异化的薪酬政策，以奖励表现优异的教职员工。这样的薪酬激励能够直接刺激教职员工的工作动力，使他们更加努力地工作，以争取更高的薪酬和福利待遇。

3. 提供发展机会

绩效评估结果可以作为提供教职员工发展机会的依据。通过发现教职员工的优势和劣势，为其提供相应的培训和发展机会，不仅能够提升其工作能力，还能增强其职业发展动力。通过不断学习和成长，教职员工能够在职业生涯中获得更大的成就感和满足感。

4. 建立良好的反馈机制

及时而具体的反馈能够帮助教职员工了解自己的工作表现，正面的反馈有助于提高他们的满足感和工作动力。通过持续的反馈，教职员工能够不断调整和改进工作方法，从而提升整体绩效水平。

5. 晋升与激励挂钩

将晋升机会与绩效评估结果关联，使教职员工明白优异的绩效表现将有助于其职业发展。这样的激励机制能够有效地促进教职员工努力追求更高的绩效水平，以争取更好的职业发展机会。

（四）挑战与应对策略

1. 主观性和不公平

应对策略：制定客观、公正的评估标准，通过多层次的评估和评审机制减少主观因素的影响。透明的评估流程和明确的标准能够有效提升评估的公正性，避免因主观性引发的不满和争议。

2. 教职员工反感与不满

应对策略：建立开放的沟通渠道，让教职员工能够理解评估标准和流程，及时处理他们的反感和不满。通过透明的沟通和合理的解释，组织可以减少评估过程中可能产生的负面情绪。

3. 绩效评估结果的敏感性

应对策略：设计绩效评估体系时要慎重选择评估指标，避免过于敏感的指标引起教职员工的不适。对敏感性指标的谨慎处理能够帮助组织维持良好的内部氛围，避免因评估结果引发的紧张局面。

4. 激励手段的多样性

应对策略：在激励手段上保持多样性，不仅包括薪酬激励，还应考虑培训发展、晋升机会等多方面的激励。多样化的激励措施能够满足不同教职员工的需求，提升激励效果，促进组织的整体发展。

（五）绩效评估与激励的未来展望

1. 技术的应用

随着技术的不断进步，未来的绩效评估与激励将更多地依赖于先进的技术手段。数据分析、人工智能等技术可以更精准地评估教职员工表现，为激励提供更加科学的依据。同时，新兴的虚拟现实和增强现实技术可能为激励方案提供更富创意和个性化的体验，增强教职员工的参与感和满意度。

2. 个性化激励模式

未来的趋势是向更个性化的激励模式发展。教职员工的需求和动机因素千差万别，组织需要更灵活地设计激励方案，以满足不同教职员工的个性化需求，进一步提升激励效果。

3. 情感智能的应用

引入情感智能技术，通过识别和理解教职员工的情感状态，调整激励手段和方式。情感智能有望使激励更具人性化和温暖度，增强教职员工对激励措施的认同感，从而提高工作积极性和绩效水平。

4. 更加注重教职员工发展

未来的绩效评估将更加注重教职员工的长期发展，而不仅仅是短期的业绩。组织将更关注教职员工的学习、成长和职业路径，通过绩效评估为他们提供更有针对性的发展机会，帮助教职员工实现职业成长和组织目标的双重提升。

5. 社会责任感的融入

绩效评估与激励将更多地融入到组织的社会责任感中。鼓励教职员工参与社会公益活动、环保行动等，通过与社会价值的契合来激励教职员工，不仅有助于个人成长，也有助于提升组织的社会形象和影响力，实现组织的可持续发展。

三、绩效激励对师生的影响

绩效激励作为一种提升管理效率的手段，通过奖励和激励机制来提升个体或团队的绩效，在高校教育中也扮演着重要角色。它不仅帮助提升教育质量，还能激发师生的积极性，逐渐成为高校管理的重要工具。以下将探讨绩效激励在高校中的作用，特别是对教职员工和学生的影响，并分析其在高校教学管理中的应用情况。

（一）绩效激励的理论基础

在高校环境中，绩效激励的核心目标是通过有效的奖励和激励机制，提高教职员工和学生的整体表现。其主要目标包括提升教学效率、促进个人发展和增强团队合作等。从心理学角度来看，绩效激励与人的需求和动机密切相关。马斯洛的需求层次理论和赫茨伯格的双因素理论为高校绩效激励提供了理论支持。根据马斯洛的理论，高校教职员工和学生的需求层次从基本的生理需求到自我实现需求逐步递进，绩效激励通过满足这些需求来激发其工作积极性。而赫茨伯格的双因素理论则强调，激励因素和保健因素共同影响教职员工和学生的满意度和动力。高校的绩效激励机制可以通过激励因素来提升教学和学习表现，增强个人的职业和学术满足感。

（二）绩效激励对高校教职员工的影响

在高校中，绩效激励可以显著提升教育质量。通过设立奖励机制，如薪酬激励、荣誉称号等，能够激励教师提高教学质量，并促进其职业发展。此外，适当的绩效激励还可以激发教师的创新精神，促使他们在教学中不断尝试新的教学方法和手段，从而推动教育的进步。高校中，教师之间的团队合作也可以通过团队绩效奖励得到鼓励，这不仅增强了教职员工之间的合作精神，还提高了整体教学水平。

（三）绩效激励对学生的影响

对于高校学生而言，绩效激励能够显著提高他们的学习动力。通过设立奖学金、学术奖励等机制，可以激发学生的学习积极性，使他们更加专注于知识的获取和技能的提升。此外，绩效激励还可以通过树立优秀学生的榜样，推动其他学生形成积极的学习态度和良好的学习习惯。差异化的奖励机制能够满足不同学生的个性化需求，帮助他们在自己擅长的领域不断发展，从而实现个性化成长。

（四）绩效激励在高校教学管理中的应用

在高校的教学管理中，建立科学、公正的评估体系是绩效激励成功应用的基础。科学的评估体系能够为绩效激励提供客观依据，确保奖励的公正性和合理性。同时，制定明确的绩效激励政策，包括奖励标准、奖励方式等，为教职员工和学生提供清晰的激励目标，也至关重要。此外，及时、准确的绩效反馈机制能够帮助教职员工和学生了解自己的优势和不足，促进其持续改进和发展。

266

（五）绩效激励的挑战与反思

尽管绩效激励在高校中对提升教育质量和激发师生积极性具有积极作用，但其应用仍面临一些挑战。过度依赖绩效激励可能导致过度竞争、不正当手段等问题，因此在设计激励机制时需要谨慎，避免产生负面影响。此外，不同个体对奖励的敏感性和需求存在差异，高校在实施绩效激励时需要考虑这些差异，设计差异化的激励手段，以更好地满足个体的需求。

第四节　持续改进的管理文化建设

一、打造持续改进的组织文化

在高等教育领域，组织必须具备适应性、创新性和学习能力，以维持在学术和管理上的竞争力。建立一种持续改进的组织文化已经成为高校成功的重要因素之一。以下将深入探讨持续改进的组织文化在高校中的定义、重要性以及实现的关键要素，旨在帮助高等教育机构在不断变化的环境中营造积极的文化氛围。

（一）持续改进的组织文化概述

持续改进的组织文化在高校中表现为一种强调不断学习、创新和提高教学与管理绩效的文化。这种文化鼓励教职员工积极参与改进过程，把学习和适应作为核心价值，并将错误视为宝贵的学习机会。其核心特征包括开放性、透明性、学习倾向以及对创新的鼓励。教职员工不仅被激励去发现教学和管理中的问题，更要积极参与解决这些问题的过程。这样的文化能够促进高校的持续进步，使其在快速变化的教育环境中保持灵活性和竞争力。

（二）为何持续改进的组织文化对高校至关重要

在不断变化的教育环境中，高校需要具备强大的适应性，以灵活调整教学和管理策略。持续改进的文化使高校能够迅速应对新的挑战和机遇，从而保持其教育质量和管理效能。其次，持续改进文化鼓励创新思维和实践，帮助高校更好地适应教育政策变化和市场需求，通过推动教学方法和课程内容的创新来促进学术发展。此外，当高校具备持续改进文化时，教职员工会更加愿意投入工作，因为他们感受到自己的意见和贡献被重视，这有助于提高员工的满意度和忠诚度。持续改进文化也是学习型高校的体现，它鼓励教职员工不仅在面对教学和管理问题时主动学习，还要从经验中吸取教训，促使高校不断进步。同时，这种文化强调满足学生需求，通过不断优化教学内容和服务，提升学生的学习体验和满意度。

（三）打造持续改进的组织文化的关键要素

领导力在高校中打造持续改进文化中发挥着至关重要的作用。校领导应当通过自身行为树立榜样，倡导学习和创新，并将这一文化理念传达给整个教职员工。有效的沟通是持续改进的核心。高校需要建立开放透明的沟通渠道，确保信息能够自上而下、自下而上流通，以便教职员工能够分享他们的想法和反馈。明确的目标设定也非常重要，它帮助高校集中精力在改进的方向上。这些目标应当是具体和可测量的，以便教职员工明确自己的方向和目标。此外，提供学习与发展机会是打造持续改进文化的重要步骤。培训和发展机会可以通过内部培训、外部培训、学术交流等方式提供。奖励和认可机制同样重要，以激励教职员工积极参与改进过程。除了物质奖励，如奖金、晋升机会外，非物质奖励如额外休假、培训机会、灵活工作时间等也是有效的激励方式。公开表彰那些在改进中做出突出贡献的教职员工，能够通过学校内部通信、全员会议等形式进行，进一步激发员工的积极性。建立持续监测和评估机制也是关键，通过定期评估，学校能够及时发现问题并采取纠正措施，确保改进的持续性。鼓励教职员工提供积极反馈，包括对现有教学和管理流程的建议，是促进持续改进的重要手段。学校应该设立反馈渠道，并确保教职员工能够安心地分享他们的观点。建立学习型高校也是持续改进文化的核心，它鼓励教职员工不仅学习新知识，还要从经验中汲取教训，将学到的东西应用到实际教学和管理中。

（四）克服持续改进文化面临的挑战

高校可能会受到传统的教学和管理方式的束缚，难以迅速转变。克服这些惯性需要领导层的坚定决心和有效的变革管理策略。一些教职员工可能对变革持怀疑态度，认为改变可能会对他们的工作产生负面影响。学校需要通过沟通、培训和参与式决策等手段来减缓员工的抵触情绪。如果缺乏有效的反馈机制，教职员工可能会觉得他们的意见无法被真正听到。因此，建立开放的反馈渠道是解决这一问题的关键。此外，有些高校可能过度关注短期目标，如提高招生人数或应对预算压力，忽视了持续改进的长远价值。领导层需要平衡短期和长期目标，确保改进措施的可持续性。

二、全员参与的持续改进机制

在当前竞争激烈、变革频繁的高等教育环境中，高校需要建立一种能够迅速适应变化、持续改进的机制。全体教职员工参与的持续改进机制成为高校实现灵活性、创新和绩效提升的关键。以下将深入探讨全体教职员工参与的持续改进机制的定义、重要性、关键要素，以及如何在高校成功实施这一机制。

（一）全体教职员工参与的持续改进机制概述

全体教职员工参与的持续改进机制是一种高校内部所有教职员工积极参与持续改进过程的体系。它强调每位教职员工都是学校发展的重要力量，鼓励他们在教学、研究、管理等工作中发现问题、提出解决方案，并不断改进工作流程和实践。这种机制的核心特征包括开放地沟通、鼓励创新、建立学习型组织，以及设立有效的反馈渠道。通过将改进的动力下放到高校的每一个层面，学校能够实现全体教职员工共同推动改进的目标，进而提升整体教育质量和管理水平。

（二）全体教职员工参与的持续改进机制的重要性

这种机制在激发高校内部的创新力方面具有显著作用。每位教职员工都有机会分享自己的观点和创意，从而推动学校不断寻找新的教学方法、管理策略和服务改进点。此外，全体教职员工参与的机制能够提高教职员工的投入度。在这种文化中，教职员工感到他们的意见受到重视，进而提升了他们对工作的积极性和对学校发展的贡献度。面对外部环境的快速变化，高校通过全体教职员工参与的机制可以更具敏捷性。教职员工在日常工作中能够迅速发现问题并提出改进建议，有助于学校快速适应政策变化和学术需求。此外，通过构建全体教职员工参与的持续改进机制，学校促进了学习型文化的建立。教职员工不仅关注日常工作，还注重从工作中学到的知识和经验，实现学校的持续进步和创新。最后，这种机制还能够增强高校的凝聚力。共同参与改进过程的经历使得教职员工形成共同的目标和价值观，增强了学校内部的协同合作氛围。

（三）构建全体教职员工参与的持续改进机制的关键要素

领导层的支持和引领在构建这一机制中发挥着关键作用。高校领导需要表现出对改进文化的支持，树立榜样，推动全体教职员工参与的理念在整个学校内生根发芽。此外，构建这种机制还需要建立开放透明的沟通渠道，确保信息能够自上而下、自下而上顺畅流通。这可以通过定期的教职员工会议、公开的反馈平台等方式实现。明确的目标和期望也有助于引导全体教职员工的改进努力。这些目标应该是具体的、可测量的，以便教职员工清晰了解他们的方向和工作目标。同时，为教职员工提供学习与发展的机会也是关键之一。这可以通过内部培训、外部进修、专业认证等方式实现，鼓励教职员工不断提升自己的专业技能和知识水平。奖励和认可机制的建立能够激励教职员工积极参与持续改进的过程。这可以包括物质奖励、非物质奖励，以及对在改进中表现突出的教职员工进行公开表彰。此外，跨部门协作机制的建立有助于打破学科和行政部门之间的壁垒，促进各方资源的整合，共同解决学校面临的复杂问题。有效的反馈和改进循环机制确保教职员工的建议能够被及时收集和回应，通过持续的改进循环，学校能够更灵活地调整教学、管理流程和学术实践。

（四）成功实施全体教职员工参与的持续改进机制的步骤

在实施这一机制时，首先需要识别高校内部的关键问题和瓶颈。通过与教职员工的沟通、数据分析以及定期审核各项业务流程，学校可以明确这些问题并采取相应的改进措施。在识别问题后，设立明确的改进目标是关键。这些目标应与学校的整体战略目标和教育使命相一致，并确保能够激发教职员工的积极性和参与度。为了确保教职员工具备解决问题和推动改进的能力，学校需要提供全面的培训和发展机会。这可以包括技能培训、创新思维培训以及团队合作培训等内容，从而激发教职员工全面参与的热情。与此同时，创造一个开放透明的沟通氛围，通过定期的团队会议、在线沟通平台，以及领导层的即时沟通，确保信息能够自由流通，教职员工能够畅所欲言。设立公正、透明的奖励机制也是成功实施该机制的重要步骤。这可以是奖金、表彰或晋升机会，确保奖励机制能够激发教职员工的积极性。此外，学校还可以组建专门的改进团队，由具有改进经验和专业知识的教职员工组成，负责引领和协调改进活动，确保改进的持续推进。持续监测和评估机制的设立，能够帮助学校跟踪改进进展，通过定期评估，及时发现问题并采取纠正措施，确保改进工作的持续性和有效性。最后，在校内分享成功的改进案例，通过分享成功经验，可以激发更多教职员工的积极性，同时推动改进文化的进一步传播。

（五）克服全体教职员工参与的持续改进机制面临的挑战

在高校中推广全体教职员工参与的持续改进机制时，可能会面临文化转变的挑战。将学校从传统的指令性管理文化转变为全员参与的文化可能需要时间和耐心。高校领导层需要通过引领和激励，逐步推动文化的转变，并鼓励教职员工积极参与。此外，教职员工的参与度不均可能成为另一大挑战。一些教职员工可能对参与改进过程缺乏兴趣或信心。对此，学校可以采取差异化的激励和培训措施，确保全体教职员工都能够充分参与进来。反馈机制的不畅通也可能阻碍改进工作的推进。如果教职员工的建议和问题无法被及时回应，这将挫伤他们的参与积极性。因此，建立快速、高效的反馈机制是克服这一挑战的重要步骤。最后，高校在推动持续改进过程中可能会面临过度集中关注短期利益的问题。领导层需要平衡短期和长期目标，确保改进工作能够兼顾眼前的需求和长远的发展目标。

（六）未来展望

展望未来，全体教职员工参与的持续改进机制将愈发成为高校成功的重要因素。随着数字化和智能化技术的发展，高校可以更方便地收集教职员工的意见和建议，实现实时反馈和改进，从而提高机制的效率和灵活性。此外，随着高校对教职员工发展的重视，未来将更加注重教职员工的技能提升和职业发展。通过关注教职员工的学习与成长，高校能够建立更具吸引力的文化，吸引并留住优秀人才。与此同时，未来的高校组织结构可能更有弹性，更适应快速变化的学术环境。这将促进更多教职员工参与到决策和创新中，进一步推动全体教职员工参与机制的发展。

参考文献

[1] 牛国林，王记生，胡冰君. 高校管理创新实践研究 ［M］. 长春：吉林文史出版社，2022.

[2] 单林波. 高校教育管理体系构建研究 ［M］. 北京：首都师范大学出版社，2022.

[3] 余志娟. 现代教育理念下高校教育教学创新与实践 ［M］. 长春：吉林出版集团股份有限公司，2022.

[4] 尹冬梅. 新时代高校学生社团建设与管理案例集 ［M］. 上海：复旦大学出版社，2022.

[5] 经卫国. 积极教育视域下大学生人际获得感研究 ［M］. 北京：中国商务出版社，2022.

[6] 李志河，王亚捷，孙建平. 现代教育技术应用 ［M］. 北京：北京师范大学出版社，2022.

[7] 吴文嘉，张廷元，邓华. 新时代高校创新创业教育研究 ［M］. 成都：西南财经大学出版社，2022.

[8] 熊靖. 高校教务管理系统的研究与设计 ［M］. 北京：知识产权出版社，2022.

[9] 彭玮婧. 高校治理现代化进程中的政府角色 ［M］. 北京：高校出版社，2022.

［10］寿海. 创新思维融入高校教育教学理论与课程体系问题研究［M］. 长春：吉林出版集团股份有限公司，2022.

［11］石旭斋. 大学章程与高校治理基于 A 省普通高校章程建设情况调查［M］. 北京：社会科学文献出版社，2022.